U0457056

旅游管理硕士专业学位（MTA）主干课程教材

旅游规划与开发
教学案例集

朱元秀　刘　鹏　伍艳玮　主编

江苏大学出版社
JIANGSU UNIVERSITY PRESS

镇江

内 容 简 介

　　本书是旅游管理硕士专业学位（Master of Tourism Administration,MTA）课程体系中旅游规划类课程的案例教学用书,案例按照全国 MTA 教学指导委员会发布的《MTA 教学案例的基本要求与撰写规范》进行编写,每个案例均有详细的案例正文和明确的教学指导说明。全书包括 4 篇共 13 个案例,内容涵盖了旅游规划与开发课程涉及的旅游资源、旅游市场、旅游产品、旅游形象等重点内容。所选案例既有原创案例,也有根据他人研究成果整理的非原创案例。案例内容丰富,主题新颖,具有时代性。

　　本书是针对教师的 MTA 案例教学用书,也可作为 MTA 学生的辅助和自学教材、旅游规划领域实践工作者的参考材料。

图书在版编目(CIP)数据

　　旅游规划与开发教学案例集 / 朱元秀,刘鹏,伍艳玮主编. — 镇江 : 江苏大学出版社,2022.6
　　ISBN 978-7-5684-1717-4

　　Ⅰ. ①旅… Ⅱ. ①朱… ②刘… ③伍… Ⅲ. ①旅游规划—高等学校—教材②旅游资源开发—高等学校—教材
Ⅳ. ①F590

　　中国版本图书馆 CIP 数据核字(2022)第 103582 号

旅游规划与开发教学案例集
Lüyou Guihua yu Kaifa Jiaoxue Anliji

主　　编/朱元秀　刘　鹏　伍艳玮
责任编辑/夏　冰
出版发行/江苏大学出版社
地　　址/江苏省镇江市梦溪园巷 30 号(邮编：212003)
电　　话/0511-84446464(传真)
网　　址/http：//press.ujs.edu.cn
排　　版/镇江市江东印刷有限责任公司
印　　刷/广东虎彩云印刷有限公司
开　　本/718 mm×1 000 mm　1/16
印　　张/15
字　　数/281 千字
版　　次/2022 年 6 月第 1 版
印　　次/2022 年 6 月第 1 次印刷
书　　号/ISBN 978-7-5684-1717-4
定　　价/58.00 元

如有印装质量问题请与本社营销部联系(电话：0511-84440882)

　　自 2009 年《国务院关于加快发展旅游业的意见》（国发〔2009〕41号）明确旅游业战略性支柱产业地位以来，我国旅游业开始走上高品质发展之路，对专业化旅游高端人才的需求日益迫切。在此背景下，国务院学位委员会在 2010 年批准开设旅游管理硕士专业学位（MTA），MTA 成为与工商管理硕士（MBA）和公共管理硕士（MPA）同类型、同层次，旨在培养高层次应用型旅游专门人才的专业硕士教育项目。因此，MTA 教育必须要重视学生实践能力的培养，采用课堂教学、行业实践和导师指导相结合的方式，注重实际应用。课堂教学强调理论与实践相结合，注重案例教学和课堂讨论，突出学生与教师、学生与学生之间的互动和交流，重视培养研究生的思维能力及分析问题和解决问题的能力。

　　在 MTA 培养方案中，"旅游规划与战略""旅游规划与开发"等旅游规划类课程一直是旅游规划方向的核心必修课程，主要研究区域旅游规划、旅游项目策划、产品开发设计、旅游形象策划与设计等。旅游规划类课程实践性强，案例教学是课程的主要教学方法。本教材的编写初衷，也是着眼于我国 MTA 旅游规划人才培养的需要。本教材在案例的选择上，突出新颖性、时代性和创新性，既有编者根据自身研究成果编写的原创案例，也有根据他人研究成果编写的非原创案例。案例的编写严格按照全国 MTA 教学指导委员会发布的《MTA 教学案例的基本要求与撰写规范》进行，每个案例包括"案例正文"和"教学指导说明"两部分内容，其中"案例正文"主要包括内容摘要及关键词、相关理论基础和案例背景介绍、主题内容、结语等；"教学指导说明"主要包括教学目的与用途、启发思考题、分析思路、理论依据与分析、背景信息、关键要点、建议课堂计划等。

　　本书由盐城工学院的朱元秀、刘鹏、伍艳玮主编完成，其中朱元秀承担了案例 1、2、6、8、9 的编写；刘鹏承担了案例 4、5、10、13 的编写；

伍艳玮承担了案例 3、7、11、12 的编写。本书在编写过程中参考和引用了大量国内外学者的学术文献、旅游规划公司的案例及网络文献资料，在此向这些作者表示真诚的感谢和敬意。本书能够顺利出版，得益于江苏大学出版社编辑老师的鼎力支持和帮助，在此谨致谢忱。

由于编者专业知识的局限性，书中难免存在疏漏和不当之处，恳请各位专家、学者和广大读者批评指正。

编　者
2022 年 5 月 2 日

目 录

第三篇 旅游目的地形象彰显与文化传承

第四篇 乡村旅游转型发展与优化升级

第一篇

区域旅游发展与融合创新

在经济发展的不同时期，在旅游发展的不同阶段，区域旅游的表现是不同的。30多年来，我国区域旅游主要以景区（景点）形式在不同层次行政区域中散点状发展。旅游景区（景点）是观光旅游的产物，随着观光旅游的发展而形成、兴盛。将有关景区（景点）串起来便是旅游线路，再加上食、住、行、购、娱等要素，便是对观光旅游最基本的支撑。随着人们收入的增加、闲暇时间的增多，以及国家对旅游和消费的重视，度假旅游和综合性休闲旅游迅速发展，旅游景区（景点）对旅游者的吸引力将逐渐弱化，旅游吸引物从主要是旅游景区（景点）逐步转向包括它们在内的整体旅游区域，全域旅游应时而生。在全域旅游时代，旅游地的发展呈现出一些新的现象和特征，新的旅游规划与开发的研究热点不断涌现。

　　产业融合是现代旅游业发展过程中不可逆转的趋势，是全域旅游发展中的关键步骤和重要抓手。旅游业的综合性和关联性特征，决定了旅游业是国民经济中最具融合发展优势的战略性产业，只有依托多个产业，才能向旅游者提供包括食、住、行、游、购、娱等在内的旅游产品和服务。旅游业的关联性特征，既为旅游产业融合发展提供了前提条件，又拓宽了旅游产业融合发展的空间。因此，旅游规划必须加速旅游产业与其他产业的跨界融合，加大旅游新业态支持发展力度，"立足旅游而跳出旅游"，构建大旅游、大市场的新格局。

案例1　雅安市生态文化旅游融合发展路径创新①

[内容摘要]　2013年芦山"4·20"地震后，为恢复重建，雅安建立了生态文化旅游融合发展试验区，这对雅安的永续发展具有重要的战略意义。雅安拥有良好的资源条件，具备坚实的发展基础和现实的市场需求，实施生态文化旅游融合发展的条件成熟。该试验区的建设，雅安坚持以生态为特色、以文化为内涵、以旅游为载体的"绿三角模式"，探索保护与利用融合、空间融合、项目融合和产品融合四大机制建设，推进区域生态、文化与旅游业的有机交融。雅安正逐步走出一条经济持续稳定发展、能源资源高效利用、生态环境良性循环、社会文明明显提高的灾后恢复重建的新路。

[关键词]　生态；文化；旅游；融合机制；路径创新；雅安

一、案例背景介绍

（一）认识雅安

雅安，四川省地级市，位于四川盆地西缘，东靠成都，西连甘孜，南界凉山，北接阿坝，距成都120公里，全市总面积15046平方公里，下辖2区、6县。它是四川省历史文化名城和新兴的旅游城市。

雅安市是四川盆地与青藏高原的结合过渡地带、汉文化与少数民族文化的结合过渡地带、现代中心城市与原始自然生态区的结合过渡地带，生态优良、气候独特，是全国唯一的生态气候城市，有"华西雨屏""天府之肺""天然氧吧"之称，先后荣获"中国低碳先锋城市""国家级生态示范区""国家生态文明先行示范区"等荣誉称号。全市森林覆盖率达64.77%，

---

①　本案例为非原创案例，主要资料来源：（1）李后强、翟琨：《芦山重建：走生态文化旅游融合发展新路》，《人民日报》2015年4月20日，第7版；（2）巅峰智业微信公众号的巅峰案例：《雅安市全域旅游发展总体规划》。

居全省第一。2018 年，雅安获评全国森林旅游示范市，成功入选 2018 年中国康养城市 50 强（第 7 位）。2019 年第一季度，生态环境部首次发布的全国地级市及以上城市国家地表水考核，雅安位居第一。

（二）雅安建设国家生态文化旅游融合发展试验区的背景

2013 年 4 月 20 日 8 时 2 分，雅安市芦山县发生 7.0 级强烈地震，随后国务院发布了《芦山地震灾后恢复重建总体规划》《芦山地震灾后恢复重建旅游专项规划》，四川省文化厅等创新性地提出了"国家生态文化产业融合发展试验区"概念，国务院批复建立《雅安生态文化旅游融合发展试验区》，基本目标就是在自然灾害多发、生态资源丰富、区域经济发展水平较低的区域，探索新的经济增长模式。

在雅安建立生态文化旅游融合发展试验区，是由雅安的区位、自然禀赋、现实条件所决定的。雅安的生态极富特色，生物多样性优势突出，是长江上游重要生态屏障，空气质量常年保持在国家 I 级标准。雅安是世界茶文化发源地、茶马古道和南丝绸之路的重要驿站，汉代碑阙和石刻文物众多，红色文化丰富，是藏羌彝文化走廊的重要节点和多民族文化融合的重要区域，具有世界级的遗产资源开发价值。

同时，雅安又是自然灾害多发与典型的生态环境脆弱区。在地震之前，雅安经济总量小，发展速度慢；经济发展模式和产业体系尚未完全定型，调整和转型成本低、阻力小、见效快，在中国经济回归新常态发展阶段，有较为明显的后发优势。

二、文旅融合的理论基础

（一）文化与旅游产业发展具有内在逻辑的统一性

文化尽管没有统一的定义，但从各种界定来看，可以认为文化是一定区域人类精神活动与行为方式的总和，包括精神活动形成的语言文字、认知思想和审美标准等；物质生产活动方式和产品，如衣、食、住、行；规范自身行为和调节相互关系的准则，如礼俗、民俗、风俗等。文化具有历史累积性、地域差异性等特征。文化根植于其所在地区、所在人群之中，其传播在空间和途径上有较大限制。现代交通技术的发展为人们旅游创造了更好的条件，旅游将不同地域的不同人群联系在一起，极大地促进了本土文化的对外传播。旅游，顾名思义，就是旅行游览，旅游的六大要素——食、住、行、游、购、娱，大多与旅游目的地的文化有关。正是旅游目的地的文化异质性，吸引游客产生了旅游行为。同时，旅客可以将旅游目的地文化传播开来，有利于各地文化相互借鉴，进而衍生出新的文化。随着人们生活水平的提高和出行条件的改善，文化和旅游消费成为重要的需求领域，并且呈现出相互促进、融合发展的新趋势。文化与旅游的深度融合，则将文化转化为重要的旅游资源，文化旅游将无意识的文化传播转变为有意识的文化呈现和游客主动的文化认识，大大拓宽了文化传播的渠道，促进了文化的传播和接受。

文化产业与旅游业具有可互相利用的资源和满足人们需求的功能，具备了融合发展的条件。文化产业是以满足人们精神需求为目标的产业，其主营产品是在一定社会历史条件下孕育产生的、带给人良好的精神体验和美的感受的文化及其所附着的客观实物。显而易见，文化产品是文化产业的核心，是其主要价值所在。各地区往往具有有其地区特色的文化，也就是说，文化往往附着于一个地区的风土人情、名胜古迹、特色食品、工艺品等。

旅游业的发展主要依靠能给人带来精神享受、素养提升的旅游资源，旅游资源的价值也主要在于给人带来精神体验。常见的旅游资源一般分为两类，自然旅游资源和人文旅游资源，但自然旅游资源与人文旅游资源相结合更具吸引力，更能够给游客带来好的旅游体验。古语云，"山不在高，有仙则名"，一个有吸引力的自然景观往往融合了许多文化元素，它伴随着从古流传的故事传奇、文人墨客的歌咏传颂、宗教的福地庙宇等。而一个有吸引力的人文景观，也往往拥有令人心旷神怡、精神愉悦的自然环境。

文化与旅游具有共同的目标，即带给人美好的精神体验，它们还有着很强的相互依附性，文化往往依附于地方的各种实体旅游资源，如景观、商品、游憩活动等，旅游资源也因为融入了当地的文化元素而更加具有吸引力。

（二）文化与旅游融合发展是高质量发展的必然要求

经济发展阶段性规律表明，在工业化后期和后工业化社会，身心健康与精神文化成为人民对美好生活的主要诉求，因而对文化产业和旅游业的发展提出了更高的要求。文化产业和旅游业需要实现更高质量的发展，提供更好的文化产品和旅游产品，进一步丰富人们的精神文化生活，推动我国经济社会发展。文化和旅游相互依托、深度融合、共同发展则是实现这一目标的基本路径。没有文化内涵的旅游只能是浅层次的观光游览，达不到精神熏陶的目的。而没有旅游业来传播的地域文化也难以形成广泛的影响力，失去了文化应有的作用。只有两者有机结合、深度融合，才可能形成互动促进、持续发展的局面，推动两者高质量发展。

保护和传承传统文化，培育和发展当代优秀文化，是发展中国特色社会主义文化、树立文化自信的基本要求。将文化转化为重要的旅游资源，能够让文化贴近时代、贴近人民，既可以创造出经济价值，又可以发挥文化教化人民、温润民族性格、满足人民精神需要的作用。与此同时，文旅融合也将促进文化在满足人民精神需求的过程中、在市场机制激励下不断发展创新，促进文化产业的市场化和高质量发展，不断生产出人们喜爱的文化产品，实现文化保护、传播和创新的有机统一。

文旅融合是实现旅游业高质量发展的重要途径。随着我国人民文化素质的提高，文化旅游也越来越受欢迎。文化要素和文化旅游资源的数量和质量已经成为一个旅游景区、旅游城市在旅游市场竞争中的重要因素。文化与旅游的深度融合能够提高旅游资源质量，调整旅游资源结构。每个地方都有有特色的地方文化，文化旅游资源的开发能够为传统意义上旅游资源匮乏的地方开辟一条发展旅游业的道路，也能够进一步丰富旅游景区和旅游城市的旅游资源。同时，文旅深度融合有利于文化旅游商品的创新、文化旅游品牌的打造、文化旅游景区的建设，促进文化旅游市场的一体化，提高旅游产品和服务的质量，满足人们更高的和多样化的需求，实现旅游业高质量发展。

（三）文化与旅游融合发展的基本路径

结合我国国情和文旅融合发展的需要，文旅融合发展应抓好四个融合。

一是行政管理融合。行政管理融合是文旅融合发展的保障，应依据《深化党和国家机构改革方案》，继续推进从中央到地方的文化和旅游行政管理融合。不仅仅是在机构部门上实现融合，更要在体制机制、职责职能及具体的日常行政管理工作中实现融合。行政部门应统筹规划、统筹管理文化与旅游事务，同时推动旅游和文化公共服务融合，让公共文化服务进入景区，鼓励公共文化场所创新发展。

二是资源融合。改变文化资源与旅游资源分离的局面，加强文化资源与旅游资源的融合利用。通过挖掘和开发地区文化资源来促进旅游业发展，通过旅游业的发展实现文化资源的保护性开发。"绿水青山就是金山银山""不能抱着金饭碗乞讨"，同样，地方特色文化也是"金山银山"，要将其融合于旅游资源之中，促进旅游业和经济社会发展。

三是产业融合。产业融合是文旅融合发展的核心。文化产业和旅游业目前仍具有比较清晰的产业边界，而文旅融合发展要求对文化产业和旅游业中适宜融合的部分进行融合。文化产业与旅游业本身就存在部分的交叉和重合，产业融合要求我们运用产业链"整合延伸，集聚互补"的机制，使两个产业交叉或接近的部分融合发展，推动发展文化旅游企业、打造文化旅游品牌、生产文化旅游产品、建设文化旅游景区等。

四是市场融合。以县域为基本单元，推动文化旅游一体化市场的培育和监管工作。推进文化机构、文化企业与旅游企业的对接合作，鼓励和引导文旅融合的新业态、新模式。

三、主题内容

（一）永续发展：生态文化旅游融合发展的战略意义

1. 有利于发展方式由"输血"向"造血"转变，促进可持续发展

芦山地震灾后重建，关键是如何通过重建快速实现由"输血"向"造血"转变，促进区域经济可持续发展。芦山地震灾区大多属于国家生态主体功能区，其资源主要集中在自然生态资源和特色文化资源方面，发展旅游业的优势突出、潜力巨大，具有带动生态农牧业、文化产业、民族手工业、医药保健业和其他服务业发展的重要作用。围绕发展旅游业，大力推进文化、生态与旅游融合发展，有利于促进灾区经济发展转型升级，推动发展方式由"输血"向"造血"转变，形成可持续发展新格局。

2. 有利于由维稳向治理转变，促进长治久安

雅安位于四川盆地西缘，素有"川西咽喉""西藏门户""川西走廊"之称，战略地位极为重要，其社会稳定对整个藏区稳定具有重要影响。在芦山地震灾区推动生态文化旅游融合发展，能借助生态共享平台、文化互鉴平台、旅游交流平台，有力推动该区域与其他地区文化交流融合与相互理解尊重，促进该区域先进文化的传播、思想观念的更新、文明素质的提高，增强人们的国家意识和公民意识，加强民族团结，为维护民族地区稳定发挥重要作用。

3. 有利于由守业向创业转变，促进民生改善

芦山地震前，雅安市经济发展较为缓慢，群众增收渠道单一。旅游产业被公认为富民产业，对改善民生、富民增收具有重要作用。芦山地震灾后重建将旅游业与特色城镇和新农村建设、交通和通信等基础设施建设、公共服务建设有机结合，形成多领域、多行业的互动融合发展，能有力促进当地居民创业就业、增加经济收入。尤其是以旅游业为主导的文旅融合、农旅融合，可吸收劳动力以多种方式进行创业，行业门槛低、投入见效快、

经济效益好，对改善民生有十分明显的作用。

4. 有利于由保护向建设转变，促进生态建设

雅安是川滇森林及生物多样性生态功能区的重要组成部分，在芦山地震灾后重建中，保护和修复生态环境、维护生物多样性、提供生态产品的任务十分艰巨。推动生态文化旅游融合发展，实现生态环境保护与生态经济发展有机结合，有利于将生态资源优势转化为生态产业优势，促进生态资源保护与合理利用良性互动，提高生态资源综合利用率，更好地发挥生态建设综合效益，改变以往"杀鸡取卵"式的资源开发模式，避免建设性破坏，实现由被动生态保护向主动生态建设转变，确保灾区重要自然生态系统结构的完整性，增强生态系统的自我恢复和调节能力，切实推进生态文明建设，实现可持续发展。

（二）条件成熟：生态文化旅游融合发展的可行性分析

1. 拥有良好的资源条件

雅安地处成都平原向青藏高原过渡地带，独特的地理环境、生态气候，以及多民族融合，孕育了大熊猫文化、茶马古道文化及"三雅"文化等多彩文化，凝聚了灾后重建"顽强拼搏，感恩奋进"的人文精神。雅安是川藏茶马古道的起点和核心走廊区、南丝绸之路和藏彝文化走廊的重要节点、红色革命老区，悠久的历史、厚重的文化展现出雅安无穷的人文之美。

大自然的鬼斧神工造就了"雅山雅水"的壮美与秀丽。雅安被誉为"山水胜境"，海拔 627~5793 米形成了变化明显的地形地貌，且立体分布特征突出，具备牛背山、喇叭河、王岗坪等绝美的山地自然风光，成为运动、体验、休闲、度假最理想的区域。雅安是国宝大熊猫的老家，是世界上第一只大熊猫的科学发现地、命名地和模式标本产地，是世界自然遗产——四川大熊猫栖息地核心区，是大熊猫野驯唯一放归地，以大熊猫、珙桐为代表的珍稀动植物资源为雅安带来了独特的国际旅游魅力，也为雅安生态文化旅游的发展奠定了坚实的物质基础。

2. 具备坚实的发展基础

近年来，雅安市紧紧围绕"美丽雅安·生态强市"的定位，牢固树立"全域旅游"的发展理念，旅游新业态不断涌现，乡村旅游亮点突出，宣传营销整体推进。截至 2019 年 3 月，雅安市拥有国家 AAAA 级旅游景区 20 个，位居全省第二，全市 A 级景区数量达 27 个，二郎山喇叭河景区成功创建四川省级生态旅游示范区，神木垒生态旅游区成功创建国家生态旅游示范区。

2015年，雅安市成功创建首个全国休闲农业与乡村旅游示范市；2016年，雅安市入选国家全域旅游示范区创建单位，入选首批国家级医养结合试点城市；2018年，雅安获得全国森林旅游示范市称号，成功入选2018年中国康养城市50强（第7位）。

雅安市目前持续推进国家级医养结合试点市、国家生态文化旅游融合发展试验区建设，全域旅游发展条件成熟。2018年，雅安市共接待游客3740.58万人次，同比增长17.2%，实现旅游综合收入320.42亿元，同比增长25.6%，文旅产业在全市经济总量中占比达到15%，旅游综合收入连续三年增速20%以上，文旅产业日益成为经济发展的重要支撑。

3. 具有现实的市场需求

首先，雅安位于成都1小时经济圈内，是川滇交通廊道上的重要节点，正在打造的川西交通枢纽将进一步拉近雅安与主要客源市场的距离。其次，雅安地处大成都、大峨眉、大九寨、大贡嘎旅游圈的交叉区，是318国道中国最美景观大道、G5（北京—昆明）高速的旅游门户，便捷的区位优势使雅安成为本地区面向全国市场的集散地、必经地。此外，文旅消费市场进入快速发展阶段，以成渝地区为基础，辐射云、贵、川、陕重点城市的主力市场，具有消费需求旺盛、消费频率高、消费能力强的特征，共享千万客源基础，旅游市场空间广阔。

（三）绿三角模式：生态文化旅游融合发展的模式创新

当前，在经济全球化和高新技术迅速发展的大趋势下，产业融合已经成为一种新型发展模式，对促进传统产业创新、推进产业结构优化与相关产业快速发展具有不可忽视的作用。在芦山地震灾后重建中，推进生态文化旅游融合发展的实质就是促进产业融合发展，目的是在自然灾害多发、生态资源丰富、区域经济发展水平较低的区域探索新的经济发展模式。

雅安生态文化旅游融合发展的模式可以概括为"绿三角模式"，即以生态为基础、文化为特色、旅游为载体、融合发展为核心，推进区域发展、富民增收和长治久安。通过利用现有资源、防止闲置浪费来盘活存量，通过融合互补叠加、促进经济增长来做大增量，促使生态、文化、旅游融合发展带来的效应大于其简单的叠加。用公式表示为：生态、文化、旅游 $1+1+1=3+\triangle x$。$\triangle x$ 就是增量，增量部分就是融合发展带来的各种放大效应，如资源聚合效应、发展辐射效应、品牌宣传效应等，最终实现生态、经济、民生、社会和谐稳定的综合发展。

从时代背景来看，绿三角模式植根于经济发展新常态的客观要求，是主动适应经济发展新常态，提高发展质量和效益，加快转方式、调结构、促升级，着力防风险、补短板、增后劲的新动力；植根于生态文明建设大局，是中国特色社会主义事业"五位一体"总布局下资源观、整体观、发展观的新探索；植根于探索灾后重建新路径的现实要求，是认识自然、利用自然的灾后重建的新路径；植根于新型城镇化建设的核心要义，是促进人的全面发展、提高区域竞争力的新方略。

从系统构成来看，绿三角模式是一个以融合发展为圆心的发展同心圆。稳定和发展是芦山地震灾区区域发展的两大主题。从长远、治本和全局来看，地震灾区和民族地区稳定的核心是民心问题，民心问题的核心是民生问题，民生问题的核心是增收、发展问题，群众增收致富才有稳定的基础。绿三角模式通过生态保护促进绿色发展，通过文化传承促进社会发展，通过旅游富民促进经济发展，最终形成一个以融合发展为圆心，包括民生、稳定、社会和谐、区域长治久安多个圈层的发展同心圆。

（四）有机交融：生态文化旅游融合发展的实现路径

芦山地震灾后重建通过建立保护与利用融合、空间融合、项目融合和产品融合四大机制，推进区域生态、文化与旅游业有机交融，建设国家生态文化旅游融合发展基地。这为促进生态文化旅游融合发展提供了实现路径。

1. 保护与利用融合机制

在生态文明建设方面，芦山地震灾区积极树立尊重自然、顺应自然、保护自然的生态文明理念，不断推进各项生态工程落实和生态文明体制改革，深入实施国家主体功能区战略，积极争取生态补偿政策。在文化发展方面，雅安市不断加强对自然遗产、物质文化遗产和非物质文化遗产的保护利用，挖掘雅安熊猫文化、茶及茶马古道文化、汉代文化、藏羌彝民族文化、红色文化、川西农耕文化等地域特色文化，并对这些文化资源加以整理，推进文化资源向旅游产品转化，开发一批特色文化景区景点，丰富文化旅游产品体系。

2. 空间融合机制

芦山地震灾区在重建过程中尽量辐射周边区域，通过空间融合实现优势互补、资源共享、市场共建、信息联动、共同发展。2015 年 3 月，雅安召开生态文化旅游融合发展区域合作圆桌会议，来自成都、攀枝花、乐山、雅安、眉山、阿坝、甘孜、凉山 8 个市（州）的代表签署了《国家生态文化旅游融合发展试验区旅游合作联盟框架协议》，并就构建区域旅游合作联盟、共同推进生态文化旅游融合发展达成基本共识。通过空间融合，8市（州）按照"保护生态、长期合作、互利共赢、统筹协调、共同推进"的原则，实现优势资源共享、统筹机制共建、企业主体共铸、市场产品共创、发展平台共搭、特色品牌共彰、专业人才共用、合作利益共赢，在实现区域旅游业整体利益和长远目标的同时，兼顾各市（州）的局部利益和具体目标，为各市（州）提供充足的发展空间。

3. 项目融合机制

项目是发展的载体。芦山地震灾后重建通过项目来挖掘和整合公共文化、文化遗产和自然生态资源，实现生态文化旅游与第一、第二、第三产业融合，最终实现全域融合、全程融合、全面融合、全新融合。"大熊猫家园""茶马古道""美丽芦山乡村""西蜀雅雨""西康古镇"等五大生态文化旅游融合发展项目，统筹了灾区生态、文化、国土、城乡建设、交通、农业、林业等多种要素，以"旅居一体"为理念，形成山、茶、田、林、庄交织互融的田园新居景象，打造"景、城、村、业"融合发展的现代乡村旅游度假区。

4. 产品融合机制

随着灾后重建的推进，雅安市突出灾区气候适宜、自然环境优良的生态优势，强化对区域内生态旅游资源的保护，利用区域内优良的空气、水质及绿色环境等生态优势，开发生态度假、避暑养生、户外运动等高品质、多样化、综合性休闲度假产品。这些产品以休闲街区、特色村镇、旅游度假区为载体，集康体、养生、运动、娱乐、体验为一体，满足了广大群众个性化旅游需求。

（五）多方联动：生态文化旅游融合发展的具体策略

1. 以文旅龙头品牌带动全域发展

围绕生态文化旅游融合发展，打响雅安以世界遗产为代表的龙头品牌，突出大熊猫、茶马古道两大世界级文旅品牌，加快建设大熊猫文化国际旅游目的地和世界茶马古道文化体验中心。

打好大熊猫生态牌，叫响国际熊猫城。首先，紧抓大熊猫国家公园四川省管理局和雅安市共建"国际熊猫城"的发展契机，围绕雨城区、名山区和经开区三区同城化、一体化发展思路，以大熊猫文化为核心，突出生态文化旅游融合发展，以景区型城市建设为主要思路，打造国际大熊猫文化会客厅，做特"国际熊猫城"核心区城市旅游建设，彰显熊猫故乡特色。其次，把握大熊猫国家公园建设契机，扎实抓好大熊猫国家公园体制试点工作，不断提高以大熊猫为核心的生物多样性保护和绿色利用发展探索能力，强化碧峰峡熊猫山谷文旅康养产业园等重大项目建设，推出大熊猫发现、科普、放归之旅三条精品线路；积极建设大熊猫国家公园建设先行区，稳步推进中国大熊猫国家公园南入口建设；推动"熊猫+"产业融合，打造熊猫个性特色体验产品，延伸熊猫主题上、中、下游产业链，形成以大熊猫文化为核心的雅安旅游文化名片。

打造世界茶文化发源地 IP。积极推进茶马古道、蒙顶山申报世界文化遗产，加快蒙顶山茶文化景观申报世界重要农业文化遗产。着力构建"一山一园两线"（即蒙顶山、百万亩观光茶园、川藏茶马古道南北两条线路）茶文化体验旅游发展格局。建设世界茶马古道精品旅游走廊，继续以茶旅融合创新推进中国至美茶园建设，先导引擎建设蒙顶山生态旅游康养产业园，培育发展一批茶马文化体验亮点，努力让茶马古道、中国茶等走向世界。

2. 以产品体系特色构建丰富内容

第一，改造提升一批具有核心竞争力的旅游景区景点，使老景区焕发新的活力；坚持高起点、高标准，加快新兴景区的培植建设。

第二，遴选雅安优势资源，梳理重点产品，以市场需求为导向，从旅游供给侧入手，围绕"红色、康养、乡村、生态"的多态融合，培育推出一批开发快、投入周期短、可快速形成品牌和市场号召力的新业态产品，创新雅安生态民宿、森林人家等产业融合发展，从而促进雅安旅游产品在满足需求层次上、区域上、产品类型上的多元化供给。

第三，构建全天候、全龄层、全季节的雅安产品体系，从单一的白天经济向月光经济延伸，从旺季旅游到四季全体验转变，实现 365 天和 24 小时的全季候旅游产业链构建。

第四，按照全域旅游的理念，坚持以特色文化为主题，以景区景点、特色村镇为支撑，开发推出域内熊猫故乡探秘之旅、世界茶源寻根之旅、最美 318 国道体验之旅、绿色生态康养之旅、红色文化传承之旅五条精品旅游线路，最终形成了类型丰富、内容创新、有雅安特点的旅游产品体系。

3. 以旅游品牌推广实现营销拉升

打好"国际熊猫城·生态康养地"旅游品牌，持续喊响一个口号——"雅安·一座最滋润的城市"。推出雅安市吉祥物"雅雅""安安"，使其成为全域旅游推广形象大使。积极申办大熊猫国家公园高峰论坛，继续办好申办中国四川大熊猫国际文化旅游节、蒙顶山茶文化旅游节、系列花卉

（果类）乡村旅游文化节等品牌节事，办好雅安熊猫灯会、龙舟赛、红叶节、年猪节等雅安特色文旅节庆活动和体育赛事。推进"金熊猫旅游产业大数据应用研究中心"建设，加强全域旅游智慧统计试验、康养度假发展指数、全域旅游智慧营销平台、雅安金熊猫旅游服务指数等领域的深度研究。推出"一部手机游雅安"掌上智游系统，全面覆盖游客在雅安的游前、游中、游后的各项需求，满足和提升游客食、住、行、游、购、娱的需求和体验。

4. 以完善的公共服务配套体系提升满意度

依据创新出台的《雅安市"金熊猫"旅游服务质量等级评定及奖励办法》，继续开展"金熊猫"旅游服务质量等级评定工作，进一步引领和规范全市涉旅服务业的创新与发展，推进涉旅服务业的转型升级。

提升雅安旅游核心竞争力，补齐住宿接待短板，构建体系化建设、梯级化打造、足量化匹配，提升"住之安心"的旅游住宿接待设施体系。

突出雅安国家地理标志产品、农产品地理标志产品优势，引入可追溯食品保障系统，塑造"有机、健康、养生"的美食形象，打造"雅安味道""舌尖上的雅安"系列美食旅游品牌；整合中心城区、旅游集散地及各类主题旅游区，打造特色美食街区。

加大雅安文创旅游商品研发力度，开发系列"雅安有礼"文创旅游商品，重点培育熊猫之家、世界茶源、川藏风情、花海果乡、汉风蜀韵等雅安旅游系列商品。

大力发展"月光"经济，加快开发特色夜游、光影秀等产品，打造《熊猫之夜》夜景光影水秀，培育晚间文旅消费市场。

解决通达"最后一公里"，完善旅游集散、旅游标识、旅游厕所等旅游公共服务设施建设。提高人性化服务水平，为不同群体量身定制个性化服务，开展文明景区、文明单位、文明岗位创建，提升服务意识和服务水平，为到访雅安的游客营造舒适、安全、文明的旅游环境，提升游客旅游体验感和满意度。

5. 以"文旅+""+文旅"促进产业融合

通过资源整合，催生"旅游+"业态，带动全域旅游发展。创新推进文旅跨界融合，推进文旅与农业、林业、卫生、体育、科技等相关产业和行业融合发展，扩大产业面，形成产业群，构建"大旅游、大市场、大产业"发展格局。依托茶、果药、果蔬三条特色产业经济走廊建设，积极发展乡村休闲、度假、体验等旅游业态，培育休闲农场、休闲农庄、农业公园，持续推进全国首个茶主题农业公园建设，加快推进中国至美茶园绿道建设，进一步打响汉源"花海果乡"乡村旅游品牌。

品牌化发展康养旅游产品延伸产业链，丰富中医药健康旅游产品，壮大中医药健康旅游产业，打造川西区域医养旅游高地。培育壮大以大熊猫文化、茶文化、砂器文化、根雕文化等为代表的特色文化创意产业园区，引入体育运动俱乐部、山地体育赛事、特色休闲庄园、旅游度假小镇等，建设一批体育运动精品示范项目、旅游创新创业示范项目。

四、结语

几年来，雅安努力探索生态文化旅游融合发展新路，以生态为特色、文化为内涵、旅游为载体，推进区域生态、文化与旅游业有机交融，围绕三条百公里百万亩乡村振兴产业带建设，大力发展生态旅游、文化旅游，形成独具特色的生态文化旅游体系，充分发挥旅游业解决就业、安民富民的作用，逐步走出一条经济持续稳定发展、能源资源高效利用、生态环境良性循环、社会文明明显提高的发展新路，给地震灾区生态修复重建、文化产业重建、旅游产业重建发展指明了方向。

在我国，有大量类似于芦山的区域，它们生态特色鲜明、地质灾害多发、重点生态功能区面积较大、经济社会发展水平较低。如何实现这些区域的发展是我们要去面对和解决的问题。芦山试验区的成功只是一个开始，也应该是有些许借鉴意义的。不过，产业旅游与生态文化融合是一个世界性的问题，涉及经济学、生态学、社会学、人口学和文化学等多种学科，芦山的模式只是生态文化旅游的一种应用模式，对这个领域的探索将还会继续在更高层面、更深层次进行。

参考文献

[1] 李后强，翟琨. 芦山重建：走生态文化旅游融合发展新路 [N]. 人民日报，2015-04-20（7）.

[2] 宋慧娟. 雅安国家生态文化旅游融合发展试验区建设的模式解读 [J]. 辽宁广播电视大学学报，2017（1）：104-106.

[3] 戴斌. 文旅融合时代：大数据、商业化与美好生活 [J]. 人民论坛·学术前沿，2019（11）：6-15.

[4] 刘治彦. 文旅融合发展：理论、实践与未来方向 [J]. 人民论坛·学术前沿，2019（16）：92-97.

［5］宋增文．生态文化旅游开发模式研究：以金山岭生态文化旅游区为例［C］．2014 中国旅游科学年会论文集，2014：210-217.

［6］于法稳，于贤储，王广梁．雷州半岛生态文化旅游研究［J］．生态经济，2015（9）：151-155.

［7］徐克勤，田代武，张建永，鲁明勇，朱朝晖．打造武陵山片区民族特色生态文化旅游支柱产业研究［J］．民族论坛，2016（1）：37-51.

［8］黄永林．文旅融合发展的文化阐释与旅游实践［J］．人民论坛·学术前沿，2019（11）：16-23.

［9］范周．文旅融合的理论与实践［J］．人民论坛·学术前沿，2019（11）：43-49.

［10］吴丽，梁皓，虞华君，霍荣棉．中国文化和旅游融合发展空间分异及驱动因素［J］．经济地理，2021（2）：214-221.

［11］徐翠蓉，赵玉宗，高洁．国内外文旅融合研究进展与启示：一个文献综述［J］．旅游学刊，2020（8）：94-104.

［12］邵明华，张兆友．国外文旅融合发展模式与借鉴价值研究［J］．福建论坛（人文社会科学版），2020（8）：37-46.

［13］曾博伟，安爽．"十四五"时期文化和旅游融合体制机制改革的思考［J］．旅游学刊，2020（6）：3-6.

［14］张朝枝，朱敏敏．文化和旅游融合：多层次关系内涵、挑战与践行路径［J］．旅游学刊，2020（3）：62-71.

［15］柴焰．关于文旅融合内在价值的审视与思考［J］．人民论坛·学术前沿，2019（11）：112-119.

【教学指导说明】

一、教学目的与用途

（1）适用课程：本案例适用于旅游管理专业的本科、硕士、MTA 等旅游规划、旅游策划类课程。

（2）教学目的：本案例以雅安生态文化旅游融合发展的现实案例为载体，探索文旅融合发展的路径与策略，为国内其他地区的文旅融合发展提供思考和借鉴。

二、启发思考题

（1）你认为生态、文化、旅游融合的内在机理是什么？基本模式有哪些？

（2）你认为国家生态文化旅游融合发展试验区应如何规划建设？如何评估其建设效果？

（3）你认为未来雅安要继续推进生态文化旅游的深度融合还应该怎么做？

（4）"雅安范本"有哪些值得借鉴的经验？你认为国内还有哪些地方可以借鉴雅安的经验创建国家生态文化旅游融合发展试验区？

（5）2015年，成都、攀枝花、乐山、雅安、眉山、阿坝、甘孜、凉山8个市（州）的代表共同签署了《国家生态文化旅游融合发展试验区旅游合作联盟框架协议》，8个市（州）将有效整合区域旅游资源和产业要素，共同推进区域旅游业合作和实现跨越发展，加快建成国家生态文化旅游融合发展示范区、全国无障碍旅游示范区和世界级生态文化旅游休闲目的地。请为8市（州）的旅游合作出谋划策。

三、分析思路

案例分析逻辑路径如图1-1所示。

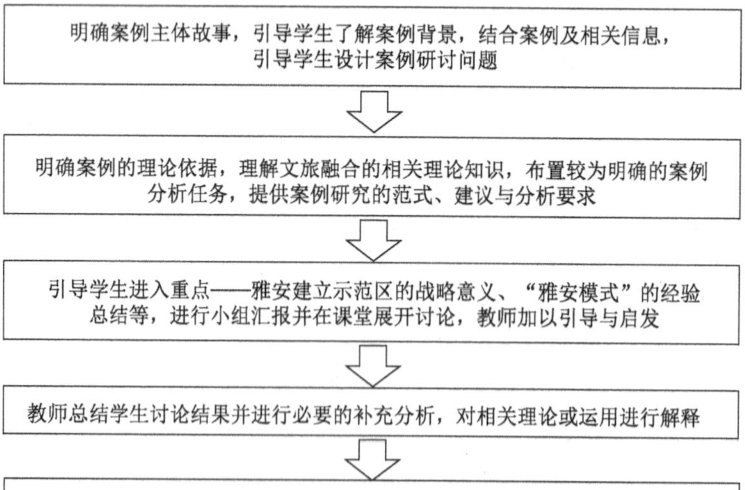

明确案例主体故事，引导学生了解案例背景，结合案例及相关信息，引导学生设计案例研讨问题

明确案例的理论依据，理解文旅融合的相关理论知识，布置较为明确的案例分析任务，提供案例研究的范式、建议与分析要求

引导学生进入重点——雅安建立示范区的战略意义、"雅安模式"的经验总结等，进行小组汇报并在课堂展开讨论，教师加以引导与启发

教师总结学生讨论结果并进行必要的补充分析，对相关理论或运用进行解释

教师提出有待深化研究的、有启发性的问题进行讨论，并形成课堂讨论记录

图1-1　案例分析思路图

四、背景信息：我国文化与旅游的融合已进入新阶段

文化是旅游的灵魂，旅游是文化的重要载体。习近平总书记指出："旅游是不同国家、不同文化交流互鉴的重要渠道，是发展经济、增加就业的有效手段，也是提高人民生活水平的重要产业。"推动文化与旅游融合发展，大力发展全域旅游，是党中央、国务院做出的重大决策部署，是不断满足人民群众日益增长的美好生活需要的重要手段，也是推动文化产业和旅游产业转型升级、提质增效的重要途径。

中国是拥有五千多年历史的文明古国，又是充满发展活力的东方大国，旅游资源得天独厚，自然和人文景观异彩纷呈。不同地区间既有中华文化的共性，又体现出差异性，这为文化旅游的发展提供了丰富的资源。在经济转型、消费升级及产业结构调整等宏观背景下，人民群众对旅游的需求动机、内容、意图及价值诉求正在发生新的变化。联合国世界旅游组织统计数据显示，全世界旅游活动中约有 37% 涉及文化因素，文化旅游者以每年 15% 的幅度增长。

文化成为旅游最大的原动力。文化与旅游深度融合发展不仅呈现出前所未有的活跃态势，而且成为未来十年影响中国旅游业发展的最大变量。2018 年 4 月，中华人民共和国文化和旅游部成立，标志着我国文化与旅游融合发展进入了新的阶段。

五、关键要点

（1）理解"国家生态文化旅游融合发展试验区"创建的意义。创建的基本目标是在自然灾害多发、生态资源丰富、区域经济发展水平较低的区域探索生态、文化、旅游三者相互融合的新的发展方式，为人类灾后重建寻找一条认识自然、利用自然，以及与自然和谐相处、永续发展的新路子。

（2）聚焦雅安在推进生态文化旅游融合上的亮点、特色和举措，总结"雅安范本"，为我国西部生态环境脆弱、经济发展水平较低、文化丰富多彩的地区探索绿色经济发展模式提供可借鉴的成功经验。

六、建议课堂计划

本案例可以作为专门案例进行课堂讨论，建议时间控制在两节课（90分钟）内。

课前计划：让学生做好课前准备，提前进行分组，将案例内容和启发

思考题发放给各个小组成员，要求认识雅安，熟悉案例背景，理解学习相关理论基础部分"文旅融合的理论基础"，了解案例的主题内容。

课中计划：首先回忆 2013 年 4 月 20 日 8 时 02 分四川省雅安市芦山县发生的 7.0 级地震，由此导入案例，简介案例的主题内容，确定案例讨论主题，明确具体讨论的问题及发言要求；然后让学生分组展开讨论，讨论结束后每个小组推选代表发言；全部小组发言后教师可进行简单的点评；要求在全班范围继续展开讨论，教师应重点引导学生思考建立国家生态文化旅游融合发展试验区的意义、"雅安模式"的经验、试验区建设效果评估等话题。课堂结束前，应对学生讨论的结果进行归纳总结并做必要的补充讲解。

课后计划：请学生以案例分析报告形式，总结概括"雅安模式"值得借鉴的经验，并为成都、攀枝花、乐山、雅安、眉山、阿坝、甘孜、凉山 8 市（州）共同推进区域旅游业合作和实现跨越发展、加快建成国家生态文化旅游融合发展示范区提出自己的建议。

案例2 全域旅游时代 景区免费模式探究

——以西湖景区为例^①

[**内容摘要**] 杭州西湖免费模式的成功，是国内景区发展史上具有里程碑意义的事件，对国内各大知名景区的创新发展起到了很好的启发和参考作用。本案例研究了全域旅游背景下景区免费开放的合理性，阐述了西湖免费开放的背景及实施的情况，对其产生的效益进行了多方位的分析；进一步指出了在全域旅游背景下景区复制"西湖模式"应具备的条件；最后从景区和所在城市角度分析了景区免费开放后可能面临的问题及应对策略，有效促使"门票经济"向"产业经济"转型发展。

[**关键词**] 全域旅游；免费景区；公共资源类景区；西湖模式

一、引言

改革开放后，中国旅游业步入正轨，至今已经走过40多年发展历程，无论是人们的旅游诉求和出游习惯，还是旅游产业内部结构和发展模式等都发生了巨大变化。旅游者由原来以景区观光为主逐步转变为休闲旅游、体验旅游和度假旅游，旅游活动空间不再局限于封闭的旅游景区，而是走向城市社区、乡村田园或其他没有围墙、更加开放的自由空间；旅游产业的内部结构也由初期以景区为主逐步转变为多业态并重；旅游发展模式则由以"门票经济"为主导逐步转变为以"服务经济"为主体，旅游产业收入来源渐渐摆脱了门票依赖，转向有更大弹性空间的体验、娱乐、餐饮、购物等消费领域，进而引导旅游发展模式由数量效益型向质量效益型转变。特别是随着全域旅游的深入推进，旅游活动和旅游产业的发展空间得到了极度放大，社区旅游、乡村旅游、工业旅游、农业旅游、园区旅游、研学

---

① 本案例为原创案例，只用于教学目的，不对旅游目的地或旅游企业的管理做任何评判。

旅行等开放型旅游产品越来越丰富，给传统单一观光型景区带来了较大的竞争压力。因此，从我国当前旅游业发展总体趋势及国家政策导向来看，旅游景区尤其是公共资源类景区的经营走向低价门票甚至免费开放已成为时代所趋。

西湖景区位于杭州市西湖区的城市腹地，属于湖泊公园，是公共资源类景区，西湖孕育了杭州市的历史与文化底蕴。景区内有丰富的自然资源和人文资源，游玩价值高，是国家 AAAAA 级旅游景区，也是联合国认可的世界文化遗产。2002 年 10 月，西湖景区开始实施免费开放政策。

西湖景区所处的杭州市属于"长三角"城市群，历史悠久，经济发达，交通便利，客源市场广阔；所在西湖区是杭州的老城区之一，是杭州市 5 个老城区中面积最大、人口最多的一个，也是著名的旅游区。近年来，西湖区全力推进全域旅游发展，2021 年年初成功创建浙江省全域旅游示范区。西湖景区免费开放符合全域旅游的发展方向，效应显著。

本案例以西湖景区为例，探讨全域旅游背景下景区免费模式的实施条件和应对策略，以期为国内更多景区的转型发展提供借鉴。

二、案例背景介绍

（一）我国旅游业发展迅速，全域旅游时代来临

改革开放 40 多年来，我国经济社会持续发展，国民收入水平不断提高，旅游产业完成了从无到有、从小到大的发展历程。2009 年国务院出台的《关于加快发展旅游业的意见》提出，把旅游业培育成国民经济的战略性支柱产业和人民群众更加满意的现代服务业，进一步奠定了旅游业在我国产业体系中的地位。中国旅游研究院的统计数据显示：2019 年全国旅游总收入为 6.63 万亿元，同比增长 11%；国内旅游人数达 60.06 亿人次，同比增长 8.4%，旅游活动已成为居民日常生活的重要组成部分。旅游业绿色环保，产业关联度高，带动能力强，已逐渐发展成为我国经济的战略性支柱产业。

与此同时，在城乡旅游交通日益便捷、居民旅游消费能力日益增强的环境下，我国旅游资源供给不足、市场秩序不够规范、体制机制不够健全等问题开始凸显，节假日景区人满为患的现象时有发生，原有的旅游发展模式已经不能适应人民日益增长的对美好生活的需要，推动旅游业转型升级正当其时。全域旅游要求我们把区域整体当作完整的旅游目的地来建设，推动我国旅游业从"景点旅游"发展模式向"全域旅游"发展模式

转变。2018 年,《国务院办公厅关于促进全域旅游发展的指导意见》指出,发展全域旅游能够更好满足旅游消费需求,是提升旅游业现代化、集约化、品质化和国际化水平的有效举措。杭州市是首批国家全域旅游示范区创建单位。

(二) 景区门票价格不断上涨,影响游客的出游积极性

旅游门票是指对游客开放的各种旅游景点(包括公园、博物馆、文物古迹、休养娱乐胜地、历史名人纪念地、自然风景区,以及旅游景点附属观光索道电梯、环保车和临时展出或观赏项目等)所收取的游览参观费用的票据。景区门票所富含的景区价值包含两个方面:一是景区自身的价值,这方面价值主要体现在景区自身所富含的历史性、文化性、艺术性、稀奇性等方面,这些因素有时是单一的,有时是复合的,例如洛阳龙门石窟就同时富含了历史、文化、艺术、稀奇等众多因素,所以其自身价值就比较大,反映在门票价格上就相对较高;二是景区开发所投入的成本,包括景区建设、维护、广告宣传、工作人员的开支等,这些具体的开支所反映的价值可以根据实际情况计入门票价格。将这两个方面的价值相加就是一个景区实际价值的表现。

景区要吸引游客前来游玩,门票的定价还需充分衡量国内游客的平均收入和消费水平,并以景区实际价值为底线制定全国大多数游客可以承受得起的价格。目前我国大批景区门票价格一涨再涨的市场现象,客观反映出门票经济仍为我国旅游业发展的主导模式。持续上涨的门票价格不但打击游客出游的积极性,还会影响到住宿、餐饮、娱乐、购物等整个消费链条,最终影响地方经济发展。

三、主题内容

(一) 西湖景区免费开放的实施情况

西湖的付费门槛从 2002 年开始消失,杭州始终践行"还湖于民"的理念。门票取消加之 24 小时开放的政策实施后,景区每年损失门票收入数千万元,而日常管理等方面的费用持续攀升,出现了减收和增支叠加作用,每年景区财政增加的经济负担近亿元。西湖风景区免费初期压力陡增,遭遇了诸多反对的声音,但是随之发展,相关行业迅速协调,免费景区吸引来的大量国内外客源迅速转换成每年几百亿元的旅游经济收入,"短期阵痛"后是当地旅游业和服务业的整体井喷受益,这就是被广为传颂的"西湖模式"。

杭州市对西湖景区创新性地采用"免费+周边消费"的商业模式。西湖免费开放后，除了拆除西湖外围的栅栏，还将本来是独立的几个公园如老年公园、柳浪闻莺公园等的围墙也拆除了，变为南北3公里长的环湖大公园，24小时免费开放。这一措施带来每天平均15万人次的客流。另外，与旅游相关的服务行业迅猛发展，沿湖商铺的租金、税收是巨大的经济收益，这一经济来源也弥补了景区因免费开放而损失的利润。餐饮业大量农产品的消耗及商店的旅游产品的售卖，促使农业、工业等的发展，体现了以旅游业为龙头，带动整个产业链发展的全域旅游要求。

西湖免费对外开放不只是简单地免门票，而是将免费景点与收费景点相结合，实施"免费为主，收费为补"的经营模式。西湖景区虽然对外宣传免费开放，但是进入景区后，有一些沿湖的景点需要门票才能入内游玩，如雷峰塔等。西湖景区合理设置收费景点的数量，并且这些收费景点都是知名度高或具有代表性的，不会使游客产生反感的负面情绪，反而愿意选择购买门票游玩。西湖的免费景点增加了旅游人数，扩大了客源市场，具有潜在的利益，而收费景点的门票收入可以给西湖景区日常经营、养护带来资金来源，缓解政府的财政压力。同时，西湖免费开放后管理并没有放松，景区内环境的治理、员工责任的协调分配、基础设施的建设等方面都加大了管理力度，这些措施保障了西湖景区免费开放后实现良好的综合效益。

（二）西湖景区免费开放的效益分析

西湖景区免费开放为杭州市的全域旅游发展提供了强劲的推动力，产生了良好的经济、社会和环境效益。

1. 经济效益

通过图1-2不难发现，杭州市旅游总人数及旅游总收入自西湖景区免费开放后增长速度明显提升。成功的"免费+周边消费"商业经营模式使西湖景区放弃的门票收入在其他方面得到了有效补充。由于景区免票产生了巨大客流效应，景区内新增的许多休闲消费场所和商业网点创造了新的收入和税源。取消门票后，西湖景区南线仅沿线的商铺首年拍卖总收入就达到700万元，西湖景区内的商业网点、各类游览车船等旅游服务设施的年租金总收入高达5500多万元。这些营业场所经营所得，既弥补了西湖景区因养护管理支出增加的经济压力，又回补了免费门票后的损失。

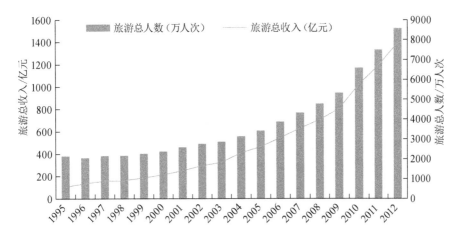

图1-2　西湖景区免费开放前后杭州市旅游总人数及总收入增长变化图（1995—2012）

杭州免票效应"241公式"有个著名的"241算法"，意思是，如果使每个游客在杭州多停留24小时，其年旅游收入就会增加100亿元。杭州失去了占游客支出很小部分的景区门票，却在住宿、餐饮、购物、娱乐等方面得到了更大补充，经济效益不降反增。2017年，杭州全年旅游休闲产业增加值928亿元，比2016年增长12.6%，占杭州市生产总值的7.4%；全市累计接待中外游客16286.63万人次，比2002年增长441.1%；实现旅游总收入3589亿元，其中，西湖接待占比达25%以上。

2. 社会效益

西湖景区免费开放后除了给游客带来轻松愉快的游乐体验外，还给当地市民增添了休闲娱乐的场所，扩大了活动范围，提升了居民的满足感与幸福感。此外，西湖免费带来的庞大客流量带动旅游相关的服务产业发展，带来了更多的就业机会，降低城市失业率，促进社会和谐发展。

2001年，杭州启动了西湖综合保护工程，从生态保护、环境美化、文脉延续、景观修复等多方面内容，对西湖的"东南西北中"进行全方位保护和整治。连续10年实施西湖综合保护工程，环西湖沿线全线贯通，环湖公园景点和博物馆全部免费开放，西湖水实现"一月一换"，水质稳定保持三类水体标准，部分区域的水质达到了二类水体标准，景区公共绿地新增100多万平方米，保护、修缮、恢复了180多处自然和人文景观，使得杭州城市旅游形象与美誉度持续提升。西湖免费开放以来，杭州先后获得"联合国人居奖""国际花园城市""东方休闲之都""中国最佳旅游城市"等称号，并连续五年蝉联"中国最具幸福感城市"。

3. 环境效益

西湖景区的免费开放，促使杭州市更加注重对景区及周边区域环境的整治，改善了景区的旅游环境，提升了城市的旅游形象。一方面，杭州市政府通过拆除和搬迁景区附近的企业和住宅，在大片空地上种上草木，改善西湖水质，创造出了生态平衡、绿意盎然、空气清新的优美环境，不仅为当地居民提供了更好的居住环境，还因游客对西湖环境的赞美而提升了城市整体形象。另一方面，将西湖还给当地居民，唤起了人们保护自然环境的意识，也使人们担起保护自然环境的义务和责任；从游客的角度来看，在一个环境优美、卫生状况极好的景区内，大多数游客也会注意自身的行为，尽量避免出现污染环境、破坏景区形象的行为，推动景区走上绿色、低碳的发展道路。

（三）全域旅游背景下景区复制"西湖模式"的前提条件

西湖景区免费开放以来，一方面，促进了杭州经济快速发展，增强了社会和谐，加速了城市环境卫生的治理速度；另一方面，合理配置资源、发展共享经济、改善基础设施建设与公共服务设施、完善相应的法律法规和管理制度，提高了城市的知名度并建设良好的城市形象。西湖免费模式的成功，引发了全国各地景区的借鉴与效仿，其中不乏盲目"从众"、跟风严重的现象，导致出现景区亏损、环境恶化、商业活动低迷等问题。因此，必须要深入分析景区免费开放、复制"西湖模式"应具备的条件，这需要从景区、景区所在城市和城市居民等方面来考虑。

1. 景区应具备的条件

（1）公共资源型景区

适合免费开放的景区以综合自然资源和人文资源的景区为主，并且是公共资源型景区。其中，以城市腹地或城市郊区的湖泊公园最适合免费开放，其历史文化价值高，公共观赏性鲜明，从而吸引本地居民和游客慕名而来。另外，景区还需要与城市地脉、文脉密切相关。城市的历史文化内涵及居民的日常生活都离不开湖泊或河流的孕育。景区位于城市腹地或城市郊区，其交通相对便利，游客游玩的时间成本相对较低。

（2）具有一定的知名度

知名度是一个景区必不可少的重要组成因素，其足够吸引游客乃至潜在游客的注意力，甚至可以形成旅游品牌效应。随着旅游业的发展，品牌竞争成为各大景点的核心，提高景区知名度成为每个景区走向成功的必由之路。如果旅游景区在不具备一定知名度的前提下，实行了免费开放政策，其吸引力只是短暂的且仅局限于本地市民，不足以吸引本市以外的客源，是难以通过免费开放带来经济效益的，更无法推动全域旅游的发展。开放型景区的知名度决定了游客是否选择到该地旅游、是否具有消费倾向。此外，景区知名度可促进旅游品牌的建立，形成品牌效应，从而扩大客源市场，吸引大批游客入境，产生更多的经济效益。

（3）强大的运营管理能力

景区免费开放后，游客增多，管理难度和投入资金加大，但初期收入会明显减少，这就要求景区必须具有强大的运营管理能力。"门票经济"转向"产业经济"，面对骤减的门票收入，景区必须要积极寻求其他经济收入，如发展餐饮、购物、娱乐等产业，维持景区的日常运营。同时，景区还需要具备风险预防与抵抗能力，以应对不可抗力的突发事件或国际形势突变带来的影响。2008年的金融危机，对整个世界的影响巨大，景区也不例外，但西湖景区在这次危机事件中受到的影响极小，因为西湖景区免费开放之前就注重风险的预防与抵抗能力，通过加强景区产业多元化经营发展，使得景区的经营压力得以缓解。

（4）客源市场近且交通便利

休闲度假旅游有较高的回游率，因此时间成本和经济成本成为其不可缺少的因素。首先，景区与客源市场的距离要近。在短暂的小长假或是休息日期间，如果景区距离太远，必将花费大量的时间和金钱，所以游客很少会选择去此类景区游玩。以西湖景区免费模式为例，西湖景区经营的成功，和其所处的区域有着密不可分的关系。西湖处于长江三角洲区域，该区域经济发达，人口数量充足，交通便利。免费景区除了需具有优越的客源市场条件以外，还必须提高区域的可进入性。其次，免费景区所在城市需要交通便利，既要保证外来游客从客源地出发的交通顺畅，又要保证游客在景区所在城市内的交通便利。交通的便利程度对于免费景区日后经营与管理影响很大。

2. 景区所在城市应具备的条件

（1）政府需具有强大的财政能力和管理能力

景区所在城市的政府必须要有强大的财政能力，旅游景区免费开放后，传统的门票经济收入便会暂停，景区最主要的经济来源消失，因此要通过当地政府的财力支撑来维持景区的日常经营与维护。如果景区所在城市没有足够的财政能力，景区往往难以维持免费模式的运营，最终仍会走上依靠门票收入来维持景区正常运营的传统道路。若景区未考虑这一重要因素，盲目从众免费开放，将会导致景区所在城市政府压力的提升，使得景区免费开放出现适得其反的效果。此外，随着客流的增加，景区管理各方面的压力都会剧增：垃圾增多、环境恶化、设施维修频率增加、服务设施不足、服务跟不上等问题频频出现。因此，旅游目的地城市需具备一定的财政能力，才能在景区免费开放后维持日常管理与经营。

此外，要通过免费推动全域旅游进程，需要从景区所在地方政府层面实施统筹规划，强化协调沟通，兼顾各方利益，平衡各行业发展，才能真正推动产业融合发展，构建全域旅游发展大格局。

（2）城市旅游服务设施要相对完善

除了免费景区，所在城市的各项旅游配套设施必须要全面，保证游客全程都有良好的旅游体验。首先，在免费景区的周围要有一些小景点，促使游客在游玩免费景区之后，还有其他的地方可以游玩，这样既可以满足游客追求多样化旅游体验的需求，又可以留住游客，延长游客的逗留时间。其次，游客逗留时间变长后，对住宿及餐饮的需求也急速上升，旅游配套的酒店及餐馆等服务设施就显得尤为重要，并且要保证不同等级的酒店的发展，以满足不同类型游客的需求，从而留住更多的过夜游客。最后，旅游标识服务也同样重要，在城市各大客流量较多的景区或是路口设置指路牌，包含区域内的各大景区的位置及方向；提供多语种的服务，使国际游客的旅游体验得到提升。

（3）当地市民和商贩要具备与游客和谐相处的素质

城市居民、商贩要能与游客形成一种公平、和谐的关系。从城市形象角度来讲，城市居民和商贩都代表着一个城市的形象，其必须与游客和睦相处，公平进行售卖活动，绝不可以出现欺客"宰客"现象。否则，该行为将会殃及景区甚至是景区所在城市的形象，使得塑造的旅游品牌遭受打击。近年来，国内景区"宰客"现象层出不穷，例如著名的"青岛大虾"事件，对景区的声誉造成了严重的影响，并且对青岛的整个城市形象都有所损害，让游客们不禁怀疑"好客山东"的内涵。全民参与是全域旅游发展的本质要求之一，当地市民、商贩及游客对该区域的发展都起到了推动作用，只有在三方和谐共处、互惠互利的情况下，才能给景区带来最大效益。

（四）复制"西湖模式"的应用举例

以上从景区和景区所在城市的角度分析了景区复制"西湖模式"所具备的前提条件，可见综合考虑城市综合发展水平及景区类型与品质，基本可以确定该景区是否具备免费开放的条件。

1. 可直接复制"西湖模式"的景区

该类景区所在地区经济发达、交通便利、基础设施及服务实施的建设完善、政府财政能力强大、距离客源市场近且知名度高；景区以公共资源型的湖泊公园为主，对城市的历史及文化底蕴的影响深远。以南京玄武湖为例，南京地处长三角，经济发达，距客源市场近且城市具有立体的交通系统，飞机、高铁、轮渡、地铁等运输系统发达。此外，玄武湖和西湖类似，都属于城市湖泊公园，历史文化价值与游览价值高。因此，南京玄武湖完全可以复制"西湖模式"，进行免费开放。事实上，自2010年10月1日起，玄武湖景区已全面免费开放。

2. 需具备一系列条件才可复制的景区

此类情况下的景区也是以与城市联系紧密的湖泊为主，游玩价值同样高，但是景区所在城市的相关条件没有达到一定的标准。城市经济发展程度不够，与旅游相关的配套设施缺乏，文物保护与环境治理等规章制度不够健全。此类景区等到各种条件满足后，是可以实现免费开放的，比如扬州的瘦西湖。瘦西湖是扬州知名度最高的景点之一，是吸引游客来扬州旅游的重要因素。当前，瘦西湖内部分景点也实现了免费开放，但是部分人文景点暂未免费开放，原因是免费后文物的保护及收入的来源都得不到保障，全面开放瘦西湖仍需等待。

3. 完全不可复制"西湖模式"的景区

此类景区地处偏远且经济不够发达的地区，景区承载力低下，区域的可进入性低；景区是稀缺型旅游资源，当地经济对门票收入的依赖性强，甚至离不开景区的门票收入，因此，该类景区是完全不可能复制"西湖模式"的。以九寨沟为例，九寨沟位于青藏高原东部边缘的九寨沟县内，风景优美，游览价值极高，但是地理位置偏远且地形错综复杂，交通运输系统欠发达，相关旅游配套设施不完善，给游客的游览造成不便。另外，九寨沟的门票收入给当地的旅游业带来了巨大的收益，如果免费开放，该收益在短期内是难以弥补的。

总之，景区要复制"西湖模式"，必须根据景区自身情况因地制宜，不能盲目跟从。

（五）"西湖模式"实施后面临的挑战及应对策略

景区免费开放利弊共存。如果开放后不能及时转换管理理念，大量负面影响的存在不仅影响着游客的旅游体验，致使景区形象受损，而且会给游客造成免费景区没有很高的游览价值的错觉，从而适得其反，削弱其竞争力。因此，明确景区免费开放后可能出现的新问题，采取相应的应对策略，是景区免费开放后的当务之急。

1. 景区管理方面

（1）合理控制游客数量

首先，要计算好合理的景区容量，保证客流量和景区承载力能够维持在一个平衡的状态。虽然景区是免费的，但是仍需要检查门票才能入内游玩，将游客数量设定在一定数值内，按照这个数值分发门票，从而相应地减少游客的数量，景区的各个功能才会发挥其正常的作用，满足游客游乐的体验。其次，门票可以在网上、现场预约，来保证游玩人数在合理的范围内，并且形成收益与合理容量的最大值。最后，地方政府不能只以景区的发展及收益作为最终的追求，需把眼光放到整个服务产业，依托免费景区的人气，优化服务设施设备，使得城市的旅游资源合理配置，提高其他景区的吸引力与知名度，分散免费景区的客流。这样既可以减轻免费景区游客爆满产生的压力，又可以带动该城市相关服务产业的发展，促使整个区域协同发展，形成良性循环的产业链，环环相扣，从而带动城市第三产业的发展，促进地方经济收入的提高，促进全域旅游发展。此外，在旅游旺季，要倡导本地居民错峰游，调节当地居民和游客的客流并加以宣传，使得城市居民意识到游客为当地经济发展带来的利益。

（2）转变经营理念，加强员工培训

开放型景区一般多是位于城市腹地的湖泊公园，对城市的发展有着重要的影响。但由于开放型景区具有公益性的特点，即免费景区要以人为本，在注重环境卫生的前提下，进一步完善便民措施，要将景区营造成适合人们生活、游玩、活动的场所，成为主客共享的美好空间。此外，要转换管理理念和管理方式，景区免费开放后容易出现管理缺位，景区管理者要意识到景区免费开放后其职责应该由管理转向服务。管理与服务是保证游客与员工满意的支撑。

另外，要注意景区服务人员的岗位转换与培训工作，景区免费开放后会有部分工作岗位职工过多，也有职位空缺的情况，此时，景区管理者需及时合理分配工作任务，对景区服务人员进行专业化培训并定期考察，增强员工的工作积极性，提升员工的文明程度，以提高景区的服务质量与服务水平。为了提高员工的工作效率，可以把景区分成几个包干区，分别分配一些员工负责服务、安全、卫生等工作。随着景区免费开放，要结合景区的实际状态，加快建立和完善与景区相关的规章制度，注重景区环境保护与建设相结合。最重要的是，景区要树立全域旅游发展理念，把景区营收的重点放到二次消费上来，旨在丰富经营模式，要通过酒店业、餐饮业甚至是第一、第二产业的联动发展，摆脱门票经济的束缚。

（3）加强对文物及环境的保护与治理

游客数量增多可能导致景区环境恶化，文物及服务设施遭受不同程度的破坏。针对这种情况，首先要加大对游客文明游玩的宣传力度，增强游客环境保护意识，从而让游客文明游览，自觉注重卫生、服务设施及文物的保护。若宣传效果不明显，就必须引入罚款的制度，根据危害程度设置罚金。为了避免游客在被罚时强词夺理，需在游客进入景区之前告知入内有不文明现象将会产生罚金，这也使得游客能够注意自身行为，从而避免出现不文明现象。此外，要控制好游客的合理数量，这样才能方便景区的管理，以及环境问题的发现和环境治理。要加大景区所在城市其他景区的宣传力度，分散客流，带动其他景区的发展及其周边配套的服务业的发展，实现区域联动效应。近年来，全球气候恶化，资源环境问题日益凸显，绿色出行、低碳旅游逐渐成为时尚，可以倡导游客多使用公共交通或共享单车，以减少景区空气污染。

2. 城市方面

景区免费开放预示着"门票经济"的结束，城市通过摆脱门票收入、促进其他产业的发展来留住游客，延长其逗留时间，从而带动城市的经济发展，将"门票经济"转向"产业经济"显得尤为重要。

（1）以旅游业为主体，推进产业融合

景区要实现免费开放需要做好一系列的预防、管理措施，全力破解景区对"门票经济"的依赖，从"门票经济"转向"产业经济"。景区免费开放之初，会对景区的盈利造成重创，必定会出现亏损的情况，此时，可以通过市场营销手段，提前实行"招商引资"策略，招募一批企业入驻景区，从而形成景区商业网点，来弥补因免费开放而损失的门票收入，带动城市旅游经济的发展。在满足游客各项需求的同时，居民也可以通过从商经营获取收入。另外，在全域旅游的战略下，要逐步推动旅游业与农业、工业、服务业等产业的融合发展，从而依托旅游业的发展，带动整个城市产业经济的发展。

（2）完善公共服务设施，美化城市环境

景区免费开放后，外来人口激增，城市的公共资源被占用，旅游旺季时，公交车、地铁、公园等往往人满为患。一方面，过多使用造成了各项服务设施的损坏，并且也造成了交通拥堵；另一方面，游客对城市公共服务设施的占用，使得部分居民的休闲场所变少，活动空间减少，本地居民容易产生排斥心理。因此，在公共交通方面，要增添专门的旅游路线和车辆，将其与城市公交区分，并且将各个景区、酒店及餐饮连成一线；要注意游览线路要多，不能过于单一，重要景点也不宜设置在同一条线路上，这样才能够有效地分散客流，减轻景区及交通的压力。在公共服务设施方面，应增添居民小区内的服务设施，并加以管理与维护，使得城市居民在自己的小区内就有足够的空间休闲，以减少附近公园的人数，留足空间给游客休憩。此外，无论是居民的日常生活还是游客的大量涌入，都会对整个城市的环境造成不良影响，需要加强对城市环境的整治与美化工作。对于城市居民而言，要倡导绿色低碳的生活方式，抵制垃圾乱丢等不文明现象；针对游客的不文明现象也要采取相应的惩罚措施，遏制住游客的低素质行为。

（3）建立应对突发事件的处理系统

随着游客数量的增加，城市治安事件愈加频发，应急管理往往不能及时有效地发挥作用，给城市的应急系统造成巨大的压力。因此，整个城市必须要有高度的风险防范意识，协调医院、公安、消防等相关部门制定预防措施及进行救援的准备。景区和城市都应建立旅游高峰期应急预案，提高对高峰期突发事件的处置能力，保障游客安全和城市稳定。

四、结语

2018 年 6 月，国家发展改革委发布了《关于完善国有景区门票价格形成机制　降低重点国有景区门票价格的指导意见》。2019 年 8 月，国务院办公厅印发《关于进一步激发文化和旅游消费潜力的意见》，强调推出消费惠民政策，要求继续推动国有景区门票降价等措施。门票减免让老百姓有了更多获得感和幸福感，同时这也是一种有效的倒逼手段，让景区摆脱门票经济依赖，有利于推动旅游业提质升级、落实公共产品公众共有共享，转型发展全域旅游、优化旅游产品开发、打造独特"景区 IP"，探索多业态经营方式和多渠道综合利用开发来提高旅游产业链综合影响力。西湖景区免费模式为各类景区的再发展提供了鲜活样本。旅游景区必须积极顺应旅游市场变化，适时调整经营策略和产品体系，加快完成旅游发展模式的转型升级。

参考文献

［1］滕玮峰.对景区价格体制创新的探索与思考：杭州西湖景区免费准入体制的效益分析及启示［J］.价格理论与实践，2008（3）：23-24.

［2］杨财根，郭剑英.城市免费开放景区的规划与管理［J］.城市问题，2009（4）：79-82.

［3］刘思敏，刘民英.杭州西湖景区免费模式的实质及可复制性分析［J］.旅游学刊，2011，26（10）：50-57.

［4］周适，王磊.旅游景区免费开放应把握的关键问题：以杭州西湖景区为例［J］.中国经贸导刊（理论版），2017（26）：53-55.

［5］厉新建，张凌云，崔莉.全域旅游：建设世界一流旅游目的地的理念创新：以北京为例［J］.人文地理，2013，28（3）：130-134.

［6］樊文斌."全域旅游"视角下大连旅游专项规划探析［J］.规划师，2015，31（2）：107-113.

［7］杨光荣.全域旅游是提升旅游城市竞争力的有效载体［J］.中国党政干部论坛，2016（5）：87.

［8］徐珍珍，余意峰.国家全域旅游示范区空间分布及其影响因素［J］.世界地理研究，2019，28（2）：201-208.

［9］米阳.开放型景区旅游环境承载力研究：以北京什刹海景区为例［D］.北京：北京交通大学，2014.

［10］陈镇.浅析西湖景区免费模式与风景名胜区保护［J］.商业经济，2016（12）：57-58，62.

［11］王丽华，赵敏，宋书楠.开放景区经济效益及外部性研究［J］.辽宁经济，2018（9）：22-25.

［12］魏宁宁，张全景，林奕冉，孙晓芳.旅游承载力评估在海滩旅游管理中的应用［J］.经济地理，2019，39（3）：210-217.

［13］李艳灵.免费开放的滨海旅游资源治理研究：以防城港市为例［D］.南宁：广西大学，2016.

［14］王德刚.顺应全域旅游趋势　推动景区转型升级［N］.中国旅游报，2018-09-24（3）.

［15］姚润.公共资源类景区免费开放问题及对策研究［D］.苏州：苏州大学，2015.

［16］邵鹏.我国旅游景区门票定价研究［D］.西安：陕西师范大

学，2012.

[17] 肖朋伟．景区门票免费政策的经济效应研究：以江山市为例[D]．杭州：浙江工商大学，2019.

[18] 孙小媄，乔淑英．杭州西湖景区免费开放经济效应研究及对三亚的启示[J]．价值工程，2020，39（13）：76-77.

【教学指导说明】

一、教学目的与用途

（1）适用课程：本案例适用于旅游管理专业的本科、硕士、MTA等旅游规划、旅游策划、景区经营与管理等课程。

（2）教学目的：杭州西湖景区免费模式为我国景区免费开放提供了一个成功案例，开辟了景区经营管理的新路径。本案例通过西湖模式的分析，启发学生思考全域旅游时代景区管理如何转型，旅游城市如何由"门票经济"向"产业经济"转变，提升学生对全域旅游理论、景区经营与管理、旅游开发的理论认识和实践感知，激发学生的专业抱负和创新意识。

二、启发思考题

（1）梳理全域旅游的出现和发展历程，总结全域旅游的主要特征和发展条件。

（2）景区价格制定的策略主要有哪些？所有景区都必须免费吗？

（3）选择一个你熟悉的景区，分析其复制西湖模式的可行性，并说明原因。

（4）全域旅游时代，景区管理应如何转型？

（5）列举国内其他的从景区旅游走向全域旅游、由"门票经济"转向"产业经济"的成功案例，分析其成功的原因。

三、分析思路

案例分析逻辑路径如图1-3所示。

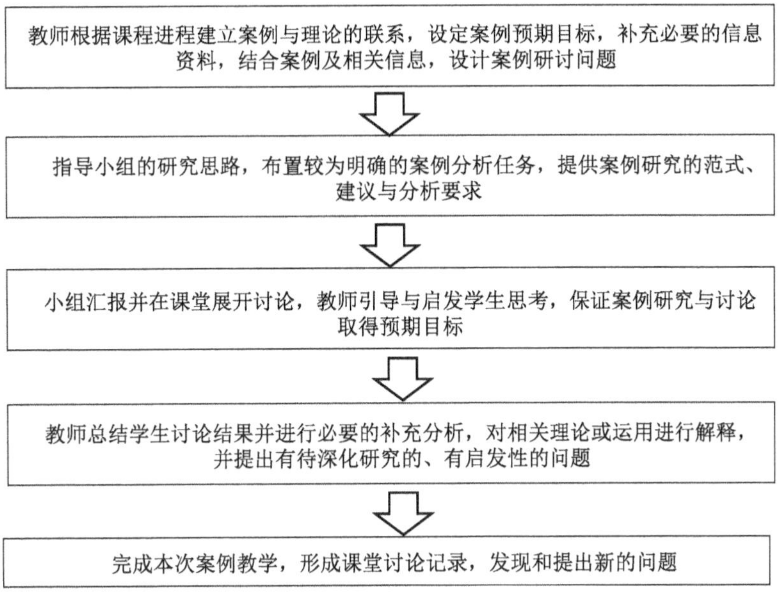

教师根据课程进程建立案例与理论的联系，设定案例预期目标，补充必要的信息资料，结合案例及相关信息，设计案例研讨问题

指导小组的研究思路，布置较为明确的案例分析任务，提供案例研究的范式、建议与分析要求

小组汇报并在课堂展开讨论，教师引导与启发学生思考，保证案例研究与讨论取得预期目标

教师总结学生讨论结果并进行必要的补充分析，对相关理论或运用进行解释，并提出有待深化研究的、有启发性的问题

完成本次案例教学，形成课堂讨论记录，发现和提出新的问题

图 1-3　案例分析思路图

四、相关概念界定

（一）全域旅游

全域旅游是指各行业积极融入其中，各部门齐抓共管，全城居民共同参与，充分利用目的地全部的吸引物要素，为前来旅游的游客提供全过程、全时空的体验产品，从而全面地满足游客的全方位体验需求。在全域旅游的推动下，一方面，区域可实现资源合理配置、共享经济迅速发展，可使基础设施建设与公共服务设施相对改善；另一方面，可带动各行各业的发展，增强全城居民的凝聚力，建设更加美好的城市形象，使得游客的体验更加多元化。

（二）开放型景区

开放型景区即免费景区。目前，国内研究人员较少使用开放型景区的概念，学者们普遍认为开放型景区必须具备以下条件：首先是需满足景区的概念且地理位置特殊，主要位于城市腹地或是近郊；其次是免门票；最后是可以带给游客自由、开放、无压力的心理感受。按照上述定义，开放型景区具有公益性的特征，即通过具有自然资源或是人文资源的景区，依托政府的财力及物力的支撑，实现免费观光旅游、文物及环境的保护、生态科学的研究与教育等公共的福利。与商业性质的旅游景区不同，开放型景区除了不以营利为目的之外，还注重休闲和娱乐功能。因此，开放型景区最主要的特征就是公益性，除了满足游客的游玩需求，还给本地市民增添了休闲娱乐的场所，注重提升居民的幸福感与归属感。

（三）公共需要与公共产品

公共需要在观念形态上是一种欲望、理念，在价值形态上是政府需求，是政府购买力，是财政资金，是总需求的一部分。而公共产品是为公共服务的产品，是有特定用途的产品。公共产品在经济上的意义，是总供给的一部分，体现为被政府需求所购买的那部分社会产品，是公共需要的使用价值形态。一种产品产出之前或刚刚产出而没有买主之前，它的身份并没有打上公共产品或私人产品的烙印，可以成为私人产品，也可以成为公共产品，只有当它被公共需求所购买之时，它才被确定为公共产品。例如，一座花园，被政府购买，成为公园，即成为公共产品；被私人购买，成为私家花园，即成私人产品。又如，当一条道路被政府购买，供社会使用，便是公共产品；如果它被一个企业购买，作为营利的工具，向行人收费，则又变成私人产品了。

公共需要可以转化为公共产品。作为公共需要的价值形态以两种形式分配出去，一种是购买性支出，通过购买直接转化为公共产品；另一种为转移性支出，这部分支出在其形成结果上可以有两种：其一是用来购买公共产品，例如，中央政府给予地方政府的补贴，一般主要用于购买性支出；其二是为了公共需要的目的而支出，其最终结果归个人使用，例如，对企业补贴的支出、用于社会保障的支出，最终形成私人产品。所以，政府需求从根本上说是为了满足社会公共需要，但从最终结果上看，公共需求却转化为公共产品与私人产品两类产品。当然，政府需求的绝大部分都转化为公共产品。

五、关键要点

西湖景区免费开放实施时间较早且非常成功，具有代表性和典型性。随着我国全域旅游的逐步推进，越来越多的旅游景区开始效仿实施免费开放，但也需认识到，并不是所有景区都具备免费开放的条件。在全域旅游背景下，如何理解景区免费开放的合理性，明确复制"西湖模式"的前提条件，探索实施"西湖模式"后景区面临的挑战及应对策略，是这一案例的关键要点。

六、建议课堂计划

本案例可以作为专门案例进行课堂讨论，建议时间控制在两节课（90分钟）内。

课前计划：将教学主题分成四大话题，即全域旅游背景下景区免费开放的合理性、西湖免费开放的实施及效应、复制"西湖模式"的前提条件、实施"西湖模式"后景区面临的挑战。这四部分由学生分组调查相关资料，教师于讨论前一周将启发问题发给负责相关话题的学生，学生分组讨论并撰写一份1000~2000字的案例分析报告回答相关问题，在课堂讨论前提交给老师。最后的应对策略由大家课堂上共同分析提出。

课中计划：教师首先介绍全域旅游及西湖景区免费开放的背景，带领学生回顾案例主旨内容；然后小组代表发言，针对课前准备的相关话题提出见解，其他小组可提问并参与讨论；最后全班讨论复制"西湖模式"后景区的应对策略，教师在此过程中应引导学生从景区、景区所在城市等不同角度进行思考，启发学生思考国内可以复制"西湖模式"的景区有哪些，要求每个学习小组列举出一个并分析可以复制的原因。

课后计划：要求学生以报告的形式为自己熟悉的旅游景区拟一份关于其免费或价格调整的建议，应包括背景分析、调整建议与原因分析。

案例 3 旅游产业融合背景下
盐城旅游新业态的创新^①

[内容摘要]   在产业融合背景下，盐城旅游产业外部融合及内部融合形成了各种类型的旅游新业态。本案例运用波特"钻石模型"，从生产要素，需求条件，相关和支持性产业，企业战略、结构和竞争对手的表现，政府，机遇这六个要素展开详细分析，对盐城旅游新业态竞争力进行评价，提出需要对产品、经营方式、组织形式进一步创新，才能吸引游客，提高需求，扩大客源市场，达到提升旅游新业态竞争力的目的。最后从宏观和微观两个角度分析盐城旅游新业态创新模式，探讨旅游产业融合视域下的盐城旅游新业态创新路径。

[关键词]   旅游产业融合；旅游新业态；旅游竞争力；创新；盐城

2014 年 8 月 21 日，国务院印发了《关于促进旅游业改革发展的若干意见》，其中指出：坚持融合发展，推动旅游业发展与新型工业化、信息化、城镇化和农业现代化相结合，实现经济效益、社会效益和生态效益相统一；以转型升级、提质增效为主线，推动旅游产品向观光、休闲、度假并重转变，满足多样化、多层次的旅游消费需求。2016 年全国旅游工作会议更是将积极发展旅游新业态作为全国旅游 54 项"治旅方略"之一，这说明旅游业在进一步拓展旅游发展空间，我国旅游产业与其他产业融合进一步加快。

一、理论依据与分析

（一）产业融合与旅游产业融合

产业融合的现象最早出现在 20 世纪 60 年代，日本学者植草益（2001）从经济学角度研究产业融合，认为产业融合原本属于不同产业或市场的产品由于技术创新而具有相互替代关系，使两个产业或市场中的企业转为处

---

① 本案例为原创案例，是盐城市社科应用研究项目"旅游产业融合背景下盐城旅游新业态创新研究"，编号：18skyy17。

在竞争关系的一种现象。学术界对产业融合理论的研究已有 30 多年。综合学者们的观点来看，产业融合作为一种经济现象，是利用技术进步、产业关联性使得产业界限模糊化甚至重划产业界限，促使产业间的相互交叉、相互渗透，最终形成新的产业或新的行业。因此新型业态的产生和发展是产业融合的主要表现之一。

旅游产业融合是随着旅游业和社会经济发展出现的一种必然现象。目前，国外学者关于旅游产业融合的概念没有明确的界定，我国学者对旅游产业融合的概念、特征及路径有一定的研究。笔者认为，旅游产业融合是旅游业发展的一种创新形式，是旅游业与工业、农业、服务业及旅游业内部行业的相互渗透、相互影响、相互关联，最终形成的新的产业。旅游产业融合为我国旅游业的发展注入了生机和活力。旅游产业融合的路径有 4 种，表现在资源融合、技术融合、市场融合和功能融合。例如农业资源与旅游业相融合形成农业旅游，信息技术运用于旅游业促进在线旅游的兴盛，商务、会展活动与旅游业通过市场融合发展出商务旅游、会展旅游，医疗活动因与旅游业有相同的功能而形成医疗旅游，等等。

（二）旅游新业态

1. 旅游新业态的概念与类型

"业态"一词来源于日本，最初用于零售业。杨玲玲、魏小安（2009）通过对"业态"概念的研究，初步探讨了旅游业态的含义，认为旅游业态是指旅游企业及其相关部门根据市场的发展趋势和旅游者多元化的消费需求，提供有特色的旅游产品及服务的各种营业形态的综合。高丽敏等（2012）认为，旅游业态是指旅游企业或行业为适应旅游市场需求变化，对旅游经营的各项要素，比如产品要素、组织形式、服务形式、经营模式等进行组合而形成的一种经营形式。旅游业态是旅游组织以产品创新为竞争内容，为满足不同消费需求而形成的不同的经营形态。旅游产业在发展过程中并不是一成不变的，随着经济的发展，在激烈的市场竞争中，旅游各行业为了提高其市场竞争力和市场份额，需要在发展中融入新的理念，创造出不同于旅游传统业态的业态。从产业融合的角度来说，旅游需求的变化、旅游业与其他产业或旅游业内部不同要素融合产生的全新旅游经营形态，就是旅游新业态。这说明，旅游新业态关键在"新"，在产品类型、经营方式、组织形式、市场开发等方面上至少有一方面改变和创新。

关于旅游新业态的类型目前并没有统一的标准。从旅游产业融合的角度来看，可以分为两类。其一，旅游产业与其他产业及旅游业内部行业互相融合形成的新业态。一方面，随着旅游产业内涵的不断丰富、外延的不断拓展，产业融合的进程日益加快，原有的产业边界也日益模糊，旅游与农业、工业、科技、娱乐、会展、房地产、医疗等多个行业的融合日益加速。另一方面，旅游业内不同行业之间的相互融合形成的新业态，即"食、住、行、游、购、娱"呈现新的发展态势。其二，自然旅游资源开发成新的旅游产品形成旅游新业态。例如未被开发的极地、高山和湖泊，随着旅游者需求的产生，开发成极地探险、高山旅游、湖泊休闲度假旅游。

2. 基于产业融合的旅游新业态形成的原因

对于旅游新业态形成的原因，国内学者多从内因和外因来研究。杨懿认为，旅游业态形成的动因主要来自需求变化、市场竞争、技术进步和产业升级四个方面，同时旅游业态的内部之间也存在竞争。笔者认为，旅游产业融合可以表现为旅游市场需求、旅游市场竞争和信息技术革新等方面，旅游产业融合的过程中产生了大量的旅游新业态，旅游产业通过与相关产业融合发展实现产业升级。

（1）旅游市场需求拉动旅游新业态的形成

随着经济的发展，我国人均 GDP 逐年稳定增长，2015 年人均 GDP 已达 8000 美元，城乡居民可自由支配收入在不断增加。新的休假制度的实施及带薪假期的推行使得我国公民有了更多可供旅游的时间，旅游越来越大众化。受教育水平的提高和旅游次数的增加也使得旅游者的消费观念发生了变化，人们对旅游的需求越来越多样化，层次也在不断提升，旅游动机日益体现个性化的特征，传统的观光旅游已不能满足旅游者的需求。随着旅游业与其他产业资源、市场及产品的融合，观光农业、工业旅游、商务旅游、自驾游、教育旅游、会展旅游、智慧旅游、医疗旅游、旅游房地产、游轮旅游、探险旅游、生态旅游及旅游演艺等具有个性化和体验性的旅游新业态涌现，并被旅游者喜爱。个性化和多元化的旅游需求引导着旅游业与其他产业的资源融合，促使市场积极开发新产品来满足旅游者的需求。这加快了旅游产业的转型升级，拉动了旅游产业融合化发展，促使旅游新业态形成。

（2）旅游市场竞争推动旅游新业态的形成

旅游市场竞争是指旅游市场各旅游经营者之间为了自身利益而相互争夺客源，从而影响旅游供求和资源配置。一方面，相对其他市场来说，旅游市场可进入性较好，行业壁垒较低，这导致了在大众市场上的低价甚至"零负团费"竞争。在市场竞争环境下，一些旅游业态由于其旅游产品、经营方式存在缺陷而慢慢衰落，逐渐被淘汰，不可避免地出现了旅游新业态来提升旅游产业活力。另一方面，激烈的竞争环境也会促使旅游企业对旅游产品进行改造升级，丰富旅游产品内容，不断提供优质的旅游产品。新的旅游业态一旦取得良好的效益，必然带来争相模仿。因此，旅游企业要时刻关注旅游市场的需求和供给，竞相改进旅游产品和经营形态来吸引旅游者。旅游企业作为旅游产业融合的主体力量和旅游市场的供给方，推动着旅游产业融合的实现和深入发展，同时也推进着旅游新业态不断向前发展。

（3）信息产业的发展促进旅游新业态的形成

旅游信息化是旅游产业融合的方式之一。信息产业的发展和信息技术的不断革新，对旅游业产生了重要影响，以互联网为代表的信息技术为旅游产业的创新与变革提供了强大的推动力。旅游业具有信息密集性和信息依赖性的特点，信息技术的发展和互联网的兴盛，驱动了传统旅游业的变革。目前，国内在线旅游企业已涵盖了旅游新媒体、旅游垂直搜索引擎、旅行社网店平台、第三方平台等多种业态，这些新兴的融合型旅游新业态依靠强大的预订网络渠道和信息影响能力，动摇着传统旅游商业模式的市场主导地位，共同创造了新的旅游服务价值。以国内的在线旅游公司携程为例，携程同时拥有在线旅游（OTA）和传统旅游。它的"鼠标＋水泥"模式构筑了网站、会员体系及庞大的呼叫中心。随着智能手机的普及，携程在产品移动端预订 App 打造、旅游信息移动端展示、开放平台合作展示等方面有其强大的竞争力。在线旅游平台使得旅游者能够更加便捷地获取旅游资讯，通过在线旅游企业获得心仪的旅游产品，体验各种科技旅游产品。可以说，这些旅游新业态的形成都是基于科技进步。

3. 旅游新业态演变的机理

（1）旅游新业态演变的内涵

旅游新业态演变是指旅游新业态受到内外部革新因素的影响而发生的创新和变化过程。其演变的内涵主要体现如下：其一，类型多样化，经营内容丰富。随着旅游业态的发展，产业融合进一步加快，旅游新业态不断增加，各种新兴业态快速发展，逐步成为各地旅游发展的新亮点和新热点，极大地丰富了旅游业经营的内容。为此，旅游服务的对象也从以团队客为主转向团队、散客并重。此外，在旅游业发展进程中，旅游新业态的兴盛并不代表旧业态的消亡，它们往往是交织在一起的。例如，观光农业的出现并不能替代乡村旅游。其二，组织形式呈现规模化。在信息技术日新月异的今天，为了生存、发展、扩张，旅游新业态企业充分利用信息技术突破行业限制，其组织形式朝规模化方向发展。例如，经济型连锁酒店的扩张，在线旅游企业的兼并（携程、去哪儿合并），大型旅游企业的集团化发展，旅游产业集群的出现，等等。

（2）基于生命周期分析旅游新业态的演变过程

旅游新业态是对旅游传统业态进行改造、创新而产生的，是旅游业态演变的阶段性产物。依据生命周期理论，某一旅游新业态的发展存在一定的演进过程，体现在初成期、加强期、稳定期、更替或衰落期四个阶段。从时间维度来看，处于生命周期前端的业态被认为是旅游新业态，包括初成期、加强期和稳定期的前段（见图1-4），而稳定期后段和更替或衰落期属于旅游传统业态，也可以称之为旅游旧业态。

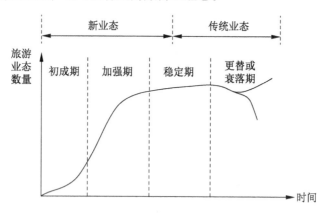

图1-4　某一旅游新业态的生命周期

初成期也就是旅游新业态的萌芽和产生时期，这一阶段旅游新业态的数量相对较少。当经营效益出现后，旅游企业为获得利益，会加大投入力度，并对原有的组织形式、管理方式、制度体系进行改革，与其他产业交叉融合发展，促使旅游新业态进入加强期，其在数量上增长较快，并形成规模效益。在市场需求提升、竞争加大及国家积极政策等因素的作用下，旅游新业态会进一步创新。当某一旅游新业态在市场中处于饱和状态时，也就是进入了成熟稳定阶段，旅游新业态在这一阶段不断完善，最终调整的幅度会越来越小，并逐步演变为稳定的、被市场广泛认可的业态，成为旅游传统业态。最后，由于内外部环境的变化，旅游业态进入更替或衰落期，或是退出市场，或是在原有的基础上萌生出新的旅游业态。因此，对于旅游企业而言，要保持旅游新业态的活力，就要适应时代发展的需求，将持续的创新和创造力融于旅游业态中。

二、案例背景介绍

随着旅游业的不断发展和市场竞争的不断加剧，在产业融合的背景下根据不同旅游需求推动旅游新业态的建设已成为必然趋势。如今，"旅游+"已经渗透到盐城经济社会发展的方方面面，形成了各种新的旅游业态（见表 1-1）。

表 1-1　盐城旅游新业态主要表现形态（旅游产业外部融合）

产业融合	融合方式	表现形式（业态）	盐城旅游新业态主要表现形态
旅游业与第一产业融合	农业生产过程、农村风貌、农民劳动生活场景、乡村生态环境、乡村民俗、农副土特产品、现代农业基地	乡村旅游、农家乐、全国农业旅游示范点、休闲度假旅游	1. 自然观光型：以荷兰花海小镇和大纵湖为代表。这类模式借助自然景观，带动周边居民致富。荷兰花海小镇 2016 年旅游收入 2.1 亿元，带动周边住户每户平均增收 6000 元 2. 文化传承型：东台甘港村。这类模式通过农业生产过程和产品的展示传承当地文化。东台甘港村史馆收藏珍贵实物 2350 件、文献资料 4450 件，全面展示中国农村发展历程 3. 特色体验型：大丰桃花洲农家大院、盐都杨侍生态园等。这类模式依托特色产业，开发相应的采摘品尝、农事体验和踏春秋游等项目，让旅游者融合乡村生活。这类模式是盐城休闲农业主体 4. 科技教育型：东台三仓现代农业园区、大丰丰收大地及射阳现代农业园区等。这类模式以现代农业园区为载体，有利于实现对游客开展农业科普教育。东台三仓现代农业园区 2016 年接待各类学习团体 500 多批次，增加休闲观光收入 2000 万元 5. 创意加工型：射阳秸秆画、亭湖荷叶画及阜宁竹编等。这类模式以农产品为原料，融合现代创意和元素，变成特色旅游纪念品。盐城桃园家饰有限公司以草、麻、苇、柳、藤及农作物秸秆为原料，形成草编文化工艺墙纸、窗帘及装饰工艺品等八大系列 1000 多个品种
旅游业与第二产业融合	旅游装备研发生产、商品加工包装技术，生产场地及遗迹、环境和流程	旅游装备制造业、旅游商品加工业、工业旅游	1. 射阳县丰富辉山乳品厂参观内涵，建设生态观光牧场等项目，擦亮工业旅游新名片 2. 盐城风能与海水淡化产业示范园规划建设海水淡化区、矿泉水灌装区及海水淡化装备制造区和副产品加工区，实现产业协同集聚发展 3. 东台市在沿海风电场和盐场等设立科普中心和游客接待服务中心，完善游览设施，开发工业旅游系列旅游产品 4. 盐城环保科技城以环保产业链为依托，打造以研发设计、产品制造、展示交易、低碳体验及生态景观等为旅游新业态的 16 个旅游景点

续表

产业融合	融合方式	表现形式（业态）	盐城旅游新业态主要表现形态
旅游业与第三产业融合	与文化、体育、商务、教育、科技等广义现代服务业的功能叠加、置换和创新、产业链延长、产品配套升级	养生、养老旅游、商务会展旅游、电子商务旅游、文化创意旅游	旅游+文化： 1. 西溪旅游文化景区：集旅游度假、城市休闲及文化产业于一体的高品质旅游景区。其中董永七仙女文化园是以国家非物质文化遗产董永传说为核心，以孝闲文化和爱情传说为特色打造的 2. 海盐历史文化景区：包括中国海盐博物馆、盐镇水街、水城、东进路美食街、娱乐街及盐渎公园等。既满足游客科普教育需求，同时可以享受美食、观赏杂技、购买特色纪念品 旅游+互联网： 1. 盐城移动与盐城市科技馆联合推出"智慧旅游"项目，可随时随地了解盐城各景区、景点的实时情况 2. 各景区采用电子讲解器 3. "同程"等线上旅游入驻盐城市场；传统旅行社推出公众号及线上预订推广 旅游+养生、旅游+养老： 1. 大洋湾将成为集城市观光、休闲度假、游乐观赏、健康养生为一体的城市会客厅、生态度假区和健康养生谷 2. 千鹤湾省级重点建设项目：集养老、休闲、生态、旅游和农业观光为一体的大型特色项目 3. 荷兰花海小镇开发了花漾养生庄园、郁金香温泉会所、花海体检中心等项目，实现了花卉产业和养身保健度假产业的融合

（一）旅游产业外部融合形成的新业态

旅游产业外部融合既包括单一产业与旅游产业融合，也包括多个产业与旅游产业融合。例如集农业生产、加工、旅游于一体，融合第一、第二、第三产业的现代农业庄园旅游，或者信息技术产业与文化旅游的融合等。

（二）旅游产业内部融合形成的新业态

旅游产业内部融合包括：旅游双要素融合，例如购物旅游（购+游）、美食旅游（吃+游）、低空旅游（行+游）等；旅游多要素融合，例如邮轮旅游（吃+住+行+游）、主题酒店（吃+住+娱）等；旅游全要素融合，例如旅游综合体、旅游产业园、旅游集聚区、旅游企业集团化等。旅游企业是旅游产业内部融合的重要载体。从经营的视角分析旅游企业融合现象，是旅游产业内部融合应用研究的重要内容。在经济全球化、市场竞争加剧等背景下，纵向一体化和横向一体化成为旅游产业内部融合的重要路径（见表1-2）。

表1-2　盐城旅游新业态主要表现形态（旅游产业内部融合）

产业融合	融合方式	表现形式（业态）	盐城旅游新业态主要表现形态
旅游业内部融合	新业态的涌现、新型产业功能的凸显、新型企业（集团）组织结构、产业集群的演进、旅游产品的创新	旅游双要素融合、旅游多要素融合、旅游全要素融合	1. 大纵湖绿丘露营基地被评为"江苏省房车旅游标准化示范营地"和"长三角房车旅游标准化示范营地"。房车露营地充分体现"生态、绿色、休闲和娱乐"特色，营地划分为营地服务区、房车品牌展示区、房车露营区、自驾车露营区、草坪露营区和观光区 2. 丹顶鹤湿地自然保护区自然生态系统完善，旅游价值较高，能对游客起到宣传教育功能。打造属于盐城特色的海滨生态旅游产品，开发观光型旅游产品时融入自然生态参与活动，如捞捕鱼贝 3. 盐城以开放的经营姿态推进10个风情小镇建设，其中荷兰花海特色小镇顺应"供给侧结构性改革"路径，紧贴需求，围绕鲜花做文章，按照泛旅游产业专业化集群发展模式，打造赏花经济，获评"'一带一路'公共外交基地" 4. 荷兰花海小镇的打造以荷兰花海景点郁金香花卉的种植为核心，带动了直接配套产业的发展，延伸了相关支持辅助产业，形成了泛旅游产业专业化集群模式发展的成功范例 5. 盐城市立足资源、品牌形象及核心吸引力，全力打造黄海森林公园旅游度假区、中华麋鹿园旅游度假区、荷兰花海旅游度假区、大纵湖旅游度假区、九龙口旅游度假区和大洋湾生态旅游景区等六大精品景区，加快景区功能配套，同时，整合资源，打造特色旅游产品，引进国际知名度假酒店品牌，建设国际知名的度假酒店群，加强资源包装策划、整合提升及宣传推介，将这些精品景区串联成线

三、主题内容

（一）盐城旅游新业态竞争力评价分析

1990年，美国哈佛大学教授迈克尔·波特提出了菱形理论又称波特钻石模型。他认为，一国（或区域）产业（或企业）是否具有竞争力，取决于以下四个关键因素：生产要素、需求条件、相关和支持性产业，以及企业的战略、结构和竞争对手的表现，另外再加上政府和机遇两个辅助因素，共同构成"钻石模型"。该模型常用于国家（地区）的某产业的竞争优势分析，因为上述六要素相互关联组成一个菱形结构，类似钻石的形状，故名为"钻石模型"（见图1-5）。因其是一个动态系统，所以每个因素的变化都会直接或间接影响产业竞争力。因此，对盐城旅游新业态竞争力评价分析采用波特钻石模型是适合的。

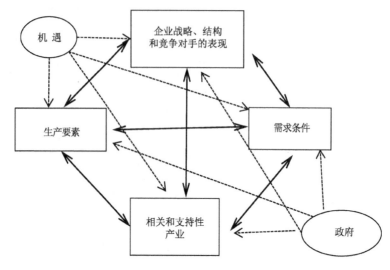

图 1-5　波特钻石模型

1. 生产要素竞争力分析

生产要素竞争力主要包括旅游资源、资本资源、人力资源及旅游形象等。

（1）旅游资源

盐城地处中国东部沿海地区，江苏省中部，长江三角洲城市群北翼。盐城拥有丰富的自然资源和人文资源，拥有一处世界自然遗产：盐城黄（渤）海候鸟栖息地。截至 2020 年，盐城市拥有江苏省级旅游度假区 6 家、江苏省五星级乡村旅游区 4 家，江苏省级旅游度假区及省五星级乡村旅游区数量位列江苏省第二[①]。截至 2021 年,盐城对外开放的旅游景区已达 59 个,其中国家 AAAAA 级旅游景区 1 家,AAAA 级旅游景区 20 家,AAA 级旅游景区 32 家,AA 级景区 6 家[②]。盐城湿地生态旅游有得天独厚的优势，有"黄金海岸"之称。有保持完好的原始生态湿地，拥有丹顶鹤和麋鹿两个国家级自然保护区和一个江苏省省级自然保护区——中华鲟自然保护区。盐城三色文化——海盐历史文化（银文化）、滩涂文化（绿文化）、红色革命文

[①]　盐城市 2020 年国民经济和社会发展统计公报［EB/OL］.（2021－04－12）［2022－04－25］. http://tjj. yancheng. gov. cn/art/2021/4/12/art_1773_3508850. html.

[②]　2021 年盐城市国民经济和社会发展统计公报［EB/OL］.（2022－03－17）［2022－04－25］. http://tjj. yancheng. gov. cn/art/2022/3/17/art_1773_3823951. html.

化（红文化）独具匠心。盐城有 128 个非物质文化遗产项目列入县级以上名录，其中国家级的有三项：董永传说、淮剧和建湖杂技。

作为基本生产要素，盐城丰富的生态旅游资源与其他地市比较有明显的优势，为旅游新业态竞争力的提升奠定了物质基础。波特认为，"基本要素需要通过不断优化才能获得持续的竞争优势"，因此旅游资源能否有效转化为中高端旅游产品是保持持续竞争优势的关键。盐城在丰富湿地生态旅游资源的过程中，也存在较多障碍：观光型产品所占比重较大，休闲度假游、邮轮游、动漫游、海洋旅游和大型主题游乐产品等新业态旅游产品数量偏少；湿地生态旅游创新升级滞后，培育的旅游产品竞争力薄弱；文化旅游资源挖掘不充分。这些在一定程度上制约了盐城旅游新业态竞争力的提升。

（2）资本资源

旅游业的发展离不开金融资本的支持，尤其是旅游景区开发需要大量的资金投入。2019 年 5 月 18 日，盐城 12 个旅游重点项目集中签约，总投资额达 63 亿元。其中，超过 10 亿元以上投资额的项目就有 3 个，分别是九龙口旅游综合开发项目、大丰刘庄文化康养小镇项目和亭湖丹顶鹤风情小镇（一期）PPP 项目①。雄厚的投资在一定程度上改善了盐城旅游市场的外部环境，能提升盐城旅游新业态竞争力。但就目前而言，盐城市政府投入旅游专项资金与苏中、苏南城市对比仍然不足，招商引资缺乏成效，难以形成社会共建旅游的局面，这抑制了旅游新业态竞争力的提升。

（3）人力资源

波特认为，"高级要素是获取一国（或区域）持久竞争优势的根本动力"。因此，不断提高旅游从业者的综合素质是获得旅游竞争优势的途径之一。盐城多所高校开设了旅游管理专业，有利于加强专业人才的培养。据统计，盐城获得电子导游证的人数已达 2500 人，但中级导游只有 100 人左右，高级导游仅 2 人②，吸引和集聚人才的能力远远不及周边旅游业较发达的城市。盐城缺少具有创新意识的高素质旅游专业人才，尤其是旅游新业态的专门人才，这在一定程度上会影响盐城旅游新业态的发展和提升。

---

① 盐城集中签约 63 亿文旅项目 强势打造生态旅游品牌［EB/OL］.（2019-05-18）［2022-04-25］.https://baijiahao.baidu.com/s？id=1633874761916957489.

② 数据来源：盐城市导游服务中心，2019.

（4）旅游形象

盐城旅游形象近些年一直在变更，这种状态导致盐城旅游新业态竞争力形象不突出。目前，盐城品牌旅游宣传口号是"大美湿地、水韵盐城"，而"东方湿地之都，仙鹤神鹿世界"和"盐城，一个令人打开心扉的地方"等都是盐城曾经的旅游形象宣传口号。频繁的变更宣传口号，使得游客对盐城旅游形象印象不深刻，容易混淆。旅游竞争力形象的不突出影响了盐城旅游宣传，降低了对外吸引力，阻碍了盐城旅游新业态竞争力的提升。

2. 需求条件分析

客源市场的构成和旅游收入的构成是评价竞争力需求条件的两大因素。

（1）客源市场分析

2005 年盐城被评为优秀旅游城市后，政府更加重视旅游业的发展，笔者对盐城市 2015—2019 年旅游接待情况进行了整理总结（见表 1-3）。由该表可见，在经济稳定增长的大环境下，盐城旅游市场规模在持续快速扩大。客源市场构成中以国内游客为主，入境旅游市场以港澳台等地区及日本、韩国为主，所占比重偏低。盐城与南通、连云港成立了"盐城旅游新干线联盟"，并打造了"苏锡常通盐扬泰"区域合作平台。

但近三年来，盐城的国内旅游接待人数在全省排名仍处于中下游，与其所拥有的丰富的旅游资源并不匹配。这说明盐城旅游市场开发力仍不足，旅游影响力与较高品位的湿地生态旅游资源不相符合。

表 1-3　盐城市 2015—2019 年旅游接待情况

年份	国内外游客（万人次）	旅游外汇收入（万美元）
2015	2271.3	5865.7
2016	2580.0	6418.9
2017	2933.0	7831.0
2018	3333.9	8821.9
2019	3710.6	8594.5

数据来源：盐城市 2015—2019 年国民经济和社会发展统计公报

（2）旅游收入构成分析

2019 年，盐城市共接待 3710.6 万人次的国内外游客，较之 2018 年增长 11.1%，实现旅游创收 421.9 亿元，较之 2018 年增长 12.7%，旅游外汇收入 8594.5 万美元①。通过盐城旅游收入构成可以发现，盐城旅游收入整体上呈增长趋势，作为旅游新业态的购物旅游和娱乐旅游目前在盐城还处于发展的初级阶段，旅游商品的特色和吸引力不够鲜明，参与性强的娱乐产品数量不足，不能满足现阶段游客的需求。

3. 相关和支持性产业竞争力分析

旅游产业涉及"食、住、行、游、购、娱"六方面，关联度高。盐城旅游业六要素发展相对不平衡，相互之间缺乏有效的配合。

（1）旅行社

截至 2019 年，盐城有 142 家旅行社，其中 7 家具有出境资质②。盐城旅行社推出的特色旅游线路有生态湿地主题游线、自然资源与人文资源组合游线、生态和文化资源互补游线，这些线路的推广有利于盐城旅游新业态的发展。

互联网的发展催生了专业的旅游平台化新业态，如途牛旅游、同程旅游等。上述线上旅游企业已进驻盐城市场，通过线上线下相结合的方式，扩大消费群体，方便游客了解旅游资讯，促成旅游交易成交。另外，传统旅行社为了适应新业态的发展，也在不断推广企业微信公众号、天猫店铺，积极创新经营方式，满足游客个性化需求。就目前而言，盐城旅行社存在以下劣势：一是与苏南相比旅行社数量少（见表 1-4），国际旅行社在盐城所占市场份额偏低，国际旅行社主要集中在苏南 5 市，这在很大程度上导致了江苏省出入境旅游发展不平衡；二是旅行社在经营模式上大多实行承包挂靠的方式，这种经营模式会导致经营管理水平低，竞争力弱；三是旅行社产品单一、差异化程度低，没有自己的特色，使得竞争力不高。旅行社新业态产品开发不足，尤其是针对远程市场的新品开发，没有围绕"商、养、学、闲、情、奇"新六要素来打造。

表 1-4 江苏省 2019 年旅行社分布情况

地级市	旅行社数（个）	排名
南京市	747	1
无锡市	241	3

① 盐城市 2019 年国民经济和社会发展统计公报［EB/OL］.（2020-03-12）［2022-04-25］. http://www.yancheng.gov.cn/art/2020/3/12/art_128_3336804.html.

② 数据来源：盐城市旅游局，2019.

地级市	旅行社数（个）	排名
徐 州 市	210	4
常 州 市	193	6
苏 州 市	478	2
南 通 市	204	5
连云港市	118	10
淮 安 市	114	12
盐 城 市	142	8
扬 州 市	167	7
镇 江 市	120	11
泰 州 市	131	9
宿 迁 市	89	13

数据来源：2020 江苏统计年鉴。

（2）酒店业

旅游饭店是每个城市的名片产业，既能体现对外形象，也是提升旅游产业竞争力的重要内容。随着消费者需求的多样化，民宿、主题酒店和青年旅社等多种业态发展态势较好。盐城大多数的酒店都与美团、大众点评等互联网 App 合作，增加了酒店预订方式，扩大了酒店知名度与曝光度，提升了酒店创收。另外，酒店也与景区景点联合，做成"景酒套餐"的形式，实现多方发展共赢局面。但目前而言，盐城星级酒店的经济效率并不高，低于全国平均水平。

（3）旅游景区

目前，旅游景区都致力升级转型，大丰梅花湾成为国家 AAAA 级旅游景区，荷兰花海小镇、千鹤湾风情小镇是盐城首批省级创建培育单位，东台市甘港村、盐都区三官村、大丰区恒北村等成为省五星级乡村旅游区。截至 2019 年，盐城拥有国家 AAAA 级以上景区 17 家，列全省第五，通过收集整理 2019 年江苏省 AAAAA、AAAA 级景区的统计数据，盐城 AAAAA、AAAA 级景区的接待量在全省排名第 8，处于中下游，与南京及苏南其他各城市相比处于弱势地位，但相对苏北地区来说，盐城旅游景区接待量尚处于前列，甚至超过了南通、泰州。从景区接待量来看，近几年，盐城景区发展态势良好，旅游竞争力较强，相信随着智慧旅游、全域旅游的推进，会有越来越多的人来盐城旅游。

　　4. 企业的战略结构与同业竞争

　　盐城把发展旅游业作为促进经济供给侧结构性改革的重要一环，提出将旅游业培育成盐城经济的战略性支柱产业，构建大旅游发展格局。作为旅游目的地体系建设来说，2015 年盐城已被评为中国优秀旅游城市。盐城以生态旅游为重点，发展全域旅游，全面提升盐城旅游新业态竞争力，致力于将旅游业打造成促进经济发展、提高居民生活水平的支柱型产业。为了扩大国内外客源，提高盐城旅游知名度，盐城市策划并举办了一系列旅游节、文化节活动。地方政府坚持多措并举并重点突破，加快重点项目规划提升，努力塑造旅游品牌新形象，致力构建旅游发展新格局。

　　但是对于盐城来说，缺乏省级旅游产业集团，能在区域旅游板块中发挥龙头作用的骨干企业偏少，大多数旅游企业规模偏小、投融资能力较弱，形不成聚群效应，缺乏核心竞争力。

　　由于处于苏北地域，盐城旅游经济总量尽管逐年上升，但还是欠缺一定的经济实力和城市品牌的影响力。盐城旅游业与苏南城市相比，旅游资源和配套设施方面还存在不小差距，导致旅游新业态竞争力难敌周边城市。

　　盐城要提升旅游新业态竞争力，一定程度上将与周边城市争夺现存的资源，但盐城旅游新业态的竞争力不足，体现在其起步较晚，基础尚未打牢，从每年举办的大型的、具备影响力的旅游推介会的数量也可看出与周边城市的差距。

　　5. 政府行为分析

　　盐城市政府为了更好地推进旅游业发展，在《盐城市"十三五"旅游业发展规划》中提出，促使盐城成为"国内一流、国际知名的生态休闲旅游目的地"，将旅游业作为全市国民经济的支柱产业、服务业先导产业和人民群众更加满意的现代服务业来培育。

　　盐城市政府不断强化"大美湿地、水韵盐城"旅游品牌，创新全媒体、全节事、全市场营销体系。优化公共服务体系建设，实施区（市）域交通畅通、智慧旅游工程、旅游标准化示范工程、旅游安全保障工程等公共服务体系建设。

　　6. 发展机遇分析

　　首先，高铁时代的到来弥补了区位劣势。2019 年，盐城高铁通行，大大减少了旅游者的旅途时间，提高了旅游舒适度，对于增加盐城旅游新业态的游客数量有积极影响。

其次，旅游者的休闲养生需求为盐城旅游新业态发展提供了基础。盐城的湿地旅游资源和优质的空气质量处于全国前列，这些先天优势也是其与国际旅游市场接轨的助力。

最后，盐城旅游业正处于最佳的发展机遇时期。盐城在沿海开发战略中占据重要地位，在吸引资本、聚集人力资源、集成优势先进技术等方面体现出良好的态势，支撑盐城旅游新业态健康稳定发展。长三角一体化发展战略有效推动了盐城地方经济的发展。

7. 结论

通过运用波特"钻石模型"对盐城旅游新业态竞争力进行评价，可以得出以下结论：旅游资源丰富、旅游新业态产品类型多样、日益增长的旅游需求、政府政策导向和机遇是盐城旅游新业态竞争力的坚实保障；同时，盐城旅游新业态产品内容不够丰富、开发力度不足；与苏南城市相比，盐城旅游新业态发展处于弱势地位、旅游营销推广的精准度不高、旅游企业发育水平不高、旅游信息化水平有待提升、旅游新业态人才储备不足。因此，我们需要对旅游产品、经营方式、组织形式进一步创新，这样才能吸引游客，提高需求，扩大客源市场，达到提升旅游新业态竞争力的目的，实现盐城旅游业可持续发展。

（二）盐城旅游新业态创新模式分析

盐城旅游新业态的创新需要旅游组织和政府部门的共同努力。依据波特"钻石模型"理论，在盐城旅游新业态的创新中，旅游组织所采取的发展思路和行为取决于旅游新业态创新所需要的旅游生产要素、需求条件及相关和支持性产业，而在这三个方面中，政府的作用不可忽视，政府可以为盐城旅游新业态的创新提供条件和环境。

1. 从微观角度分析

盐城旅游新业态创新的微观模式可以从"模仿—吸收—创新"模式、"创新—扩散"模式和跨界融合模式三方面来实践。

（1）"模仿—吸收—创新"模式

该模式的起点是"模仿"，终点是在对模仿的新业态进行消化和利用的基础上积累知识，提升能力，进行再创新。通过考查、网上资料查询等方式了解国内外旅游新业态发展的趋势，结合自身经营情况，选择合适的新业态进行模仿。在新业态模仿的过程中，盐城旅游组织可以不断消化所模仿的新业态隐含的目标市场定位、旅游价值功能确定、旅游价值功能实现、营销推广策划等知识，并将这些知识内化，结合盐城实际和面对的旅游消费需求，对模仿的新业态进行改进，不断积累新业态知识。伴随着旅游需求的变化，盐城市旅游部门应与高校、旅游科研机构和旅游咨询规划机构结成联盟，构建创意旅游新业态。

（2）"创新—扩散"模式

该模式的核心是创意，一是可以从现有旅游产品和服务入手，寻找"痛点"，探索解决的方式，形成新的旅游创意；二是可以"集成思维"挖掘旅游资源，赋予社会资源旅游的功能，将旅游资源向农业和工业延伸，向会展、养老、旅游房产、商业、金融、体育、教育等延伸；三是可以从新旅游六要素"商、养、学、闲、情、奇"方向创意旅游产品和服务；四是可以融合信息化、数字化等技术改造传统旅游产品和服务，创意旅游价值亮点。同时，要将新业态旅游创意知识和能力从一个旅游组织向其他旅游组织扩散，形成众多旅游组织投身新业态旅游创意的格局。

（3）跨界融合模式

该模式应以渗透、集成、整合为方式，在旅游六要素"食、住、行、游、购、娱"内部进行跨界融合，如"行"跨界旅游，形成旅游专列游；"购"跨界休闲旅游和"娱"形成具有休闲娱乐功能的旅游购物场所；由旅游六要素"食、住、行、游、购、娱"向其他产业融合，如景区从生态保护出发，通过互联网平台预定旅游者的餐饮，利用热链物流和就近区域餐饮集成提供旅游餐饮；通过景区+就近区域房产+行，形成候鸟式养老或休闲度假+观光+运动的旅游新业态。

2. 从宏观角度分析

盐城旅游新业态创新的宏观模式有以点带面模式、培养新业态要素和相关配套产业模式等。

（1）以点带面模式

该模式有两方面内涵：一是以多元旅游功能组合的思维，立足观光、休闲、度假、自驾或房车等新业态旅游，选择有实力、经营能力强、有新业态旅游创新意愿的旅游组织作为试点单位，在新业态旅游规划、资金、人才、与国内外合作等方面给予服务支持，适当监管旅游新业态运行的全过程。在试点旅游组织取得旅游新业态发展成功经验后，在维持旅游新业态合理市场结构的前提下，将试点旅游组织点的新业态向其他旅游组织面推广，并鼓励其他旅游组织对试点旅游组织新业态进行"变异"。二是以某一景区或某一农家乐旅游等为基点，在现有旅游价值功能的基础上，根据旅游消费需求添加新的旅游功能，形成具有多功能的旅游综合服务体。

（2）培养新业态要素和相关配套产业模式

从新业态要素看，应该从传统业态与新业态的融合来推动盐城现有旅游产品及服务创新升级的视角，以整合国内外资源提供服务为目的，培育新业态需要的自然资源、资本、人力、技术等要素；从相关产业看，应该围绕乡村旅游、自驾和房车游、医疗旅游、运动旅游、智慧旅游和景观旅游升级等新业态，协调相关部门，推动相关配套产业、安全保障和应急救援体系及基础设施的构建和完善。

（三）基于旅游产业融合的盐城旅游新业态的创新路径

1. 提高旅游产业融合意识，加强对旅游新业态的政策支持和保障

产业融合已经成为旅游业态创新的主要驱动力，政府应充分意识到旅游产业融合带来的效益。通过各种途径加大发展旅游产业融合的广度和深度，创新旅游新业态发展的途径。旅游新业态不仅能够提高就业，而且会改变就业结构，以此促进地区经济结构的调整。盐城市政府应加快推进新业态的发展，增强其旅游竞争力。因此，在产业政策上，应给予相应的政策支持和保障。根据盐城旅游新业态发展需要，协调各个部门，共同制定新业态发展的配套政策和措施，推动相关配套产业、安全保障和应急救援体系及基础设施的构建和完善，形成加快旅游新业态发展的整体合力。例如，旅游局、土地局、工商局、各行业协会等共同制定政策，出台优惠措施，推动汽车露营地发展。

2. 完善旅游产业价值链，促进旅游新业态的多元化发展

旅游六要素是旅游业整个价值链中重要的价值活动单位，需打破依赖门票经济的现状，要对发展相对落后的住、购、娱三要素重点投入和加大整改力度。第一，可以适当增加中低档酒店或宾馆的比例，引入分时度假、民宿、青年旅社和汽车旅馆等新业态，可以满足吸引国外背包客、青年散客等易接纳新型业态的客源市场类型。第二，在城市历史街区或景区周边兴建文化创意类旅游购物商店，设计出既能反映本地文化特色，又具有实用价值或收藏价值的旅游商品，激发游客的购物动机，提高旅游购物在旅游产业链的价值。第三，在娱乐方面，可以参照国内外旅游娱乐业的成功经验，结合本地实际，引入符合本地环境、具有文化特色、娱乐性及参与性强的项目。第四，以品牌和资本为依托，围绕产业链进行延伸扩展，整合上下游优质旅游资源，打造产业协同紧密的旅游服务综合体。

3. 提升旅游企业的核心价值力，增强旅游新业态的创新能力

旅游企业是旅游融合和旅游业态创新的主体，是旅游业发展的引擎。要提升盐城旅游新业态的竞争力，就必须提升旅游企业的核心价值，这样方可增强旅游新业态的创新能力。首先，制定旅游企业发展目标，从企业管理、信息技术、产品设计、市场运作、服务能力方面对企业进一步优化，将本市旅游企业做大做强。其次，扩大融资渠道，鼓励旅游企业抓住时机上市，增强企业的知名度和影响力。最后，应加大营销力度，提升旅游企业知名度，打造旅游新业态旅游品牌。

4. 创新旅游新业态产品形态

（1）产品形态融入新旅游六要素

结合盐城实际和旅游消费需求的观光、度假、休闲并重发展的趋势，盐城旅游新业态创新的产品形态应融入"商、养、学、闲、情、奇"等要素，重点创意和集成乡村旅游和休闲农业生态游、房车游和露营地建设、运动旅游、康养旅游、文化创意旅游、购物旅游、旅游综合体、景观旅游升级和新型旅游装备制造业，形成有市场竞争力的旅游价值集。例如，文化创意旅游项目可开发文化生态旅游、茶文化主题公园、水浒文化、文化博览园、书院文化等领域；乡村旅游的升级和创新应融合休闲度假、乡村生活体验、养生养老等多维度，以乡村营地、休闲庄园、乡村民宿、乡村文化创意农园、养生小镇等旅游新业态形成盐城乡村产品集，打造乡村旅游品牌，乡村旅游产品可以朝向中高端市场发展，以满足游客的不同需求；汽车露营地应建设在靠近大型景区或重要交通干道的地方，营地的建设应立足于盐城的地域文化和地貌特色，实施主题式开发；在旅游综合体的建设方面，可以依托生态条件和地域文化开发休闲度假型旅游综合体及乡村旅游导向型旅游综合体。

（2）重点打造休闲体验产品

重点打造文化休闲体验产品，推动盐城生态旅游市场由观光旅游为主向观光、休闲、度假并重转变，增强游客的参与性和体验性。依托良好的旅游资源，将其与节庆会展、影视作品等相结合，以体验活动或项目为核心，整合新业态旅游产品。进一步丰富旅游生活体验，如将高科技农业、传统农事活动与旅游相结合的同时，进一步融合文化创意产业，打造出丰富多彩的旅游产品。

（3）进一步创新"旅游+"产品的内涵

旅游产品的开发不能仅仅停留在观光休闲表面，更需要深度挖掘产品

内涵。例如，以大洋湾、千鹤湾为首的健康养生基地在完善基础服务设施的基础上，积极与周边的民俗特色活动、当地特色文化相结合；荷兰花海景区可以借助自身优势促进婚庆产品与生态、文化、康体、度假等产品的融合；房车旅游基地可以加入盐城特色非物质文化的参与，形成盐城特色旅游产品。盐城各大景区不断丰富业态，深度挖掘生态资源，推出创意项目，提升吸引力和竞争力。"旅游+"让旅游与越来越多的产业互融发展，由此产生强大拉动力，为地方经济发展增添了活力，构建了全域旅游新格局。充分利用生态湿地的天然优势，加快精品景区建设，实现资源整合提升，挖掘特色文化，提升旅游品质。

5. 强化营销，塑造形象

目前，盐城特色资源优势无法凸显。为了应对这种情况，盐城旅游业必须抓住特色文化和丰富的特色资源，继续加强形象，扩大客源，促进旅游消费。

（1）创新宣传和营销模式

首先，紧扣长三角客源市场、港台地区及韩国入境市场和本地游市场，利用"媒体宣传、市场推介、网络营销和节庆活动"进行宣传促销。高铁旅游时代的到来，自驾游、自助游将成为重点客源对象，营销方式需随之创新。其次，积极开展区域营销，利用好营销平台，努力拓展西安、兰州等"一带一路"新兴旅游市场；充分发挥上海、南京、盐城旅游推广（资讯）中心平台作用，加强与旅游集散中心等单位合作，着力推动政企合作营销，加快以韩国为重点的入境游市场和以上海为中心的长三角客源市场发展；鼓励旅游企业采用线上线下相结合的营销方式，进行盐城线路产品的营销，扩大客源。最后，可以通过与主流媒体的合作有效宣传城市品牌形象，利用中国丹顶鹤国际湿地生态旅游节、世界生态旅游大会等契机，扩大盐城旅游知名度和影响力。此外，还可以借助新媒体进行营销，如门户网站、搜索引擎、微博、抖音、播客、移动设备、公众号等。新媒体营销并不是单一地通过上述渠道中的一种进行营销，而是需要多种渠道整合营销，甚至在营销资金充裕的情况下，可以与传统媒介营销相结合，形成全方位、立体式营销。

（2）塑造旅游形象，加强旅游品牌建设

旅游品牌是一个旅游目的地的标志，是旅游体验价值、附加价值的体现。加强旅游品牌建设，可以树立鲜明的旅游产业形象，以无形的力量来吸引顾客，是区域旅游之间竞争的手段。

第一，盐城市打造的"大美湿地、水韵盐城"旅游宣传口号在国内外旅游市场已有一定的知名度，因此，培育出相匹配的旅游产品体系，塑造出具有盐城特色和较强竞争力的旅游产品品牌是首要任务，需要深度挖掘地域特色文化，根据客源市场定位并结合民俗风情开发旅游产品。第二，盐城市的旅游企业一定要注重自身服务水平和服务效率的提高，加强旅游人才的引进，塑造良好的旅游企业形象。第三，市民是城市文化的缔造者和传承者，更是城市文化的传播者和影响者。所以盐城市民要树立主人翁意识，积极维护城市旅游形象，同时发扬盐城人质朴、热情的性格特点，彰显盐城市民的人文情怀和好客度。

6. 加强旅游新业态人才队伍建设

随着旅游新业态的不断发展，传统业态下的旅游人才无法满足旅游业的需求，因此针对新业态旅游人才培养不足的情况，需做到以下几点：第一，提供良好环境，吸引优秀旅游新业态人才来盐城就业、创业，发展和集聚一批旅游新业态的高级人才。第二，与盐城高校联合，设立与旅游新业态相关的学科，定向培养本科人才和旅游管理专业硕士，同时要注重实践，为业界输送符合需求的新业态人才。第三，可以结合实际，设立旅游新业态人才培养基地，由盐城旅游局负责管理，依据旅游新业态发展态势，制定相应的培养计划和设置相关课程，或专注生态旅游，或侧重乡村旅游，或突出休闲度假旅游，聘请高校专业教授或新业态企业高层管理者参与课程设计和授课，对旅游企业在岗员工开展新业态培训，以保证培训对象达到培养目标。

四、结语

盐城要想抓住机遇，实现目标，必须要进一步创新旅游新业态。本案例研究旅游产业融合背景下盐城旅游新业态的创新，研究成果能够为盐城旅游产业发展、旅游新业态发展等提供决策参考。

参考文献

[1] 麻学锋，张世兵，龙茂兴. 旅游产业融合路径分析 [J]. 经济地理，2010，30（4）：678-681.

[2] 高丽敏，程伟，史彦军. 旅游新业态的产生发展规律研究 [J]. 中国商贸. 2012，（12）：196-197.

[3] 郭为，许珂. 旅游产业融合与新业态形成 [J]. 旅游论坛，2013，

6（6）：1-6.

　　［4］李天元，曲颖．旅游市场营销［M］．北京：中国人民大学出版社，2018.

　　［5］黎巎．旅游信息化作为旅游产业融合方式的历史背景与发展进程［J］．旅游学刊．2012（7）：7-8.

　　［6］杨彦锋．互联网技术成为旅游产业融合与新业态的主要驱动因素［J］．旅游学刊．2012（9）：7-8.

　　［7］邱肖雅．基于产业融合视角的开封市旅游新业态发展研究［D］．郑州：河南大学，2014.

　　［8］课题组．省域旅游产业实力综合评价理论及应用［M］．北京：中国经济出版社，2006.

　　［9］伍艳玮，李银．基于产业融合的旅游新业态形成及演变机理分析［J］．广州城市职业学院学报，2017，11（2）：31-34.

　　［10］杨超．基于钻石模型的旅游业竞争力研究：以青岛市为例［J］．生产力研究，2016（2）：109-111.

　　［11］方荣辉．"钻石模型"视角下山东省旅游产业竞争力评价研究［J］．南宁职业技术学院学报，2017，22（5）：73-76.

　　［12］陈丽军．新常态下现代旅游产业竞争优势与区域旅游品牌形象塑造［J］．商业经济研究，2016（24）：188-189.

　　［13］刘桂兰，李亚．河南省旅游新业态及其发展策略研究［J］．河南科技学院学报，2013（5）：9-12.

　　［14］黄璨，邓宏兵，李小帆．基于动态因子分析法的四川省旅游业竞争力实证分析［J］．长江流域资源与环境，2013，22（8）：1011-1018.

　　［15］刘晔．辽宁省乡村旅游新业态发展模式分析［J］．旅游纵览（下半月），2017（3）：66-68.

　　［16］王菲菲．杭州滨江区旅游新业态发展研究［J］．经济研究导刊，2016（30）：140-142.

　　［17］肖建勇，郑向敏．旅游产业融合：动因、机理与效应［J］．商业研究，2012（1）：172-175.

【教学指导说明】

一、教学目的与用途

（1）适用课程：本案例适用"旅游规划与开发""旅游景区经营管理""旅游项目策划""旅游目的地开发与管理"等课程。

（2）教学目的：通过案例分析和讨论，引导学生思考在产业融合背景下如何实现一定区域旅游新业态的创新发展，让旅游新业态在发展的过程中更符合旅游者需求，同时为案例地旅游发展提供新的思路和建议。

二、启发思考题

（1）从旅游产业融合视角，结合本案例实际，运用 SWOT 分析法对盐城旅游新业态展开分析。

（2）以案例资料为基础，开展新的调查研究，分析盐城新业态在"旅游+"融合发展上的经验和存在的不足，探讨其需要提升的方面及带来的启示。

（3）探讨盐城 AAAA 级以上景区该如何创新旅游新业态产品？

（4）盐城自然遗产地在市场营销上该如何实现新业态创新？

三、分析思路

本案例基于旅游融合角度研究盐城旅游新业态的创新发展：盐城旅游新业态竞争力方面，运用波特"钻石模型"从生产要素，需求条件，相关和支持性产业，企业的战略、结构和竞争对手的表现，政府和机遇这六要素分析盐城旅游新业态竞争力；盐城旅游新业态创新模式方面，从宏观和微观两个角度展开分析；盐城旅游新业态创新路径方面，提出需要对产品、营销、产业链、人才培养等进一步创新（见图1-6）。

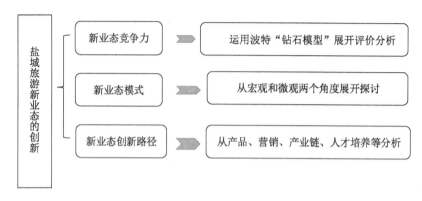

图 1-6　案例分析思路

四、建议课堂计划

本案例可作为 MTA 相关课程的课堂教学案例使用，也可用于专门的案例讨论课。建议采取分组讨论的方式学习和分析本案例，以完成本案例的教学目标。建议课堂教学学时为 2 学时。

课前计划：将教学主题分成三大话题，即创新的必要性、盐城旅游新业态发展现状、盐城旅游新业态竞争力分析。这三部分由学生分组调查相关资料，教师于讨论前一周将启发思考题发给相关话题学生，学生分组讨论，并撰写一份 1000~2000 字的案例分析报告，回答相关问题，在课堂讨论前提交给教师。最后的创新对策由大家课堂上共同讨论分析提出。

课中计划：教师首先带领学生回顾案例主旨内容；然后小组代表发言，针对课前准备的话题提出见解，其他小组可提问并参与讨论；最后全班讨论盐城旅游新业态创新对策，教师在此过程中应引导学生从不同角度进行思考，课堂结束前，应对学生讨论的结果进行归纳总结，进行必要的补充讲解。

课后计划：请学生以案例分析报告形式，对盐城旅游新业态创新发展提出自己的建议，应包括背景分析、现有旅游业态分析和创新对策等内容。

第二篇

旅游资源评价与产品开发

旅游规划的重要目的之一是科学、合理地开发利用旅游资源，在旅游资源调查的基础上，发掘规划区域旅游资源的特色、等级及开发次序，最终形成对旅游资源的可持续加工，组织成符合市场需求、特色鲜明、对旅游者有吸引力的旅游产品，进而给规划区域带来经济效益、社会效益和环境效益。

　　旅游资源评价是旅游资源开发利用的前提，它关系到旅游资源的开发模式、开发程度、开发规模和开发方式。合理评价旅游资源，发掘具有价值的潜在旅游资源，是促进旅游产业发展的重要基础。做好旅游资源评价并指导旅游资源的开发、保护及运营管理是旅游研究领域持久性的重要任务。随着国内外旅游资源评价的理论、方法和视角的动态演变，人们对于旅游资源发展和评价的认识也在逐渐深化，旅游发展越来越被整合到旅游市场发展和社会变迁的框架之中。

　　从旅游目的地角度出发，旅游产品是指旅游经营者凭借旅游吸引物、交通和旅游设施，向旅游者提供的用于满足旅游活动需求的全部服务。旅游产品是旅游开发的核心，直接关系到旅游开发的成败。面对旅游市场需求的多样化及市场竞争的白热化，找准旅游资源的"文化脉络"和游客的核心需求，提升旅游产品的文化内涵，加大旅游产品的创新力度，提高旅游产品和旅游线路的竞争力，是中国旅游业面临的最迫切、最根本的课题之一。

案例4　旅游目的地导向的资源分类、评价体系研究①

[内容摘要]　为考量旅游资源在一定地理空间上能否同旅游专用设施、旅游基础设施及相关的其他条件有机配置，是否对旅游者停留和活动的旅游目的地产生一定的吸引强度和辐射能力，笔者提出构建一种新型的以旅游目的地为导向的"H—CSSR"资源分类、评价体系，该体系有利于有重点、分主次地实现旅游资源开发的空间布局最优化，打造竞争力强的旅游目的地，实现区域旅游业的可持续发展。"H—CSSR"体系的实施，政府主动作为是关键，目的地内部教育和管理是基础，责任明确的"政府—市场—社会"的合力系统是保障。最后以丝绸之路甘肃段的旅游资源为研究对象，探索"H—CSSR"体系的具体应用。

[关键词]　旅游目的地；旅游资源分类；评价体系

一、"H—CSSR"：旅游目的地导向的资源分类、评价体系架构

中华人民共和国国家标准《旅游资源分类、调查与评价》（GB/T 18972—2003，以下简称《国标》）中指出，旅游资源是指自然界和人类社会凡能对旅游者产生吸引力，可以为旅游业开发利用，并可产生经济效益、社会效益和环境效益的各种事物和因素。事实上，中外学者关于旅游资源的定义和争论就像旅游资源本身那样多种多样和层出不穷。苏联地理学家普列奥布拉曾斯基等（1982）从技术经济角度给旅游资源做出如下定义："旅游资源是在现有技术和物质条件下，能够被用作组织旅游经济的、自然的、技术的和社会经济的因素。"陈传康、刘振礼（1990）认为："旅游资源是

————————
①　本案例系甘肃省高校研究生导师科研项目（社会科学）暨西北师范大学三期"知识与科技创新工程"《丝绸之路区域旅游发展与创新研究》项目、西北师范大学校级重点学科旅游管理资助项目的阶段性成果，笔者为团队项目成员。

在现实条件下，能够吸引人们产生旅游动机并进行旅游活动的各种因素的总和，它是旅游业产生和发展的基础。"李天元（1991）等指出："凡是能够造就对旅游者具有吸引力环境的自然因素、社会因素或其他任何因素，都可构成旅游资源。"傅文伟（1994）提出："凡是具有旅游吸引力的自然、社会景象和因素，统称为旅游资源。也就是说，旅游资源是指客观存在的包括已经开发利用和尚未开发利用的，能够吸引人们开展旅游活动的一切自然存在、人类活动及它们在不同时期形成的各种产物之总称。"保继刚（2003）认为："旅游资源是指对旅游者具有吸引力的自然存在和历史文化遗产，以及直接用于旅游目的的人造物。"吴必虎（2001）说："何谓资源的定义本身并不是最重要的，它是开放的，如果说有标准或有定义核心，那么这个核心就是旅游产品，只要是具有开发为旅游产品的潜力的事象，无论是有形的还是无形的，都可以被视为旅游资源。"

综上可以看出，无论是《国标》还是中外学者，定义者多是将事物对旅游者和市场具有吸引力，并且开发后具有经济、社会和环境上的净收益，作为旅游资源的主要衡量标准和理论核心，即考量旅游资源的核心指标是科学评价这些资源在一定地理空间上是否能够同旅游专用设施、旅游基础设施及相关的其他条件有机配置。为此，应构建旅游目的地导向的"H—CSSR"资源分类、评价体系。

"H"是指资源评价的主体——人力资源（Human Resources）。构成一个评价活动，必须有评价者和被评价者，通常将评价者称为评价主体。所谓评价主体，是指主导评价活动的人与团体。《国标》中的资源评价因子包括 5 项"资源要素价值"、2 项"资源影响力"和 1 项"附加值"，这些因子的赋值均由评价主体——调查组成员确定和完成。尽管《国标》中明确规定调查组成员应具备与该调查区旅游环境、旅游资源、旅游开发有关的专业知识，一般应吸收旅游、环境保护、地学、生物学、建筑园林、历史文化、旅游管理等方面的专业人员参与。由此可以看出，旅游资源的评价主体基本是由专家学者组成的。这里我们假定这些主体都是经济学意义上的理性人，然而，由于这个人员构成较为单一的评价主体的利益诉求、价值体验与心理感受也相对单纯，不能表达多元主体的认知水平和价值判断，因此他们对资源进行评价的结论有失科学合理性。旅游资源评价的目的是将有价值的资源转化成为旅游目的地的吸引力和竞争力，是吸引开发投资商资本主动流入，是激励社区居民广泛介入、积极参与、亲和游客，是吸引更多的游客到来，通过发展旅游业促进当地经济社会的全面发展。旅游资源是政府实现旅游产业收益的物质基础[2]。由此可知，旅游资源可持续开发的相关利益主体有政府、企业、投资商、社区居民和游客等。但是，无论是在《国标》的规定中还是在资源调查实践中，评价主体都严重缺失利益相关者，评价结果当然显失准确。所以，资源调查、评价时必须吸收一定比例的旅游行政部门官员、专业投资商、专家型游客和资源所在地社区居民参加，使评价主体机构更加合理，更加趋于多元化，可以从多个方面、多个角度出发对旅游资源进行更全面、更客观、更科学的评价，从而提高资源利用的质量和效率。

"C"是指形成旅游目的地的核心资源（Core Resources）。核心资源是能开发成为满足游客特定或综合出游动机，实现游客核心利益需要的目的地型产品的旅游资源。其构成要素为：资源品级高（一般为特品级）、主题鲜明、内涵丰富、生命周期长、交通通达性好、游客承载量大。旅游资源开发的关键指标是对核心资源掌控的程度。在旅游业发展中，拥有核心资源优势，便拥有了景区门票或其他服务项目的定价能力，最能享受到行业发展的红利。因此，掌控旅游资源成为旅游开发者增强自身竞争实力的重要途径。

第一个"S"是指形成旅游目的地的支撑资源（Supportive Resources）。支撑资源是用以直接支持旅游目的地打造、旅游线路构建，丰富旅游目的地游览内容和功能，强化游览主题，提供多元服务的资源。对于旅游者来说，其价值选择是旅游效用最大化，即最小的投入获得最丰富、多元的游历体验。支撑性旅游资源使游客能够在有限的时间和费用前提下，共享更丰富的优质旅游资源，扩大了旅游活动的信息量，提高了游览效果。同时，游客选择观光游览的项目和内容极大地得到丰富，进一步拓展了游客选择的自主性和多样性，在有效满足游客需求的同时，通过增加游客的滞留时间和消费项目，实现了目的地的旅游收入的合理增长。

第二个"S"是指形成旅游目的地的配套资源（Subsidiary Resources）。配套资源属旅游目的地打造的间接支持型资源，虽处于旅游目的地更外围的地区，但处于旅游交通线路廊道中，能够以核心资源为节点，满足深度体验需要和多元利益，增加客人逗留时间，能够建构旅游宽带、圈层或网络体系的资源。从供给角度讲，旅游产业具有产品生产的组合性、产业范围的宽泛性、产业结构的层次性、产业空间的聚集性、产业关系的关联性等特点。"核心资源+支撑资源"这两个要素构成旅游产业的现实竞争力，"配套资源+储备资源"则构成区域旅游产业的竞争潜力。旅游竞争潜力主要测度区域旅游竞争过程的后续能力，主要测度指标是符合世界旅游潮流的旅游资源筹供能力。这种现实与潜在的竞争力量互相补充，动态满足游客不断增长的多样化、多层次旅游需求。

"R"是指形成旅游目的地的储备资源（Reserved Resources）。储备资源具备一定品级，有开发利用的价值，但处于同类或相近核心资源、可替代资源、抢占先机的资源等的阴影下而被遮蔽，由于资金约束、交通条件限制和市场需求量不足等因素在开发时序上予以后置。这些资源的存在增加了旅游目的地的资源丰度、市场容量和规模，在未来可供各类资金介入时参考、备选。从游客的角度看，一个区域内还有未开发的资源，给游客留下了余地和想象空间，能够增添旅游地的魅力，吸引重游。

以上"H—CSSR"资源分类、评价体系，是以旅游目的地为导向构建的一个较《国标》更为科学合理的旅游资源普查、评价分类及开发利用评价运行体系，是对《国标》的修正和完善。该评价体系深度关注了评价主客体的互动关系，考虑到主体对旅游资源评价的决定作用，特别强调了评价主体人员构成多元化、利益结构合理化的"H"要素。对于评价对象旅游资源则紧扣目的地营造的要求，结合目的地社会经济发展水平和旅游产业战略选择和目标，创造性地提出分层次评价的观点，即把一个区域的旅游资源分为"CSSR"四个层次，在进行资源的分层筛选后，便可以对资源进行开发时序的安排，重点突出、层次分明地完成资源的整合开发，实现游客价值满足与资源可持续利用的共赢。该评价系统为旅游目的地提供了一个较为理想的资源评价与开发操作体系。任何一个区域通过运用"H—CSSR"资源分类、评价体系，动态结合区域旅游业发展的时（时机）空（区位和交通布局）要素，就能够科学合理地评价资源，准确定位资源在产业发展中的地位和作用，有重点、分主次实现旅游资源开发的空间布局最优化，打造竞争力强的旅游目的地，实现区域旅游业的永续发展。

二、"H—CSSR"体系的实现路径

（一）政府主动作为是关键

旅游资源的公共资源属性，以及资源开发中公共危机事件的管理所表现出的综合性、关联性和目前中国旅游资源开发利用的不成熟性，决定了在今后一段时间内资源的科学有效保护、保持其历史肌理和文化脉络的可持续利用要求。评价、分类和开发利用过程应该实行政府主动作为的运作

模式。政府应在尊重旅游资源开发利用自身发展规律的基础上主动作为，通过政策、规制、宏观引导和监督协调及综合服务实现"H—CSSR"的良性运行。政府主动作为是"H—CSSR"运行的关键，是资源评价、分类和产业化的第一推动力，是"H—CSSR"体系的启动者，是引领和协调社会各部门、各行业的参与、支持和配合，引导市场配置各种旅游要素的基础。

（二）目的地内部教育和管理是基础

　　旅游活动是一种高品位的文化消费和精神享受。旅游目的地的独特之处在于目的地社区居民就是目的地旅游资源的重要组成部分。目的地的各类公众工作和生活的场景，服饰和饮食的特色，聚落、家居环境和方式及他们在这样特定目的地空间外化出的生活态度、精神风貌和对客态度、沟通热情等构成目的地重要的吸引物。旅游消费者对旅游目的地的感知和评价有相当大的成分来自旅游目的地全体居民的文明素养和与游客间的亲和度。目的地的各类公众（包括政府、企业、居民、各种正式及非正式的社会机构）只有首先了解了自己所在区位作为旅游目的地的形象、特点并相信它的价值，才能充分意识到该地区与众不同的资源，并进行旅游产业转化、带动经济社会发展的综合优势，积极主动配合决策管理者规划开发出协调、配套、有吸引力的旅游目的地产品。所以，实现"H—CSSR"体系，一定要加强目的地内部的教育和管理，即以目的地全体社区居民为对象，向他们广泛宣传社区旅游资源的相关知识，宣传核心资源凝练的鲜明而独特的旅游目的地总体形象，重点宣传这些资源的旅游经济价值、社会价值和对旅游目的地的综合利用价值，使其产生保护资源的自觉性，并逐步主动为维护目的地旅游吸引物价值和形象做出自己应有的努力[5]。为此，对目的地内部的教育和管理活动需要不断创新。除了法律法规层面上的规范管理外，更多的应该是激励性教育管理，如可以向社区居民征集目的地形象设计方案、服务规范标准，增强他们的主人翁意识；可以向各类旅游经营主体提供目的地居民的服务理念、意识、行为和能力的培训，使目的地居民充分认识特色是旅游目的地吸引力、竞争力和生命力的源泉。高品位、特色鲜明的旅游资源可以开发成目的地标志性、支撑性的旅游主导产品，对旅游者形成巨大的吸引力，从而产生经济、社会和环境的综合效益，是旅游目的地有形和无形财富形成的物质基础。这样，社区成员就能够有效保护有形资源，自觉传承非物质文化资源，创造更有吸引力的社会资源，保障资源的可持续利用，保持目的地永久的魅力。

（三）"市场拉动、社会参与，明确职责、形成合力"的运作系统

政府主导只是完成了"H—CSSR"系统的启动，但是牵引它持久发展的不竭动力来自市场的拉动，来自旅游目的地资源—产品—需求—市场之间的动态平衡关系。保证市场配置各种旅游要素的关键和基础是政府主导下的普遍社会参与。只有充分兼顾目的地旅游资源的保护开发与目的地居民的经济、社会、环境、扶贫开发等统筹协调发展，才能保证旅游目的地导向的资源评价、分类、保护与开发系统的有序运行[6]。所以，要在研究市场运行规律前提下，明确目的地相关利益主体各自的职责和权益，针对旅游资源开发制定政策、健全机制、完善组织、探讨高效运营模式，充分调动非政府因素和目的地居民自主参与的积极性，实现目的地居民主体利益共赢。旅游目的地导向的资源观需要政府主导，通过"自下而上，由内而外"的社会参与模式来实现。一方面，倡导目的地居民积极参与旅游资源规划和产品设计，使目的地居民发现当地的人文、历史、环境等特色，发掘从祖先传承而来的丰富的自然、人文及生活资源，让子孙后代能持续利用，让当地的文化、经济再兴；另一方面，增强目的地居民对当地资源的了解与认同，鼓励他们积极主动参与公共资源的普查和开发规划，把目的地的自然风貌、传统生产生活情境、手工艺、神话与传说、传统竞技等原生态风情组成的特色作为目的地整体营造的最大的"资产"保持并科学经营[7]。所以，"H—CSSR"系统的构建，必须是责任明确的"政府—市场—社会"的"合力"系统共同实现的。任何一个旅游目的地都是一个相对广袤的区域，区域内旅游资源的品位和特色会有所不同，区域内旅游业发展水平也参差不齐，需要投入进行开发建设的项目很多，资金需求量也很大，必须有重点地按照一定的计划分时序进行资源开发。利用"H—CSSR"系统，由"H（Human Resources）"按照资源—市场—需求匹配的要求，以构建旅游目的地为导向，按照资源对旅游目的地作用的重要程度，对资源进行"C"（Core Resources）、"S"（Supportive Resources）、"S"（Subsidiary Resources）、"R"（Reserved Resources）四个层次的分类、评价，就能实现旅游目的地"总体规划、统一管理、多元投资、分步实施、突出重点、滚动发展"的良性运行，完成旅游目的地的打造，实现旅游产业科学发展的目标。

三、"H—CSSR"理论应用案例

为了更好地了解"H—CSSR"理论的应用情况，本文以丝绸之路甘肃段的旅游资源为研究对象，采用多指标综合评价的方法，对其定量分析，

从而对甘肃省辖 12 个地级市、2 个自治州的旅游资源进行综合评价。旅游开发的核心资源见表 2-1（依据资源得分排序）。

表 2-1　核心资源

序号	资源	单体资源得分	资源外延条件评分	所属城市（自治州）
1	莫高窟	8.66	0.78	酒泉
2	嘉峪关关城	8.63	0.74	嘉峪关
3	麦积山石窟	8.39	0.69	天水
4	鸣沙山、月牙泉	8.09	0.73	酒泉
5	崆峒山	7.83	0.66	平凉
6	张掖大佛寺	7.82	0.68	张掖
7	雷台汉墓	7.81	0.72	武威
8	雅丹国家地质公园	7.79	0.64	酒泉
9	新城魏晋古墓群	7.73	0.64	嘉峪关
10	阳关	7.47	0.69	酒泉
11	悬壁长城、黑山峡旅游区	7.37	0.69	嘉峪关
12	甘肃省博物馆	7.30	1.00	兰州
13	炳灵寺石窟	7.22	0.78	临夏
14	刘家峡恐龙国家地质公园	7.08	0.73	临夏
15	鲁土司衙门	6.97	0.86	兰州
16	黑山岩画	6.89	0.64	嘉峪关
17	讨赖河大峡谷与长城第一墩	6.81	0.69	嘉峪关

根据以上测算结果最终确定丝绸之路甘肃段核心旅游资源共有 17 项，分别是莫高窟，嘉峪关关城，麦积山石窟，鸣沙山、月牙泉，崆峒山，张掖大佛寺，雷台汉墓，雅丹国家地质公园，新城魏晋古墓群，阳关，悬壁长城、黑山峡旅游区，甘肃省博物馆，炳灵寺石窟，刘家峡恐龙国家地质公园，鲁土司衙门，黑山岩画，讨赖河大峡谷与长城第一墩。以上资源也是甘肃省丝绸之路旅游开发重点景区，开发重点集中在加强品牌建设，凸显自身特色；加强环境建设，注重资源的有效保护，将不符合主题特色的旅游项目向配套景区转移，实施可持续发展战略。

良好的资源条件，相对较差的外延条件即为支撑资源。甘肃省旅游开发的支撑资源见表 2-2（依据资源得分排序）。

表 2-2　支撑资源

序号	资源	单体资源得分	资源外延条件评分	所属城市
1	伏羲庙	7.74	0.62	天水
2	马蹄寺、金塔寺	7.71	0.43	张掖
3	大地湾遗址	7.55	0.60	天水
4	山丹军马场	7.43	0.57	张掖
5	酒泉卫星发射基地	7.30	0.60	酒泉
6	张掖彩色丘陵丹霞地貌群	7.20	0.57	张掖
7	武威文庙	7.00	0.58	武威
8	南石窟寺	6.81	0.54	平凉
9	红军长征会师园景区	6.77	0.35	白银

支撑旅游资源共 9 项，分别是伏羲庙，马蹄寺、金塔寺，大地湾遗址，山丹军马场，酒泉卫星发射基地，张掖彩色丘陵丹霞地貌群，武威文庙，南石窟寺，红军长征会师园景区。开发重点在于：加强基础设施建设，改善区域旅游外部条件，与区域核心旅游资源实施差异化发展；注重资源的保护，摒弃不必要的旅游项目建设。目标是建设成为区域未来的核心景区。

相对一般的资源条件，良好的外延条件即为配套资源。甘肃省旅游开发的配套资源见表 2-3（依据外延条件评分排序）。

表 2-3　配套资源

序号	资源	单体资源得分	资源外延条件评分	所属城市（自治州）
1	黄河百里风景线	6.63	0.95	兰州
2	兴隆山国家自然保护区	6.55	0.89	兰州
3	吐鲁沟国家森林公园	5.82	0.82	兰州
4	临洮花卉基地	5.51	0.73	定西
5	伏羲卦台山	6.69	0.71	天水
6	四龙度假村游乐休闲度假地	4.81	0.70	白银
7	松鸣岩国家森林公园	6.28	0.68	临夏
8	金昌市镍工业城（中国镍都）	6.19	0.64	金昌
9	炳灵寺石林	6.23	0.64	临夏
10	白塔寺	6.49	0.63	武威

配套旅游资源共 10 项：黄河百里风景线、兴隆山国家自然保护区、吐鲁沟国家森林公园、临洮花卉基地、伏羲卦台山、四龙度假村游乐休闲度假地、松鸣岩国家森林公园、金昌市镍工业城（中国镍都）、炳灵寺石林、白塔寺。目标是将其建设成为区域核心旅游景区的承接景区。具体的措施为：增加旅游项目投入，与区域核心旅游资源配合，形成多元旅游产品，延伸核心旅游区的活动方式，特别是开发参与型、体验式、娱乐性旅游产品。

资源条件和外延条件都相对较弱的为储备资源。甘肃省旅游开发的储备资源见表 2-4（依据外延条件评分排序）。

表 2-4　储备资源

序号	资源	单体资源得分	资源外延条件评分	所属城市（自治州）
1	黄河石林国家地质公园	6.31	0.61	白银
2	巴丹吉林沙漠	6.04	0.60	金昌
3	肃南冰沟宫殿式丹霞地貌群	6.37	0.59	张掖
4	寿鹿山国家级森林公园	5.21	0.56	白银
5	天梯山石窟	6.48	0.56	武威
6	西王母宫温泉区	6.39	0.54	平凉
7	庄浪百万亩梯田	6.32	0.54	平凉
8	王母宫石窟	6.46	0.54	平凉
9	刘家峡水电站	6.20	0.53	临夏
10	黄河大峡谷	5.48	0.51	白银
11	贵清山国家森林公园	6.41	0.51	定西
12	李氏文化"陇西堂"	5.79	0.51	定西
13	渭河源国家森林公园	5.62	0.51	定西
14	天祝三峡国家森林公园	6.18	0.49	武威
15	拉稍寺、水帘洞石窟	6.57	0.48	天水
16	圣容寺塔	5.61	0.46	金昌
17	骊靬古城	5.99	0.46	金昌
18	金昌沙生植物观赏园	5.01	0.46	金昌
19	遮阳山森林公园	5.80	0.26	定西

储备旅游资源共 19 项：黄河石林国家地质公园，巴丹吉林沙漠，肃南冰沟宫殿式丹霞地貌群，寿鹿山国家级森林公园，天梯山石窟，西王母宫温泉区，庄浪百万亩梯田，王母宫石窟，刘家峡水电站，黄河大峡谷，贵清山国家森林公园，李氏文化"陇西堂"，渭河源国家森林公园，天祝三峡国家森林公园，拉稍寺、水帘洞石窟，圣容寺塔，骊轩古城，金昌沙生植物观赏园，遮阳山森林公园。以上资源为待开发资源，开发的可行性按需求来制定。

参考文献

［1］吴必虎. 区域旅游规划原理［M］. 北京：中国旅游出版社，2001.

［2］肖星，陈玲. 西北区域海外客源市场结构比较研究［J］. 干旱区资源与环境，2005，2（2）：111-115.

［3］苏东水. 产业经济学［M］. 北京：高等教育出版社，2000.

［4］葛全胜，徐继填，魏小安. 西部开发旅游发展战略［M］. 北京：中国旅游出版社，2002.

［5］王德刚，焦连安，董宪军，等. 旅游资源开发与利用［M］. 济南：山东大学出版社，1997.

［6］王云才. 乡村景观旅游规划设计的理论与实践［M］. 北京：科学出版社，2004.

［7］王亚欣. 对台湾原住民部落观光营造的思考［J］. 旅游学刊，2006，（4）：27-31.

【教学指导说明】

一、教学目的与用途

（1）适用课程：本案例适用于旅游管理类专业的本科、硕士、MTA 等"旅游规划与开发""旅游资源分类与评价""旅游规划与开发可行性分析"等课程。

（2）教学目的：通过本案例的讨论和思考，掌握国家标准中的旅游资源分类方法；了解旅游资源评价的方法体系；掌握旅游资源评价的内容。

二、启发思考题

（1）为什么对旅游资源进行分析和评价？

（2）H—CSSR 理论构成是什么？

（3）H—CSSR 理论的实现路径是怎样的？

（4）旅游资源的评价方式主要有哪些？主要包括哪些内容？

（5）试用 H—CSSR 旅游目的地导向理论对某区域的资源进行评价。

三、分析思路

首先，让学生明确以旅游目的地为导向的"H—CSSR"资源分类、评价体系的基本架构和内容，理解该体系的理论依据和现实意义；其次，组织讨论和分析"H—CSSR"体系的实现路径；最后以丝绸之路甘肃段的旅游资源为研究对象，引导学生学习和探索该体系的具体应用。

四、理论依据："H—CSSR"体系的相关理论基础

（一）旅游目的地理论

旅游活动本质上是一种人类对地理空间选择、经历和体验的过程，不同旅游目的地形象直接影响旅游者的旅游决策和行为选择。中外学者们研究指出，旅游目的地有三个层次——国家、城市和功能区域，无论哪一个层次的旅游目的地，旅游业健康可持续发展的基础都是拥有高品质、高品位、高品牌的"三高型"的旅游吸引物。这些吸引物的核心引力，源自旅游资源自身的形象、特点所构成的目的地特色优势。传统旅游目的地就是指那些直接利用自然、人文旅游资源并以景区、景点体系为主体开发模式的旅游目的地。现代旅游目的地虽然更加强调食、住、行、游、购、娱、学七要素的组合性，认为现代旅游七要素合理的时空配置形成了旅游目的地的旅游品牌优势，但这七要素无一不是目的地特色资源的组成部分。合理的要素配置通常表现为在正确评价和准确定位旅游目的地的特色、优势资源基础上，使其得到充分展示，为旅客提供旅游目的地的原生形象、推广形象与消费者心理预期形象三者高度契合的旅游目的地产品。为此，"H—CSSR"系统的应用价值便凸显出来。依据"H—CSSR"对旅游资源实施评价，目的地才能有重点、分层次、按步骤地进行开发利用，也才能实现现代旅游要素科学规划、旅游目的地可持续发展的目标。

（二）产业布局理论

产业布局是指一个国家或地区产业各部门、各环节在地域上的动态组合分布，是国民经济各部门发展运动规律的具体表现。产业布局理论主要研究产业布局的条件、特点、层次、机制和区域产业结构等内容。19 世纪产业布局理论形成以来，产生了各种不同的理论流派。以后起国家为出发点的产业布局理论主要有：竞争力理论、增长极理论、点轴理论和区域联合理论。竞争力理论指出，产业竞争的核心是竞争优势，特别是比较优势的形成和发挥，这种比较优势在竞争中表现出某种差异性，即该地区的资源禀赋或产业发展的有利条件。它是形成区域差异性产品（或称特色产品）的基本根源。旅游产业的竞争力更倾向于旅游目的地的品牌竞争。因此，将具有时空差异性的特色资源规划开发成旅游产品是形成核心竞争力的关键，也是形成目的地品牌的物质基础。旅游目的地可以根据增长极理论对资源实施"H—CSSR"评价，选择那些对其旅游经济发展具有强大带动和辐射作用的高品级资源，即核心资源（Core Resources）作为目的地的增长极进行开发，并以这些增长极为"点"，依托"点"周边的各种交通轴线，使产业有效地围绕增长极和轴线两侧集中分布，从而以点带轴，以轴带面，点轴互动，形成旅游产业的空间集聚效应，有效辐射边缘区域的发展。另外，基于各层次资源与周边的关联度，在安排旅游产业的空间布局时，应遵循区域联合理论的要求，加强与周边区域的联动开发，实现共赢发展，将旅游目的地资源与周边相关文脉、地脉接近的资源和差异性资源进行比较，形成产品互补、优势共享、共同营销的区域联动开发模式，促进区域旅游产业布局合理化。

（三）旅游市场学理论

旅游市场学是一门主要研究旅游供求关系双方矛盾及其发展规律的科学。旅游市场学的核心理论包括旅游市场环境理论分析、消费理论、市场细分与目标市场选择、产品、营销战略与组合理论等。以旅游市场学的视角研究目的地的资源分类、评价，首先是利用市场环境分析理论准确裁量旅游资源的价值，判断其开发利用的必要性和可行性，同时根据消费者购买行为分析评价资源开发能否带来收益最大化；其次依据市场学基本原理，明确定位目的地目标市场，科学凝练旅游目的地核心资源形成的主题形象。目的地主题形象设计要特色突出、主题鲜明、易于识别和记忆，容易形成品牌认知，便于整体营销和推广，最终凸显旅游的产业优势。旅游市场学理论要求目的地资源开发必须讲求能力与市场内外部条件的匹配性，坚决杜绝盲目的市场行为。因为目的地受投资和开发条件的限制，不可能在短期内开发利用所有的旅游资源，应坚持"有所为，有所不为"的理念，在开发序的安排上，应该有先有后，合理配置。对迫切需要提升的已开发资源和开发条件与时机已经比较成熟的资源应优先开发建设，对目前开发条件与时机暂时不成熟的资源延迟开发，对资源较差、优势不突出和开发难度大的储备资源建议在今后投资有保障、市场对该类产品需求旺盛的时候再进行开发。20 世纪以来，旅游市场上具有竞争力和生命力的旅游产品不再是传统的连点成线模式，市场选择了形象鲜明、主题突出的旅游目的地产品。这些目的地内部景点之间一般能互相连通，构成回路，适合据点式和闭环式旅游，是由"CSSR"四个层次的资源组合而成的、丰富的产品名单。

五、关键要点

（1）旅游资源是规划与开发的客体，是旅游地发展的重要基础。在旅游规划与开发中，对于旅游资源的调查和评价是最为重要的工作之一。旅游资源内涵丰富，种类众多，因此对旅游资源进行分类可以从不同角度切入，如可按照其基本属性、景观组合、吸引力级别等标准对旅游资源进行分类。2003 年 10 月颁布的《旅游资源分类、调查与评价》（GB/T 18972—2003）是我国首个旅游资源认定国家标准。2017 年，对此标准进行了二次修改，新版《旅游资源分类、调查与评价》（GB/T 18972—2017）提出了更加完善的旅游资源类型划分标准、调查和评价的实用技术与方法指导，为指导相关行业和部门工作发挥了重要作用。

（2）本案例提出一种新型的以旅游目的地为导向的"H—CSSR"资源分类、评价体系，该体系有利于有重点、分主次地实现旅游资源开发的空间布局最优化。"H—CSSR"体系的实现路径，政府主动作为是关键，目的地内部教育和管理是基础，"市场拉动、社会参与，明确职责、形成合力"的运作系统是其持久发展的动力。理解该资源分类、评价体系的架构实现路径并学会应用，是本案例学习的关键。

六、建议课堂计划

本案例可作为 MTA 相关课程的课堂教学案例使用，也可用于专门的案例讨论课。建议采取分组讨论的方式学习和分析本案例，以完成本案例的教学目标。建议课堂教学学时为 1~2 学时。

课前计划：要求学生做好课前准备，提前进行分组，将案例内容和启发思考题发放给各个小组成员，要求学生认识到为什么对旅游资源进行分析和评价，熟悉 H—CSSR 理论构成是什么。每个小组撰写 1000~2000 字分析报告回答案例启发题 1~4 题，增强对案例主要内容的基本了解。

课中计划：首先明确构建 H—CSSR 资源评价体系的原因，理解 H—CSSR 资源评价体系的组成内容和实现路径；然后每个小组推选代表结合之前所做的分析报告进行发言；课堂结束前应对学生讨论的结果进行点评和归纳总结，并进行必要的补充讲解。课堂教学中，教师应重点引导学生思考相关目的地核心竞争理论、H—CSSR 资源评价体系的组成内容和实现路径等话题。

课后计划：请学生以案例分析报告形式，试用 H—CSSR 旅游目的地导向理论完成对某区域的旅游资源评价。

案例5　回归原义的旅游资源评价模式重构

——以丝绸之路甘肃段旅游资源为例①

[内容摘要]　旅游资源评价是为资源的认识、开发与利用服务的。本案例结合2003年颁布的国家标准《旅游资源分类、调查与评价》中存在的游客视角缺失、因子赋值不够科学等问题，在回归旅游资源概念原义的基础上，提出"二维+二元+二阶"的模式，并以丝绸之路甘肃段旅游资源为例校验了新模式的方法和过程。与传统评价模式相比，新模式将资源评价过程分为因子确立和赋值、评分和计算两个阶段，明确了旅游资源吸引性和可用性的优劣排序，为旅游资源的开发内容与时序等实践性问题奠定了基础。

[关键词]　旅游资源；评价；模式

旅游资源是旅游业发展的基础，旅游资源评价研究是旅游规划与旅游学科研究的基点。国内外现有的旅游资源评价方法多种多样，为了进一步规范旅游资源的分类与评价，国家质监局曾于2003年颁布了国家标准《旅游资源分类、调查与评价》（以下简称《国标》）。但是自颁布以来，学术界对其商榷与辨析就没有停止过，在整体相对肯定的基础上，学者们也纷纷提出了自己独特的看法，主要集中于：评价的主体单一，评价要素设定不尽合理，因子赋值不够科学，资源等级的标准过于简单、标准划分不够合理，等等。

旅游资源评价是一种手段与工具，是为资源的认识、开发与利用服务的。评价的起点是旅游资源的概念，所以，只有辨明旅游资源的原义，才能够获得正确的评价方法。笔者意图从阐释旅游资源的原义出发，在对《国标》进行审视的基础上，重构旅游资源评价的模式。

---

①　本文是甘肃社科规划项目"甘肃省旅游产业发展与生态补偿政策研究"的阶段性研究成果，笔者为项目团队成员之一。

一、旅游资源的原义

学术界对旅游资源的定义基本可分为以下三类:(1) 广义定义,认为旅游资源是社会资源和专用资源的并集;(2) 中性定义,认为旅游资源等同于旅游吸引物;(3) 狭义定义,《国标》即持这种观点,认为旅游资源是自然界和人类社会凡能对旅游者产生吸引力,可以为旅游业开发利用,并可产生经济效益、社会效益和环境效益的各种事物和因素。据《国标》定义,可以认为"效益性""可用性"与"旅游吸引性"是旅游资源的本质内涵。笔者赞成狭义定义并将其作为资源评价模式构建的立论基础。首先,从理论的角度分析,给概念下定义是以揭示概念的内涵从而确定其外延为目的的逻辑活动,传统形式逻辑通常通过揭示邻近的属和种差来下定义 (称为:属加种差定义),它可以用公式表示为:被定义概念 = 种差 + 邻近的属。"种差"是指同一属概念下的种概念所独有的属性(即和其他属概念的本质的差别),"邻近属概念"是指包含被定义者的最小的属概念。据此,"旅游资源"非常简单的定义方式就是"旅游+资源"。其中"资源"是这一概念"邻近的属",理解为"资财之源",即创造人类社会财富的源泉,这包含了两层含义:一是资源演化的结果是"财富";二是这种演化是在人的创造过程中实现的。简单地说,"效益性"和"可用性"是资源的本质属性。"旅游"是"旅游资源"概念的种差,它是人的一种行为,表示作为客观对象的资源能够引起人的旅游的主观行为,即"旅游的吸引性"是以"种差"面目出现的"旅游资源"概念的又一内涵。从形式逻辑的角度看,广义定义忽略了"旅游资源"的种差属性;而中性定义忽略了概念"属"的归类。其次,从实践的角度看,广义定义将"旅游资源"与"资源"相混淆,无益于对旅游实践的具体指导;中性定义将其与"旅游吸引物"相混淆,也是不合适的,如赌博虽然对部分旅游者具有很强吸引力,但违背我国法律,在我国不能演变为现实的旅游活动,在实践中也无需从"旅游资源"的角度认识赌博。

二、旅游资源评价模式的重构

从旅游资源概念原义出发,重构的旅游资源评价模式可简单概括为"二维 + 二元 + 二阶"模式。

（一）评价模式的重构

1. 评价内容的重构——从一维到二维

《国标》中评价系统设"评价项目"和"评价因子"两个档次。评价项目为"资源要素价值""资源影响力""附加值"，其中："资源要素价值"项目含"观赏游憩使用价值""历史文化科学艺术价值""珍稀奇特程度""规模、丰度与概率""完整性"等5项评价因子；"资源影响力"项目含"知名度和影响力""适游期或使用范围"等2项评价因子；"附加值"项目含"环境保护与环境安全"1项评价因子。可见《国标》的评价体系是以旅游资源的要素价值为核心的一维评价模式。

《国标》中的评价体系存在明显的不足。一是依据旅游资源的定义，吸引性、可用性与效益性是旅游资源的本质内涵，对旅游资源的评价也应当从这三个方面评价。当然，效益性源于以资源的吸引性为基础对旅游资源进行开发后所产生的结果，不需单独作为评价的内容与指标。因此，旅游资源的评价将集中于"吸引性"与"可用性"两个维度的评价。吸引性是对资源开发的诱因，可用性是对资源开发的约束。二是对于价值要素的评价因子，笔者认为《国标》基本穷尽了旅游资源所可能具有的价值要素，但是如"观赏游憩使用价值"等评价因子，由于其所包含的不同价值是相互独立的，并不具有可能的统一性，应当将其分离出来。三是对于"可用性"的评价，《国标》在"资源影响力"中提出了"适游期或使用范围"，在"附加值"中提出了"环境保护与环境安全"，这在归类上是不合理的，在体系上是不完善的。从一般的逻辑分析"可用性"，包括资源自然属性的约束条件、社会属性的约束条件及区域内资源的组合性约束条件。

2. 评价主体的重构——由一元到二元

《国标》中明确提出对旅游资源的"评价主要由调查组完成"，"调查组成员应具备与该调查区旅游环境、旅游资源、旅游开发有关的专业知识，一般应吸收旅游、环境保护、地学、生物学、建筑园林、历史文化、旅游管理等方面的专业人员参与"。显然，《国标》对旅游资源的评价主体限定于专家之中，并希望通过列举的方式尽量多地吸引各种类型的专家参与评价。《国标》忽视了旅游资源吸引的对象是旅游者，其判断主体也应是旅游者，旅游者不应当缺位于对旅游资源的评价中。当然，由于信息的不充分和认识的不完全理性，使得由旅游者作为唯一主体进行评价存在着技术难度并显失完整性，将具备信息和认知能力优势的专家作为评价主体引入也是非常必要的。

3. 评价过程的重构——从一阶到二阶

《国标》中的评价"主要由调查组完成",并"采用打分评价方法","评价项目和评价因子用量值表示",其计分包括"基本分值"与"附加值","资源要素价值和资源影响力总分值为 100 分,其中:'资源要素价值'为 85 分,'资源影响力'为 15 分,'附加值'中'环境保护与环境安全'分正分和负分",并规定"每一评价因子分为 4 个档次,其因子分值相应分为 4 档"。即调查组(专家)依据事前设定的赋分方式对待评对象进行直接打分的一阶型评价。

《国标》的评价过程无法做到客观、科学。首先,对于不同的旅游区域,旅游者的价值要求是不一致的,如对于海南岛旅游和丝绸之路旅游,它们各自的旅游资源价值要素的重要程度应当是不一致的。其次,由于旅游资源的评价内容是资源的"吸引性"与"可用性",这两个方面都无法通过事前、主观的赋分而科学评价。最后,因子的评价是一种序数分析的过程而不是基数的分析,即仅可以说明哪些"重要"或"不重要"的顺序,而不能主观地说明重要是百分之几,即它只应当具有相对标度而不是绝对标度,虽然可以借助模糊数学等方式将这种顺序数量化,但必须是以科学的手段进行测评后的结果,而不能是事前的设定。因此,旅游资源的评价的过程应当从一阶评价转变为二阶评价,一阶评价首先确定评价因子与权重,二阶评价再进行实际评价。

(二)评价体系的重构

1. 吸引性评价

吸引性评价量表见表 2-5。

表 2-5　吸引性评价量表

评价因子	评价阶段:一阶段		评价阶段:二阶段		评价结果
	评价内容	评价步骤与方法	评价内容	评价步骤与方法	
	确定各指标的评价权重(weight)		各指标评分(score)		
观赏价值(A_1)	观赏价值权重(AW_1)的评价		观赏价值的评价权重(AS_1)		
游憩价值(A_2)	游憩价值(AW_2)		游憩价值(AS_2)		

评价因子	评价阶段：一阶段		评价阶段：二阶段		评价结果
	评价内容	评价步骤与方法	评价内容	评价步骤与方法	
	确定各指标的评价权重（weight）		各指标评分（score）		
使用价值（A_3）	使用价值（AW_3）	1. 对测评对象进行定性式问卷调查；2. 将定性调查结果转变为定量值[(1)]，并进行可信度判断，剔除信度低的指标[(2)]；3. 对可信度验证的各指标均值通过层次分析法确定各指标的权重值	使用价值（AS_3）	1. 对测评对象进行定性式问卷调查；2. 将定性调查结果转变为定量值，并进行可信度判断，判定是否可作为评价结果使用	$A = \Sigma_1^j - 1$ $A = \Sigma_1^j - 1$ $(AW_i \times AS_i)$
历史价值（A_4）	历史价值（AW_4）		历史价值（AS_4）		
文化价值（A_5）	文化价值（AW_5）		文化价值（AS_5）		
科学价值（A_6）	科学价值（AW_6）		科学价值（AS_6）		
艺术价值（A_7）	艺术价值（AW_7）		艺术价值（AS_7）		
珍稀奇特程度（A_8）	珍稀奇特程度（AW_8）		珍稀奇特程度（AS_8）		
规模、丰度与概率（A_9）	规模、丰度与概率（AW_9）		规模、丰度与概率（AS_9）		
完整性（A_{10}）	完整性（AW_{10}）		完整性（AS_{10}）		
知名度和影响力（A_{11}）	知名度和影响力（AW_{11}）		知名度和影响力（AS_{11}）		

说明：（1）对游客的评价从"不重要"到"很重要"分别赋值1、3、5、7、9。

（2）包括总信度系数计算，一般的 Cronbach α 值不小于 0.7；剔除各项目后的 Cronbach α 值，对于剔除后的总信度系数高于总信度系数的因子予以剔除。

（3）一阶段评价主体：旅游者（即将开始行程的旅游者，至少达到大样本数量要求）。二阶段评价主体：专家。

2. 可用性评价

可用性评价量表见表2-6。

表 2-6　可用性评价量表

评价因子(1)	评价阶段一阶段 评价主体:专家 评价内容: 确定各指标的评价权重(weight)	评价步骤与方法	评价阶段:二阶段 评价主体:评价组 评价内容: 各指标评分(score)	评价步骤与方法	评价结果
交通中心的交通条件 (U₁)	交通中心的交通条件 (UW₁)	1. 对测评对象进行定性式问卷调查；2. 将定性调查结果转变为定量进行判断，剔除可信度低的指标；3. 对可信度验证后的各省层次分析法确定各指标的权重(2)。	交通中心的交通条件 (US₁)	评分标准建设定地区有航空机场站的评9分，有铁路相通的，第一条主干铁路评7分，有国道相通的第一条评5分，第三条及以上评1分，有省道相通的第一条评3分，两条以上评1分，属高速公路通的在相应层次上加2分	$U = \sum_{1}^{i} - 1$ $U = \sum_{1}^{i} - 1(UW_i \times US_i)$
资源与交通中心间的空间距离 (U₂)	资源与交通中心间的空间距离 (UW₂)		资源与交通中心间的空间距离 (US₂)	处于交通中心20公里内为9，1-20公里内评7，每20公里分值递减1	
年均气温 (U₃)	年均气温 (UW₃)		年均气温 (US₃)	将所有因子的数值分别与参考地区或参考资源相应的指标数值相比，作为评分值(4)	
空气质量 (U₄)	空气质量 (UW₄)		空气质量 (US₄)	依据空气污染指数，API≤50 记为9.5，50<API≤100 记为7，100<API≤200 记为5，200<API值大于200记为3	
适游期 (U₅)	适游期 (UW₅)		适游期 (US₅)	年无霜期	
资源所处行政区 GDP (U₆)	资源所处行政区 GDP (UW₆)		资源所处行政区 GDP (US₆)		
居民态度评价 (U₇)	居民态度评价 (UW₇)		居民态度度评价 (US₇)	对旅游地居民进行问卷调查，将定性调查结果变为定量值，并进行可信度判断，判定是否可作为评价结果使用	
空间聚合度评价 (U₈)	空间聚合度评价 (UW₈)		空间聚合度评价 (US₈)	每百平方公里旅游资源数	
类型聚合度评价 (U₉)	类型聚合度评价 (UW₉)		类型聚合度评价 (US₉)	每百平方公里旅游资源类型数	
与区域内核心资源的差异性 (U₁₀)	与区域内核心资源的差异性的 (UW₁₀)		与区域内核心资源的差异性的 (US₁₀)	核心景区计9分，ABC 与 DEFG 类的差异计7分，主类差异计5分，亚类指标差异计3分，基本类型差异计1分，无差异计0分	

说明：(1) 法律政策条件构成判别因子，即不符合政策法律要求的可用性都为零，符合可用性"评价"分类 A,B,C,D,E,F,G 表示资源的不同主类，A,B,C 属于自然旅游资源，D,E,F,G 属于人文社会旅游资源。(2)参见"评价说明"(1),(2),(3)以《国标》中对旅游资源的分类。D,E,F,G 属于人文社会旅游资源，需要选择参考地区。(3)采用比值的评分方法反映资源可用于"吸引性"值的地区在评分中分值较高的地区，参考要素与评分值的核心资源，如绘细资料线的资源甘肃较高的地区，如嘉峪关为交通中心的核心资源及黄河风情线，属于 B 类用性"的比较关系。对于地区性的参考要素，如交通条件，地区 GDP 等，需要选择参考地区，地区 GDP 为732亿元，嘉峪关为120亿元，因此以兰州为交通中心的资源此项得分为1，而以甘肃省甘肃中心的旅游资源的评价以兰州为参考地区，在地区 GDP 一项中兰州中心得分得分为1，黄河风情线得分为7/9。资源得分为120/732。对于资源自身的约束性条件，如类型的类型差异计7，此项，黄河风情线一般是本地区的核心资源，如兰州市的核心资源及黄河风情线，属于 F 类资源，得分为9，而甘肃省博物馆应属于 F 类资源相应得分为7，甘肃省博物馆得分为7/9。

三、丝绸之路甘肃段重点旅游资源的评价

在旅游者的视野中，丝绸之路甘肃段是作为整体旅游产品出现的，在这一整体产品的框架下，各个旅游资源具有进行评价的可能性与必要性。调查组以随机抽查的方式将初期游览丝绸之路的 62 位旅游者和甘肃省内 31 位旅游业专家作为调查样本。就专业划分，专家包括旅游规划专家 12 位、旅游经济学专家 6 位、旅游地理学专家 5 位、旅游生态学专家 5 位、旅游管理学专家 3 位；就职业划分，专家包括高校教师 14 位、政府工作人员 8 位、旅游研究机构 5 位、旅游企业 4 位。

（一）吸引性评价

1. 权重评价

对游客的评价结果进行统计并应用 SPSS 软件分析，得到总信度系数为 0.718；休憩价值、使用价值、科学价值的信度系数仅为 0.012、−0.009、−0.065，均小于 0.35，剔除后的信度系数为 0.744、0.752、0.754，高于总体信度系数，因此予以剔除，其他量均为可信。因此甘肃丝绸之路各旅游资源的价值评价因子为观赏价值（A_1）、历史价值（A_4）、文化价值（A_5）、艺术价值（A_7）、珍稀奇特程度（A_8）、规模、丰度与概率（A_9）、完整性（A_{10}）、知名度和影响力（A_{11}）。以各项指标的得分均值作为层次评分（AHP）的赋值，进行两两比较，得出层次分析矩阵（见表 2-7）。

表 2-7　吸引性评价层次分析矩阵

	观赏价值	历史价值	文化价值	艺术价值	珍稀奇特程度	规模、丰度与概率	完整性	知名度和影响力
观赏价值	1.00	1.01	1.02	1.05	1.13	1.31	1.05	1.41
历史价值	0.99	1.00	1.01	1.04	1.12	1.29	1.04	1.40
文化价值	0.98	0.99	1.00	1.03	1.11	1.28	1.03	1.38
艺术价值	0.95	0.96	0.97	1.00	1.08	1.24	1.00	1.34
珍稀奇特程度	0.88	0.89	0.90	0.93	1.00	1.15	0.93	1.25
规模、丰度与概率	0.77	0.77	0.78	0.80	0.87	1.00	0.80	1.08
完整性	0.95	0.96	0.97	1.00	1.08	1.24	1.00	1.34
知名度和影响力	0.71	0.71	0.72	0.74	0.80	0.92	0.74	1.00

计算得最大特征根为 $\lambda_{max} = 8.118712$，判断矩阵 Q 的特征向量值为 $w = (0.15, 0.15, 0.14, 0.14, 0.12, 0.09, 0.13, 0.08)^T$，一致性检验系数计算得 C. I. $= 0.016959$，C. R. $= 0.012028 < 0.015$，说明具有可行的一致性。

因此得到丝绸之路甘肃段旅游资源吸引性的评价函数为：$A = 0.15 \times AS_1 + 0.15 \times AS_4 + 0.14 \times AS_5 + 0.14 \times AS_7 + 0.12 \times AS_8 + 0.09 \times AS_9 + 0.13 \times AS_{10} + 0.08 \times AS_{11}$。

2. 分值评价与计算

通过专家遴选的方式选择甘肃省丝绸之路每个市（州）的五个重点资源作为待评价资源，并对每个待评资源进行评价。如对莫高窟的资源评价，在专家评分的基础上应用 SPSS 软件进行 KMO 和 Bartlett's 检验，计算出 KMO 值为 0.722，达到测量的信度要求，可以作为评价依据。其平均值统计结果为 $AS_1 = 8.8$、$AS_4 = 9$、$AS_5 = 9$、$AS_7 = 9$、$AS_8 = 9$、$AS_9 = 8.6$、$AS_{10} = 8.4$、$AS_{11} = 8.7$。将其带入评价公式中计算莫高窟旅游资源评价的最终得分为 8.66。

（二）可用性评价

1. 权重计算

可用性分析过程类似以上吸引性分析。对各指标权重赋分调查统计值进行计算，剔除信度系数低的指标，通过 AHP 分析，得其最大特征根为 $\lambda_{max} = 3$，判断矩阵的特征向量值为 $w = (0.26, 0.21, 0.14, 0.18, 0.21)^T$，一致性检验系数计算得 C. I. $= 0.000268$，C. R. $= 0.00024 < 0.015$，说明具有可行的一致性。

因此得到甘肃丝绸之路旅游资源可用性的评价函数为：$U' = US_1 \times 0.26 + US_2 \times 0.21 + US_6 \times 0.14 + US_8 \times 0.18 + US_{10} \times 0.21$，因为所用的 US 指标反映的都是各待评资源的状况与大区域内理想状况的比较值，所以 U 计算出的结果应当在 $[0, 1]$ 之间，为了与"吸引性"评价结果值在数量级上一致，设定 $U = U' \times 10$。

2. 分值计算

将各资源相对应的值代入计算，以崆峒山为例：

$US_1 = 17/46$，17 表示崆峒山所在的平凉市的交通评分，46 表示兰州市的交通评分；

$US_2 = 1$，表示崆峒山距平凉市区不超过 20 公里；

$US_6 = 148/732$，148 表示平凉市 2008 年的地区 GDP，732 为兰州市 2008 年的地区 GDP；

$US_8 = 119/152$，100 是平凉市每百平方公里的旅游资源数，152 是兰州市的这一指标的数值；

$US_{10} = 1$，表示崆峒山是其周边区域内的核心景区。

（三）评价结果

丝绸之路甘肃段各地重点旅游资源评价见表 2-8。

表 2-8 丝绸之路甘肃段各地重点旅游资源评价

序号	资源	资源吸引性	资源可用性
1	黄河石林国家地质公园	6.3	6.1
2	红军长征会师园景区	6.8	3.5
3	黄河大峡谷	5.5	5.1
4	四龙度假村游乐休闲度假地	4.8	7.0
5	寿鹿山国家级森林公园	5.2	5.6
6	贵清山国家森林公园	6.4	5.1
7	李氏文化"陇西堂"	5.8	5.1
8	遮阳山森林公园	5.8	2.6
9	临洮花卉基地	5.5	7.3
10	渭河源国家森林公园	5.6	5.1
11	悬壁长城、黑山峡旅游区	7.4	6.9
12	讨赖河大峡谷与长城第一墩	6.8	6.9
13	嘉峪关关城	8.6	7.4
14	新城魏晋古墓群	7.7	6.4
15	黑山岩画	6.9	6.4
16	金昌市镍工业城（中国镍都）	6.2	6.4
17	圣容寺塔	5.6	4.6
18	巴丹吉林沙漠	6.0	6.0
19	骊靬古城	6.0	4.6
20	金昌沙生植物观赏园	5.0	4.6
21	阳关	7.5	6.9
22	莫高窟	8.7	7.8
23	鸣沙山、月牙泉	8.1	7.3

序号	资源	资源吸引性	资源可用性
24	雅丹国家地质公园	7.8	6.4
25	酒泉卫星发射基地	7.3	6.0
26	兴隆山国家自然保护区	6.6	8.9
27	吐鲁沟国家森林公园	5.8	8.2
28	黄河百里风景线	6.6	10.0
29	鲁土司衙门	7.0	8.6
30	甘肃省博物馆	7.3	9.5
31	刘家峡恐龙国家地质公园	7.1	8.6
32	炳灵寺石窟	7.2	9.1
33	炳灵寺石林	6.2	7.7
34	松鸣岩国家森林公园	6.3	6.8
35	刘家峡水电站	6.2	6.6
36	崆峒山	7.8	6.6
37	西王母宫温泉区	6.4	5.4
38	庄浪百万亩梯田	6.3	5.4
39	王母宫石窟	6.5	5.4
40	南石窟寺	6.8	5.4
41	大地湾遗址	7.6	6.0
42	伏羲卦台山	6.7	7.1
43	伏羲庙	7.7	6.2
44	拉稍寺、水帘洞石窟	6.6	4.8
45	麦积山石窟	8.4	6.9
46	天梯山石窟	6.5	5.6
47	雷台汉墓	7.8	7.2
48	武威文庙	7.0	5.8
49	天祝三峡国家森林公园	6.2	4.9
50	白塔寺	6.5	6.3

序号	资源	资源吸引性	资源可用性
51	张掖彩色丘陵丹霞地貌群	7.2	5.7
52	张掖大佛寺	7.8	6.8
53	马蹄寺、金塔寺	7.7	4.3
54	山丹军马场	7.4	5.7
55	肃南冰沟宫殿式丹霞地貌群	6.4	5.9

四、评价模式的特点

与传统的评价模式相比，本文提出的旅游资源评价模式回归于旅游资源的原义，其主要特点体现在：

（1）更加全面地认识了旅游资源开发内外部条件，明确了在一个整体旅游区（线）之中各旅游资源吸引性和可用性的优劣排序，为确立旅游资源的开发方向和区域旅游资源开发的时序提供了科学的依据。

（2）将旅游者引入旅游资源的评价过程，使得资源的评价符合旅游者的需求，在使得旅游资源评价更加科学的基础上也更加地适应市场的需求。

（3）将资源评价过程分为因子确立与赋值，以及评分与计算两个阶段，运用模糊数学、层次分析和统计分析等工具进行评价，摒弃了事前、主观的赋值方式，使得评分体系更加适应各旅游区域的特点，能够动态地反映资源的地域分异。该模式所得出的定量性评价结论，也为进一步研究旅游者的空间行为特征、旅游资源的物理特征与社会特征的对接、旅游目的地与客源的空间引力模等理论问题，以及旅游资源的开发的内容与时序等实践性问题奠定了基础。

参考文献

[1] 刘家明. 从规划实践看旅游资源开发评价 [J]. 旅游学刊，2006（1）：9-11.

[2] 夏赞才. 旅游资源亟需美学价值评价 [J]. 旅游学刊，2006（1）：12-13.

[3] 朱竑. 从五种矛盾论旅游资源分类，调查与评价的国际视野和发展眼光 [J]. 旅游学刊，2005（6）：8-9.

[4] 刘益. 从旅游规划角度论《旅游资源分类、调查与评价》的实践意义 [J]. 旅游学刊，2006（1）：8-9.

[5] 高亚芳. 构建旅游目的地导向的"H—CSSR"资源分类、评价体系 [J]. 旅游学刊，2006（2）：11-12.

[6] 刘思敏. "奇石画布"旅游资源评价体系研究 [J]. 旅游学刊，2005（4）：37-42.

[7] 吴必虎. 区域旅游规划原理 [M]. 北京：中国旅游出版社，2001.

[8] 李天元，王连义. 旅游学概论 [M]. 天津：南开大学出版社，1999.

[9] 周马利，龚启荣. 究竟何谓定义，何谓下定义——当代形式逻辑定义观探讨 [J]. 贵州警官职业学院学报，2004（3）：91-93.

【教学指导说明】

一、教学目的与用途

（1）适用课程：本案例适用于旅游管理类专业的本科、硕士、MTA 等"旅游规划与开发""旅游资源分类与评价""旅游规划与开发可行性分析"等课程。

（2）教学目的：通过本案例的讨论和思考，掌握国家标准中的旅游资源分类方法，了解旅游资源评价的方法体系，掌握旅游资源评价的内容。

二、启发思考题

（1）旅游资源的原义是什么？
（2）重构的旅游资源评价模式是什么？
（3）重点旅游资源评价的因素是什么？
（4）新评价模式的特点是什么？

三、分析思路

从旅游资源概念的原义出发，对旅游资源评价模式的反思与改进，全面重构了旅游资源评价模式的内容、主体与过程，以丝绸之路甘肃段旅游资源为例对新模式的方法和过程进行了校验，最后对重构的评价模式的特点进行了说明，以便更好地应用。

四、理论依据与分析

（一）旅游资源的定义

旅游资源的定义有三种不同的分类方式。广义定义认为，旅游资源是社会资源和专用资源的并集。中性定义认为，旅游资源等同于旅游吸引物。从狭义定义上讲，《国标》即持这种观点，认为旅游资源是自然界和人类社会凡能对旅游者产生吸引力，可以为旅游业开发利用，并可产生经济效益、社会效益和环境效益的各种事物和因素。据此定义，可以认为"效益性""可用性"与"吸引性"是旅游资源的本质内涵。

（二）旅游资源评价方法

旅游资源评价是一项极其复杂而重要的工作，由于评价的目的、资源的赋存条件、开发导向等不同，可采用不同的评价方法，大体可分为定性评价和定量评价两大类，在具体应用时则根据情况采用定性评价与定量评价相结合的方法。

1. 定性评价法

定性评价法使用广泛，形式多样，内容丰富，是在旅游资源调查的基础上，根据调查者的印象所做的主观评价，多采用定性描述的方法，评价的结果主要与评价者的经验与水平有关，因此也叫作经验评价法。该方法简单易行，对数据资料和精确度要求不高，但不可避免地存在结论的非精确性和推理过程的相对不确定性等问题。

定性评价法主要有"三三六"评价法和"'六'字'七'标准"评价法。

（1）"三三六"评价法

"三大价值"指旅游资源的历史文化价值、艺术观赏价值、科学考察价值。

"三大效益"指旅游资源开发之后的经济效益、社会效益、环境效益。

"六大开发条件"指旅游资源所在地的地理位置和交通条件、景象地域组合条件、旅游环境容量、旅游客源市场、投资能力、施工难易程度等六个方面。

（2）"'六'字'七'标准"评价法

"六"字指美、古、名、特、奇、用。美指旅游资源给人的美感；古指有悠久的历史；名是具有名声或与名人有关的事物；特指特有的、别处没有的或少见的稀缺资源；奇表示给人新奇之感；用是有应用价值。

"七"标准评价指对旅游资源所处环境季节性、环境污染状况、与其他旅游资源之间的联系性、可进入性、基础结构、社会经济环境、客源市场等七个方面进行评价。

2. 定量评价法

定量评价法是根据一定的评价标准和评价模型，以全面系统的角度，将有关旅游资源的各评价因子予以量化，使其结果具有可比性的方法。较之定性评价，结果更直观准确。但是定量评价难以动态地反映旅游资源的变化，对一些无法量化的因素难以表达，且评价过程较为复杂。定量评价法主要有以下几种方法：

（1）单途径单因子评价法：选用某个评价途径的某个指标进行评价的方法即为单途径单因子评价法，这种方法一般多见于对自然旅游资源的评价，特别是对于开展专项旅游活动的评价，如登山、滑雪等尤为适用。

比较有影响的旅游要素的单途径单因子评价有日本洛克计划研究所的地形适宜性评价；乔戈拉斯的海滩和海水浴场的评价；美国土地管理局的滑雪旅游资源评价；我国的气候的适宜性评价。

（2）单途径多因子评价法：选用一个评价途径的多个指标进行评价的方法即为单途径多因子评价法。此法比较简单，在旅游资源类型单一的情况下有较好的评价效果。

（3）多途径综合评价法：选用两个或两个以上评价途径的指标进行评价的方法即为多途径综合评价法。此法能对旅游资源进行全面的评价，比单因子评价法更能接近实际情况或者说能降低犯错误的概率，因此建议在条件允许的情况下优先选择多因子评价法。

（4）因子综合评价法：该方法首先是给出各个因子的具体指标值，再按照各因子的相对重要性赋予不同的权重，求出总的综合指数值，最后按评价标准划分不同的评价等级。

（5）因子加权加和法：因子加权加和法具有补偿性，个别指标下降会因其他指标上升而使总和不变，故该法仅适用于同类型指标评价。因为如果是进行综合评价或考虑最小限制因子的作用，所有指标中任何一项较低，总评价结果都不可能高，故可采用连乘法来计算。

（6）模糊评价法：该方法是基于模糊数学的理论，给每一个评价因素赋予评语，将该因素与系统的关系用0~1之间连续值中的某一数值来表示。其具体工作程序是：建立评价因素集—确定模糊关系—分组综合评价—总体综合评价。

（7）层次分析评价法：按照各类因素之间的隶属关系把它们分为从高到低的若干层次，建立不同层次因素之间的相互关系，根据对同一因素相对重要性的相互比较结果，决定层次各因素重要性的先后次序，以此作为决策的依据。

（8）主成分分析评价法：是将多维信息压缩到少量维数上，构成线性组合，并尽可能反映最大信息量，从而以尽可能少的新组合因子（主成分）反映参评因子之间的内在联系和主导作用，从而判定出客观事物的整体特征。

（三）旅游资源评价的程序

旅游资源评价的内容确定后，首先确定各评价因子的权重，其次获得各评价因子的评估值。

1. 确定各评价因子的权重

（1）确定评价因子

评价因子的选择与确定是科学评价的关键，因此在选择评价因子时要本着① 代表性和重要性的原则，选择对旅游资源开发价值有重要影响的因子；② 层次性和系统性的原则，明确评价因子的层次关系，并形成一个具有层次网络结构的评价因子体系；③ 唯一性和区分性的原则，评价因子相互之间应该是并列平行关系，因子不能重叠与兼容，要有唯一性和可区分性。

（2）建立评价因子权重系统

旅游资源综合评价的关键和重点就是给定评价因子予以恰当的权重值，各评价因子权重的获得，常常采用德尔菲法：可请地理、建筑、经济、旅游管理等有关行业专家，直接咨询其各评价因子的权重值，然后采用所有专家的平均意见为平均因子权重值；此法亦可分为几轮进行，最终得出评价因子结果。也可不要求专家评价出评价因子的权重值，而要求就相对重要性进行比较，给出定性的结论，然后将其量化，运用数学方法处理后得出各评价因子的权重值。

2. 旅游资源因子评价

（1）评价因子指标分级：根据评价因子的含义及重要性程度，进行模糊等级划分，每一个等级都应有具体描述。

（2）评价因子量化打分：评价因子的评分值一般取 10 分，也可以连续的实数 0~10 来表示因子分值的变化范围，也可将其划分为不同档次，给予不同分值。

（3）计算评价值：对每一因子评价后，进行综合评价值的计算，综合评价值一般取 100 分。

（4）评价等级划分：根据旅游资源评价总分，一般可将旅游资源划分为特品级、优良级和普通级。

（四）旅游资源评价报告

旅游资源评价的报告因旅游资源的类型、评价的目的、评价的方法等的不同而各异，一般情况下其应包括以下几个方面：

（1）旅游资源评价概况：包括旅游资源评价的性质、对象及其意义；评价的任务、内容与基本原则；评价工作的技术路线、方法与程序；等等。

（2）旅游资源生成环境分析评价：包括旅游资源所在地的简介、地理位置、自然地理环境、历史文化背景、行政区划及经济社会发展状况。

（3）旅游资源开发分析评价：包括旅游资源开发的历史开发现状、存在的主要问题等。

（4）旅游资源分类型评价：按一定的分类体系，分别对不同类型的旅游资源进行详细评价。

（5）旅游资源地域分布评价：包括总体分布特征、分类型的分布特征。

（6）旅游资源等级评价。

（7）旅游资源类型组合评价。

（8）旅游资源特色评价。

（9）旅游资源的旅游功能评价。

（10）旅游资源开发条件评价。

五、关键要点

（1）旅游资源评价是一项复杂的工作，旅游资源包罗万象，评价标准更是难以确定。对旅游资源评价的具体方法，可按照其手段分为定性评价和定量评价两种。

（2）旅游资源国标评价法是国家标准《旅游资源分类、调查与评价》（GB/T 18972—2017）中拟定的旅游资源评价标准，也称为旅游资源单体评价体系。本案例在对旅游资源国标评价法进行审视的基础上，回归旅游资源的原义，提出"二维+二元+二阶"的新模式。理解该模式内涵与特点并学会应用，是本案例学习的关键。

六、建议课堂计划

本案例可作为 MTA 相关课程的课堂教学案例使用，也可用于专门的案例讨论课。建议采取分组讨论的方式学习和分析本案例，以完成本案例的教学目标。建议课堂教学学时为 1~2 学时。

　　课前计划：课前要求学生自由组成学习小组，3~5 人为一组，组长组织成员一起预习，熟悉案例背景，理解"旅游资源的定义"与"旅游资源评价方法"等概念的基本内涵，阅读案例主体内容；教师提前向学生布置思考题，思考题可以根据需要从本案例使用说明的"启发思考题"中有针对性地选择，也可以自由提出有意义的思考题；每个学习小组撰写一份 1000~2000 字的案例分析报告，回答这些思考题，在课堂讨论前提交给老师。

　　课中计划：教师首先导入案例，回顾案例主旨内容，明确讨论主题；然后小组开展讨论，讨论结束后各小组推选代表发言；各小组发言后教师可进行简单的点评，并引导全班继续重点围绕"旅游资源评价的程序"开展深入讨论。课堂结束前应对学生讨论的结果进行归纳总结，并进行必要的补充。

　　课后计划：请学生以案例分析报告形式，试用回归原义的旅游资源评价模式完成对某区域的旅游资源评价。

案例 6　江苏历史经典产业型特色小镇旅游产品创新探索

——以无锡丁蜀紫砂特色小镇为例①

[**内容摘要**]　特色小镇是新型城镇化与乡村振兴的重要结合点，也是促进经济高质量发展的重要平台。加快培育建设特色小镇，是在新型城镇化背景下探索适应经济新常态的必然举措。历史经典产业型特色小镇是指以历史经典产业为核心，同时叠加多种功能的特色小镇。由于历史经典产业的文化内涵丰富，旅游延展功能较强，因此这类小镇建设一般依靠特色产业和旅游业双轮驱动。目前，江苏历史经典产业型特色小镇旅游基础普遍较为薄弱，旅游产品亟待创新。无锡丁蜀镇是国家级特色小镇，紫砂陶是丁蜀镇的历史经典特色产业，但是旅游业发展仍较为缓慢。本案例以丁蜀紫砂特色小镇为例，依据丁蜀旅游资源和旅游业发展现状，借鉴浙江这类小镇的发展经验，从主题创新、类型创新、结构创新和过程创新四个方面，探索历史经典产业型特色小镇旅游产品的创新对策。

[**关键词**]　历史经典产业；旅游产品创新；特色小镇；紫砂小镇

一、引言

缘起浙江的特色小镇，在我国经历了"试点阶段、酝酿阶段、成型阶段"，现已进入"全面推广阶段"，成为新型城镇化、乡村振兴和全域旅游发展的重要载体和平台。伴随着各地特色小镇的实践发展，相关研究也逐步深入。早期国内关于特色小镇的研究，主要集中在特色小镇的内涵与特征及特色小镇的建设意义等方面。随着对特色小镇内涵认识的统一及实践的深入，研究重点逐步转向特色小镇的产业发展、文化建设、旅游发展、培育路径和策略、发展模式及发展评价等众多领域。总体看来，我国对特色小镇的研究涉及产业、文化、旅游、政策、规划等多个方面，研究也越

---

①　本案例为原创案例，案例成果发表在《江苏第二师范学院学报》2019 年第 2 期。

来越深入。

2015 年年初，时任浙江省省长李强提出了"历史经典产业"这一概念，指浙江境内有千年以上历史传承、蕴含深厚文化底蕴的产业，主要包括茶叶、丝绸、黄酒、中药、木雕等。浙江拥有众多历史经典产业型特色小镇，如湖州丝绸小镇、龙泉青瓷小镇、绍兴黄酒小镇等。浙江丝绸、青瓷、黄酒等众多历史经典产业，借助特色小镇这一载体的建设，延续历史文化根脉，传承工艺文化精髓，融入旅游、体验、溯源等多方位元素，重新焕发了发展活力，在实践中积累了一些成功经验，尤其在经典产业和旅游的融合发展方面。江苏同样拥有许多历史经典产业型特色小镇，如无锡丁蜀紫砂小镇、南京高淳国瓷小镇、苏州苏绣小镇等，不过当前这些特色小镇的发展相对浙江来说，仍有一定的差距，相关研究也尚未引起学者的重视。在当前特色小镇建设热潮和文化旅游广受追捧的情形下，加强对江苏历史经典产业型特色小镇的旅游产品创新研究，对于促进江苏历史经典产业的文化传承和特色小镇的旅游业发展，具有重要的现实意义。

二、案例背景介绍

（一）江苏主要历史经典产业型特色小镇概况

与传统小镇相比，特色小镇的显著特点在于它不仅是简单地作为一种聚居形式和生活模式而存在，还是宝贵的文化旅游资源和休闲度假的场所。从内涵上看，特色小镇是产业、文化、旅游和一定社区公共服务功能的有机统一。因此，特色产业鲜明、人文气息浓厚、生态环境优美、兼具旅游与社区功能，是特色小镇的四大本质特征。

目前，江苏省省级特色小镇从产业角度被分为六大类：高端制造小镇、新一代信息技术小镇、创意创业小镇、健康养老小镇、现代农业小镇、历史经典小镇。其中的历史经典产业型特色小镇是指以历史经典产业为核心，叠加灵活体制机制、浓厚人文气息、优美生态环境等多种特色的小镇。目前，江苏省拥有省级和国家级的历史经典产业型特色小镇六个，千年以上的历史传承和文化底蕴是历史经典产业型特色小镇发展的优势（表 2-9）。

表 2-9　江苏主要历史经典产业型特色小镇概况

小镇名称	经典产业	特色工艺历史	特色与优势
高淳国瓷小镇	陶瓷	1700 多年	以创造陶瓷产业技术和创意基地为目标，打造世界级陶瓷研究中心

小镇名称	经典产业	特色工艺历史	特色与优势
苏州苏绣小镇	苏绣	2200 多年	以苏绣创意、生产、销售和人才的集聚为基础，打造一个生产、生活、生态相融合的集创意创业和历史经典为一体的中国苏绣小镇
东海水晶小镇	水晶	1000 多年	以水晶产业链为基础，综合小镇商务服务区，打造仅属于东海水晶小镇的城市名片
黄桥琴韵小镇	提琴	60 多年	以提琴为源、乐器为业、音乐为魂的中西合璧、古今辉映的魅力小镇
震泽丝绸小镇	丝绸	1740 多年	依托文化影响力提升传统产业影响力，实施"丝绸+旅游"双轮驱动，把握古韵、水韵、丝韵三条主线，引导全镇居民参与共建共享，努力实现全域旅游的美好蓝图
丁蜀陶都小镇	陶瓷	6000 多年	凭借独特的自然资源和悠久历史的陶瓷文化，融合旅游资源，传承陶瓷文化，塑造当地旅游形象

历史经典产业型特色小镇的主导产业特色鲜明、文化深厚且产业的旅游延展功能较强，因此这类小镇需要紧紧围绕经典产业这个主题，突出产业主导，融合文化与旅游，全面打造成有特色产业、旅游、文化、社区功能的有机复合体。根据特色小镇建设的内在要求，历史经典产业型特色小镇应围绕优势经典产业谋划主题旅游，以传统特色文化和产业文化吸引构建旅游经济和产业经济双轮驱动。目前，江苏主要历史经典产业型特色小镇大部分特色产业发展较好，但旅游业基础薄弱，加强这些特色小镇的旅游产品创新迫在眉睫。

（二）丁蜀镇概况

丁蜀镇位于江苏省宜兴市，西部为天目山余脉，东濒太湖。丁蜀陶文化源远流长，陶瓷历史据考证已有千年历史，其中紫砂文化有深厚的文化底蕴，让丁蜀陶都成为无可替代的文化标志。丁蜀镇是我国紫砂陶都特色精华体现最为集中的地区，也是紫砂陶都特色文化的核心区。2016 年 10 月 14 日，丁蜀镇被住房和城乡建设部评为第一批中国特色小镇，被誉为"紫砂小镇"。据统计，目前全镇拥有紫砂从业者 4 万多人，已集聚各类陶瓷企业 760 多家，2017 年实现工业陶瓷产值 75 亿元。紫砂产业是丁蜀小镇的特色和主导产业，已成为丁蜀最宝贵的"文化名片"，但在新时期，传统产业发展也面临新的挑战。"十三五"期间，丁蜀重点发展紫砂文化创意产业，打造占地面积 4.1 平方公里的"紫砂文化创意产业集聚区"，集聚资源，谋划创新。目前宜兴陶瓷文化创意产业园已初具规模。

三、主题内容

(一) 丁蜀特色小镇旅游业发展概况

1. 丁蜀镇的主要旅游资源

丁蜀镇是一座山、水、城融合的千年古镇,地势低、山清水秀、水网密布,自然山水的优势条件使丁蜀镇拥有独特的江南古镇自然格局。其中丁蜀镇的山体、河流、湖滨和莲花荡湿地等自然资源有一定的旅游开发价值;在历史人文旅游资源方面,有东汉窑址、春秋古窑址、青龙山遗址等大量展现紫砂陶艺文化的古窑址历史遗存,有紫砂文化的发源地——古南街,还有东坡书院、显圣寺等 (表2-10)。

表2-10　丁蜀镇的主要旅游资源及开发方向

类别	资源名称或类别	旅游资源特色及开发方向
自然资源	山体资源	以紫砂采矿和采石为主题的遗址公园,能让游客体验并了解紫砂采矿和采石的场景
	河流资源	对河道进行清理和规划,打造沿河独特的风光带景观和创新性的水上旅游产品,让游客体验乡村幽静的水上生活
	湖滨资源	将太湖观光和渔业捕捞、垂钓联合发展湖滨渔业;将特色花卉种植发展旅游观光区
	莲花荡湿地资源	借清纯的水质、曲折幽深的湖岸线,发展以芦苇和莲花特色湿地旅游度假村
	丘陵山地资源	将山地和丰富的果树和林业资源结合发展野餐和采摘综合性休闲活动中心和山地休闲旅游度假区
历史人文资源	古窑址历史遗存	大量汉唐以后的古窑址,见证宜兴陶业发展演变的历史,将窑址进行修缮和保护,开发成古窑址历史遗存展示中心
	东坡书院	发展弘扬东坡文化的主要旅游景点,让游客更加深入地了解东坡文化
	显圣寺	体现佛教文化的旅游景点

2. 丁蜀小镇旅游业发展现状

由于丁蜀的自然旅游资源品质有限,历史人文资源除紫砂陶艺文化外,其他的也缺乏知名度,使得当前丁蜀旅游开发力度有限,旅游业发展基础也较为薄弱,目前小镇旅游业主要依赖紫砂陶艺这个经典产业延伸的文化和商务旅游,以及节庆活动。2015年,丁蜀镇陶瓷产业实现产值78亿元,带动实现文化产业增加值14.5亿元,实现旅游总收入7亿多元。

丁蜀镇是中国最重要的陶瓷生产基地和陶瓷产品销售集散地，大量的商务活动带动了丁蜀商务旅游的发展。2014 年 12 月，坐落于丁蜀镇高铁南站的宜兴市旅游集散中心成立。该中心在宜兴市域范围内设立了研学旅行实践基地和相关主题旅游产品，为游客免费提供各种旅游咨询服务，为商务旅游者的购物、休闲等活动提供了便利，促进了丁蜀商务旅游的快速发展。

紫砂文化旅游方面，丁蜀目前已经开发的旅游产品主要有中国宜兴陶瓷博物馆。它是国内成立最早的专业性陶瓷博物馆，陈列着从新石器时代中期到现代的陶瓷等精品万余件，集中呈现了宜兴陶瓷的发展历史和地方特色。博物馆内入驻了许多紫砂工作室，集陈列、研究、展览、旅游、购物和陶艺学术交流于一体，是我国目前规模和影响较大的陶瓷博物馆。

节庆方面，较为知名的是丁蜀陶瓷艺术节，它开始于 1988 年，此后每两年举办一届，2013 年开始每年举办一届。节庆期间，会举办陶艺和民间艺术表演、出口产品展览、陶瓷学术交流活动，文化节带动了陶文化主题线路、休闲观光、乡村旅游等特色旅游活动，文化艺术、旅游和产业的有机融合贯穿"陶文化节"全过程，其中旅游逐步成为"陶文化节"的主角。

（二）历史经典产业型特色小镇旅游产品创新发展的浙江经验

浙江省是建设历史经典产业型特色小镇的先行者。浙江经典产业主要包括茶叶、丝绸、黄酒、中药、石刻、文房、青瓷等七大类，第一批历史经典产业型特色小镇有西湖龙坞茶镇等七个小镇。我们以这七个小镇中的浙江丽水龙泉青瓷小镇、西湖龙坞茶小镇和湖州丝绸小镇为例，总结浙江历史经典产业特色小镇在旅游产品创新方面的经验。

1. 丽水龙泉青瓷小镇

丽水龙泉青瓷小镇位于距龙泉市区 32 公里的上垟镇，瓷土资源丰富。上垟镇是现代龙泉青瓷的发祥地，是龙泉青瓷最集中的产区，也是一座见证青瓷匠艺的兴替和发展的小镇，素有"青瓷之都"的美誉。龙泉青瓷小镇拥有 1700 多年历史的经典产业青瓷，在 2015 年被列入浙江省首批特色小镇创建名单。龙泉青瓷小镇在旅游产品创新方面的主要措施有：依托青瓷制作工艺技术作坊及设计大师的工作室，开创以青瓷体验和青瓷制作为主题的创意性系列旅游产品；针对不同客户群体对青瓷创新趣味性的不同需求；结合空间和时间视角，叠加功能体系，丰富产业链，创造更优的复合价值；在交通、安全、卫生、餐饮、娱乐等实际感受的服务中，提升服务质量，赢得口碑，打造特色品牌形象。

2. 西湖龙坞茶小镇

西湖龙坞茶小镇在杭州市的西南部，这里交通便捷，山峦起伏，环境幽静，表现出独特的山体茶园景观。特色小镇是西湖龙井茶主产地，占龙井茶总产量的60%，有"万担茶乡"之名。因为龙坞茶镇的独特区位优势，使得西湖龙坞茶小镇拥有无可比拟的艺术风情感染力。目前，传统茶产业的单一性已不能支撑龙坞茶镇的经济发展，也不能很好地表现出文化内涵。因而，为了延续茶文化的发展，西湖龙坞茶小镇通过创意衍生品来提高茶产品的附加值，发展茶文化旅游等第三产业。具体的创新措施有：研究茶加工工艺，使工艺多元化，创新创意茶衍生品；拓展与茶叶相关的日常饮用品及与茶文化相关的茶器；发展第三产业，拉动经济增长，创新"茶+"旅游产品。由于茶产业有受众广、易融合、多样化的特征，西湖龙坞茶小镇推出了"茶+"系列项目，如："茶+旅游"——开发亲子体验茶农生活活动，打造茶文化商业街和展览馆，拓展茶乡慢生活，丰富休闲茶主题游；"茶+养老"——依托优美的茶园风光，推广休闲老年养老场所和医疗保健设施；"茶+运动"——在茶园建设漫步道和山地车赛道等运动设施，拓展户外运动场所，促进休闲体育产业发展；"茶+文化"——推广音乐茶馆和茶田民乐，将艺术和茶融合，打造艺术新品牌；等等。

3. 湖州丝绸小镇

湖州丝绸小镇位于湖州吴兴区东部新城区，作为"世界丝绸之源"，以传承丝绸文化为己任，深挖小镇与丝绸的历史文化和传承，释放丝绸文化光彩；也保存着乡土文化的鲜活性和原生性，拥有独特的文化魅力。而且，小镇凭借优越的地理位置和以国际丝绸时尚中心、东方丝绸交易中心、丝绸文化体验中心三大战略作为支撑，与"一带一路"有机串联。丝绸小镇以旅游资源创新规划项目为核心，以文化、休闲、旅游为延伸，把丝绸文化作为核心元素，依托潘季驯纪念馆、吴兴书画院、婚庆主题公园等人文景观及丝绸之路影视城等项目，构建生态文化产业链，打造文化创意度假小镇。围绕丝绸主题，集国际丝绸贸易、设计、展示和品牌时尚展示中心为一体，推广网上丝绸交易功能，打造以丝绸历史文化传承、传播和休闲度假为一体的"丝绸文化体验中心"，以凸显丝绸产业的主导地位。

4. 主要经验

第一，应围绕历史经典产业，深挖产业文化内涵，开发系列主题旅游产品，以此塑造小镇独特的文化个性；第二，应拓展"经典产业+旅游"，将经典产业与小镇其他自然和人文旅游资源相融合，开发具有地域文化特色的休闲、度假、购物、研学、养老、体育等旅游产品；第三，要紧密结合市场需求，开发多层次、多样化的旅游产品，优化旅游产品结构，同时应用现代科技，增强旅游活动或项目的参与性，提升旅游体验；第四，在推进经典产业的旅游产品创新的同时，坚持传承历史文化，坚守文化内核，同时运用现代科技推进经典产业文化的传承和发展。

（三）丁蜀紫砂特色小镇旅游产品创新对策

针对丁蜀小镇的资源特色和旅游发展方向，依据特色小镇的建设要求，丁蜀应以紫砂陶艺经典产业文化为核心，加强陶瓷产业文化与各类自然资源、历史人文资源的融合，从旅游产品的主题、类型和功能等角度入手，创新开发旅游产品，提升旅游服务水平，逐步构建小镇丰富独特的旅游产品体系。

1. 主题创新：围绕紫砂主题，创新打造系列主题文化旅游产品

地域特色文化及其相关的承载历史记忆的空间载体，是开展文化旅游必须依托的核心资源，丁蜀小镇应重点围绕紫砂文化主题，创新打造各类主题文化旅游产品。小镇文化旅游应充分挖掘紫砂的产业文化遗产特色。景区、景点的选择和一些体验类项目、服务空间的设置，应围绕"原料开采—生产—运输—销售—工艺培训"各环节的历史空间遗存和当代特色空间载体进行组织和开展；旅游线路的策划也应尽量利用与紫砂文化相关的"遗产廊道"，结合慢行绿道、水上旅游设置，提供多元化的特色体验。例如，可依托宜兴陶瓷文化创意产业园和中国陶都陶瓷商贸城，重点以归集、传承、规模发展手工制瓷为主，大力发展陶瓷文化创意产业，形成产业基地，构筑技艺高地，园区兼顾家居陶瓷生产研发、陶瓷文化创意、陶瓷文化体验等多种功能，可设陶艺体验区、陶绘区、书画区、阅读区等体验式专区，打造集陶艺、茶艺、花艺、咖啡、购物等为一体，同时又主题鲜明的文化旅游产品。

小镇可围绕紫砂文化，融合历史文化及文化的根脉和工艺，开发多种类型的主题旅游产品。可开发紫砂创意设计系列制作主题游，例如，开发"紫砂陶作品创意性DIY""穿越时代与紫砂大师交谈"等活动，现场评选最优创作产品，安排当地的制作大师颁发证书；开发儿童组团参观游览瓷窑遗址活动，安排当地的工艺师进行讲解服务，以增加儿童对紫砂工艺的兴趣；又如，开发家庭或亲子游团队，开发"独创性全家福紫砂产品制作""紫砂与你的故事"等主题游。也可以开发以紫砂陶制作体验作为主题的深层次和复合型创意体验系列旅游产品，情侣可以雕刻属于自己的信物；亲

子游可以设计家庭人物形象。可以推动"创造+创意（服务平台）+体验=产业链"的模式，形成游客紫砂 DIY 制作中心并开展紫砂精品鉴赏活动，增加游客对紫砂的兴趣。以工艺师制作紫砂壶为依托，依据各自的性格和制作特性，给游客呈现出不同规格和特色的成品，制作的同时可以给游客进行现场讲解，完成作品后可以为游客答疑并传授游客识别赝品的知识，以此吸引游客关注度。还可开展紫砂主题作品名征集活动，设置作品定制交易中心、特色品展示中心、紫砂壶赝品识别交流区等。

2. 类型创新：推进产业融合和资源整合，构建丰富的旅游产品体系

充分利用小镇各类自然和历史人文资源，推进产业融合和资源整合，在其原有价值基础上创造复合价值。首先要积极开发现有的各类资源和人文旅游资源，弥补现有旅游产品的缺陷。可以蜀山风景区为核心，开发东坡书院、前墅龙窑、蜀山南街等文化历史遗存；以青龙河为带，重点建设集紫砂文化旅游、体验、制作于一体的紫砂文化旅游产业，打造西望村陶家游等特色旅游项目。可以工艺师作坊和古龙窑、紫砂博物馆和陶瓷陈列馆、青龙山黄龙山公园和蜀山风景区为旅游产品的主体，打造集游览和参观、制作和购物于一体的旅游线路；以古街坊和蜀山风景区为旅游产品的主体，规划探寻文物古迹为主线的旅游线路；以莲花荡湿地休闲度假村和山地休闲旅游度假区为旅游产品的主体，打造观光休闲度假游；以观赏沿河景点和古镇风貌为旅游产品的主体，开辟水上游览旅游产品，让旅客泛舟河面，畅然欣赏丁蜀镇的风光。

小镇还可将紫砂文化与其他资源或文化整合，打造特色旅游线路。如：与莲花荡湿地资源互动对接，可开发"紫砂文化+生态环境体验"之旅；与黄龙山互动对接，可开发"紫砂文化+黄龙山"特色之旅、"紫砂文化+采石和紫砂采矿场建成遗址"休闲康体之旅；与古窑址历史遗存结合，可创新"千百年陶瓷烧制演示"体验之旅；与显圣寺结合，打造"谛听佛教文化"修身养性，陶冶情操之旅；也可与当地的节庆活动结合，打造"紫砂陶遇见四季——季节性旅游产品"，举办"创意展示——紫砂陶我做主"活动；等等。

3. 结构创新：延伸产业链，细分旅游市场，优化旅游产品结构

当前，丁蜀镇的旅游产品匮乏，围绕紫砂文化的旅游产品多集中在紫砂产业链的末端，产品结构较为单一。紫砂文化的最大特色在于其"产业文化遗产"的属性，"原料开采—生产—运输—销售—工艺培训"构成完整的"流程链"，在不同历史时期表现为差异化的生产工艺特征与空间分布，

并通过一系列的"历史空间遗存链"加以展示。未来小镇要深度挖掘紫砂生产流程各环节的旅游开发价值，如加大紫砂文化历史遗存的保护和旅游开发力度、弘扬紫砂生产工艺文化、让游客参与制作紫砂创意产品等，不断优化旅游产品结构。

此外，小镇还需针对不同的客源市场，创新开发各类旅游产品。对学生游客，开发以紫砂陶园和博物馆为主线的紫砂陶文化研究类旅游产品，可开发"紫砂陶 DIY 系列"旅游产品；对亲子游客，打造"紫砂陶+生肖"之旅，根据儿童年龄结构设计生肖主题；对艺术爱好游客，可开发"我遇见紫砂陶""紫砂陶工艺专题研究"等艺术类旅游产品；对女性游客，可开发家居装饰类紫砂陶主题购物游；对家庭出游类游客，可依托丁蜀特色小镇的独特建筑风格和自然风貌，开发特色小镇观光游、小镇休闲慢生活之旅。

紫砂产品与日常生活用品也是息息相关的，可以延伸开发相关旅游商品或纪念品。如紫砂陶的装饰文化作用——可烧制成花盆，用来栽种成花木盆景，是装饰起居室的高雅点缀品，具有独特的艺术观赏价值；紫砂陶的饮食文化作用——可烧制成烹饪佳器，也可运用现代技术制作紫砂电饭煲和电火锅等，使紫砂陶饮具崭露头角；紫砂陶的茶具文化作用——是饮茶品茗的首选茶具，能通过饮茶感受古老的文化和艺术，陶冶情趣，是一种高雅的文化活动；紫砂陶的礼仪文化作用——人们在社会交往中常用紫砂陶制成品作为馈赠亲友表达美好情意的珍贵礼品。

4. 过程创新：应用现代科技，提升服务水平

旅游重在体验，因此运用现代科技更直观生动地展示旅游产品、让游客参与或虚拟参与旅游产品设计，为游客提供高质量个性化的服务，也是旅游产品创新的重要途径。以宜兴陶瓷博物馆为例，它是我国规模最大的陶瓷博物馆，但目前仍以传统的展示方式为主，已不能满足时代发展的需求。运用现代科技、体验式展示形式应是未来博物馆展示的突破性改变，它将观众从被动的角色转换到互动体验中欣赏和思考的双向模式中来。还可引入高新科技保护经典产业遗址，增加旅游产品的文化内涵，"复活"历史场景，让旅客身临其境；可运用 5D 和幻影成像技术，通过 LED 屏幕显示古人制作紫砂陶的场景，让旅客体验逼真的场面。也可以构建多媒体教室，积极应用现代信息技术、网络技术和信息集成技术，可让陶瓷爱好者能加入实习创作，并能在摄像投影电视屏幕上清晰地看到制作过程。另外，提高小镇旅游从业人员的整体素质，加大旅游服务人员的培训力度，提升

相关服务人员的陶瓷文化修养和服务能力，倡导专业化、个性化、人性化服务，也是小镇旅游产品创新不可忽视的内容之一。

四、结语

产业是特色小镇的根本，旅游并不是特色小镇的唯一立镇产业，但发展旅游、传承文化却是特色小镇的应有之义。特色小镇的旅游业应依据其旅游业的定位差异，采取不同的发展战略。历史经典产业型特色小镇应围绕优势产业谋划主题旅游，以传统产业文化吸引构建旅游经济和产业经济双轮驱动，通过旅游业发展延续历史文化根脉，同时促使历史经典产业焕发活力，推动产业升级。

参考文献

[1] 李强．特色小镇是浙江创新发展的战略选择 [J]．今日浙江，2015（24）：16-19．

[2] 卓勇良．特色小镇的内涵与外延 [J]．今日浙江，2015（13）：27．

[3] 曾江，慈锋．新型城镇化背景下特色小镇建设 [J]．宏观经济管理，2016（12）：51-56．

[4] 张鸿雁．论特色小镇建设的理论与实践创新 [J]．中国名城，2017（1）：4-10．

[5] 马斌．特色小镇：浙江经济转型升级的大战略 [J]．浙江社会科学，2016（3）：39-42．

[6] 盛世豪，张伟明．特色小镇：一种产业空间组织形式 [J]．浙江社会科学，2016（3）：36-38．

[7] 许益波，汪斌，杨琴．产业转型升级视角下特色小镇培育与建设研究：以浙江上虞 e 游小镇为例 [J]．经济师，2016（8）：90-92．

[8] 陈立旭．论特色小镇建设的文化支撑 [J]．中共浙江省委党校学报，2016，32（5）：14-20．

[9] 沈晔冰．旅游在特色小镇建设中具有重要的地位与作用 [J]．政策瞭望，2015（10）：21-24．

[10] 魏小安．特色小镇与旅游发展 [J]．商业观察，2017（4）：76-81．

[11] 周旭霞．特色小镇的建构路径 [J]．浙江经济，2015（6）：25-26．

[12] 周晓虹．产业转型与文化再造：特色小镇的创建路径 [J]．南京

社会科学，2017（4）：12-19.

　　［13］闵学勤．精准治理视角下的特色小镇及其创建路径［J］．同济大学学报（社会科学版），2016，27（5）：55-60.

　　［14］付晓东，蒋雅伟．基于根植性视角的我国特色小镇发展模式探讨［J］．中国软科学，2017（8）：102-111.

　　［15］武前波，徐伟．新时期传统小城镇向特色小镇转型的理论逻辑［J］．经济地理，2018，38（2）：82-89.

　　［16］吴一洲，陈前虎，郑晓虹．特色小镇发展水平指标体系与评估方法［J］．规划师，2016，32（7）：123-127.

　　［17］姜琴君，李跃军．历史经典产业型特色小镇旅游产品创新研究：以浙江丽水龙泉青瓷小镇为例［J］．中国名城，2017（9）：25-29.

　　［18］闫文秀，张倩．浙江省传统经典产业特色小镇的建设发展与经验借鉴［J］．上海城市管理，2017，26（6）：55-60.

　　［19］莫洲瑾，王丹，曲劼．历史经典型特色小镇的产业联动发展之路：以西湖区龙坞茶镇为例［J］．华中建筑，2017，35（6）：84-90.

　　［20］韦福雷．特色小镇发展热潮中的冷思考［J］．开放导报，2016（6）：20-23.

　　［21］徐世雨．特色小镇：内涵阐释与实现路径：对既有文献的综述与展望［J］．江苏农业科学，2019（9）：32-36.

　　［22］黄静晗，路宁．国内特色小镇研究综述：进展与展望［J］．当代经济管理，2018（8）：47-51.

【教学指导说明】

一、教学目的与用途

　　（1）适用课程：本案例适用于旅游管理专业的本科、硕士、MTA等旅游规划、旅游策划类型的课程。

　　（2）教学目的：通过案例引入和案例分析，使学生对历史经典产业型特色小镇的旅游业发展和旅游产品创新有较为深入的认识和理解，从而提升对区域旅游产品创新的理论认识和实践感知，也能间接激发学生对于我国旅游产品开发和创新的热情。

二、启发思考题

（1）如何理解产业是特色小镇的核心、文化是特色小镇的灵魂？

（2）特色小镇的类型有哪些？旅游业在历史经典产业型特色小镇中该如何定位和发展？

（3）当前历史经典产业型特色小镇的旅游发展普遍滞后的主要原因有哪些？如何克服？

（4）"IP+旅游"模式下，旅游产品应该从哪些方面进行创新？

（5）参考相关资料并结合你自身的经验，谈谈历史经典产业型特色小镇如何打造旅游特色 IP？

三、分析思路

本案例的分析思路图如图 2-1 所示。① 让学生了解案例背景，认识什么是特色小镇，哪些属于历史经典产业型特色小镇；② 结合当前背景分析历史经典产业型特色小镇旅游产品创新的必要性，同时介绍江苏主要历史经典产业型特色小镇发展概况；③ 以丁蜀镇为例，详细分析其旅游资源和旅游业发展概况；④ 在借鉴浙江经验的基础上，提出丁蜀镇旅游产品创新的具体对策。

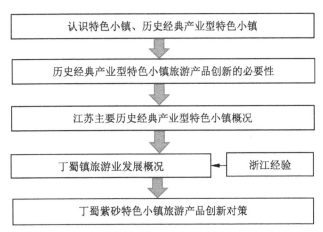

图 2-1　案例分析思路图

四、理论依据与分析

特色小镇成为各界关注热点只是近几年的事情，但是有关特色小镇建设的相关理论研究早已有之。我国著名社会学家费孝通早在改革开放之初就提出了小城镇发展理论，该理论是启发和指导早期我国特色小镇建设的理论基础。该理论提出以农村工业化和乡镇企业的发展为动力，推动"城市之尾、农村之首"的小城镇发展，能够在大城市和农村之间形成缓冲空间，促进城乡一体化，缓解大城市的压力。小城镇发展理论对解决时下我国农村和城市面临的问题具有现实的指导意义。

在工业化进程中，英国等发达国家率先面临"大城市病"问题，并为此进行了探索。19世纪末20世纪初，英国著名社会活动家、城市学家、风景规划与设计师霍华德针对当时英国所面临的大城市病问题，提出了"田园城市"概念，他规划设计的小城镇要有足够的空间为市民提供阳光和优雅的生活，也能够提供足够多的工作机会。主张"田园城市"建设要树立城乡融合的理念，需要进行科学规划与设计，把独特的产业作为"田园城市"的支撑。该理论引导了西方城乡发展的方向，对推进我国城乡一体化进程同样具有指导意义。

南京大学城市科学研究院院长、中国城市社会学会会长张鸿雁（2017）认为其理论溯源还有城市"区域核心理论"和循环社会型城市理论。美国社会学家万斯于1977年提出城市"区域核理论"，该理论的主要内涵是：远离城市形成独立的"核"；郊区城市核通过自我维系能力，可以脱离城市中心区，重现城市功能；一个空间布局良好的城市有多个相对独立的城市核；城市区域核集创业、就业、生产、流通、分配、消费和娱乐为一体。循环社会型城市是以人为核心的整体社会进化的过程，是人类在经历农业革命、工业革命和知识经济革命后，对自然与人类关系的新认识，是社会良性化运行的一种新模式。特色小镇的建设发展也符合循环社会型城市的发展理念。

此外，基于特色小镇是通过特色产业集聚发展要素发展平台的特征，特色小镇建设的理论基础是产业集聚理论。该理论认为，通过特色优势主导产业可以实现大量与之关联企业及相关机构在空间上的集聚，并且由此可以形成强劲和持续的竞争优势。同时，正是缘于其优势产业才能更好地推进特色小镇的建设与发展。产业集聚理论突出了特色主导产业在特色小镇建设中的关键性作用。

五、背景信息

（一）特色小镇的兴起及原因

培育发展特色小镇是我国当前区域经济转型升级和创新发展的战略举措，也是新型城镇化发展的重要路径选择。浙江是国内最早开始特色小镇实践的地区，2014 年，杭州云栖大会上首次提出"特色小镇"这一概念。2016 年，浙江经验在全国范围内受到关注与响应。从中央到地方纷纷出台推动特色小镇规划建设的顶层设计，住建部、发改委和财政部联合发布《关于开展特色小镇培育工作的通知》，提出到 2020 年培育 1000 个左右特色小镇，全国上下掀起一股建设特色小镇的热潮，建设特色小镇成为一项重要的发展战略。

当前，国内之所以形成特色小镇建设热潮，主要源于以下原因：一是寄望特色小镇能够推动区域产业转型升级，建构和优化区域产业体系。经济功能是特色小镇的首要功能，通过制度创设在特色小镇集聚各类优质要素，形成基于特色产业的创新、生产、销售、服务于一体的新兴产业空间组织形式，以寻求产业空间布局和组织形态的优化与创新，增强区域发展的内生动力和可持续发展能力。二是我国新型城镇化道路的发展选择。在全球化背景下，只有城市群才有足够的规模和实力成为国际竞争的基本单位，参与全球性的竞争与合作，以城市群为地域单元推进城镇化进程成为当前我国新型城镇化发展的道路选择。通过发展特色小镇引导资源要素向村镇地区倾斜，推动当地实体经济的发展，形成与周边城市的交互与共构，形成良好的大中小城市和小城镇分工与层级体系，以建构并提升城市群的质量，优化城镇化的布局和结构。

（二）历史经典产业型特色小镇旅游产品创新的必要性

目前，我国历史经典产业型特色小镇的发展主要集中于经典产业的传承与发展，围绕经典产业的"旅游+"尚未得到重视，小镇的文化个性尚不够鲜明。因此，在特色小镇建设背景下，加强这类小镇的旅游产品创新既是其旅游业发展的必然要求，也是小镇文化个性塑造和经典产业传承发展的重要途径。

1. 特色小镇旅游业发展的必然要求

旅游是特色小镇的重要功能之一，发展旅游业已成为特色小镇建设的内在要求。目前，我国的特色小镇普遍缺乏高品质的自然或人文旅游资源，旅游业基础较为薄弱，旅游产品贫瘠且单一。随着旅游需求日益多样化，旅游市场竞争越来越激烈。创新是引领发展的第一动力，因此这类小镇必须围绕经典产业加强旅游产品创新，发展"旅游+"，促进小镇产业和旅游的共同发展。

2. 特色小镇文化个性塑造的重要途径

文化是特色小镇的个性，旅游业则是特色小镇文化个性和形象塑造的重要载体。旅游业发展经历了资源导向、市场导向和产品导向阶段后，现已进入了形象驱动阶段。形象制胜的关键是旅游形象的载体即旅游产品和服务的差别化和个性化，而这一关键必须依靠旅游产品创新。历史经典产业类特色小镇可通过创新旅游产品，融合传统产业文化，应用现代科技，提供有个性、有文化、有特色的旅游产品，并借助旅游市场营销、旅游节庆等活动，在旅游形象塑造过程中逐步打造小镇独特的文化个性。

3. 历史经典产业传承发展的有力推手

这类特色小镇是传承历史经典产业"活"的博物馆，也是经典产业的生产基地。历史经典产业在新时代的传承和发展，需要资金资助和引进相关优秀人才来逐步打造成具有特色和内涵的经典名镇。在科技和信息时代，围绕经典产业的旅游产品创新开发，可以促进历史经典产业的转型升级，焕发新的活力，传承历史文化，带动小镇的产业和文化发展，提高小镇居民收入，吸引更多传统艺人、匠人等各类优秀人才加入，这些都将有效促进传统产业的传承和发展。

六、关键要点

（1）理解旅游业在历史经典产业型特色小镇的定位及其重要作用。

（2）总结浙江主要历史经典产业型特色小镇在旅游产品创新和旅游业发展方面的成功经验。

（3）了解旅游产品的主题创新、类型创新、结构创新和过程创新的具体内容，学会从这四个方面探索历史经典产业型特色小镇产品创新的具体举措。

七、建议课堂计划

本案例可作为MTA相关课程的课堂教学案例使用，也可用于专门的案例讨论课。建议采取分组讨论的方式学习和分析本案例，以完成本案例的教学目标。建议课堂教学学时为1~2学时。

课前计划：将教学主题分成三大话题，即创新的必要性、丁蜀镇旅游业发展现状、浙江经验总结。这三部分由学生分组调查相关资料，教师于讨论前一周将启发问题发给相关话题学生，学生分组讨论，并撰写一份1000~2000字的案例分析报告，回答相关问题，在课堂讨论前提交给老师。最后的创新对策由大家课堂上共同讨论分析提出。

课中计划：教师首先介绍我国特色小镇的建设背景，带领学生回顾案例主旨内容；然后小组代表发言，针对课前准备的话题提出见解，其他小组可提问并参与讨论；最后全班讨论丁蜀镇旅游产品的创新对策，教师在此过程中应引导学生从不同角度进行思考，课堂结束前应对学生讨论的结果进行归纳总结，并进行必要的补充讲解。

课后计划：请学生以报告的形式为自己熟悉的特色小镇提供一份旅游产品优化创新的建议，应包括背景分析、现有产品调查和创新建议。

案例 7　盐城荷兰花海景区
产品提升的探索[①]

[内容摘要]　盐城市大丰区新丰镇荷兰花海景区是国家 AAAA 级旅游景区、江苏省旅游风情小镇、江苏省智慧旅游和电子商务示范基地，是盐城市生态组团的重要一级。荷兰花海景区经过近些年的开发，已打造出一定规模的旅游产品体系。但在全域旅游背景和旅游市场竞争日趋激烈的环境下，该景区旅游产品发展仍面临诸多瓶颈。本案例在剖析这些瓶颈的基础上，提出促进景区产品提升、高质量发展的建议：以"旅游+"加快推进产业融合，创新旅游产业业态，延伸旅游产业链，完善景区配套设施和公共服务，创新社区参与机制等。

[关键词]　荷兰花海；景区产品；提升；盐城

一、引言

荷兰花海景区自 2012 年启动以来，已经完成了近 30 亿元的投资，其中 3.2 亿元投资于政府主导的核心风景区。荷兰花海 2013 年开始建设，2014 年业态完善，2015—2016 年配套完善。2017 年，荷兰花海累计接待游客 256 万人次，实现旅游综合收入 2.98 亿元[②]。2019 年，荷兰花海累计接待游客近 300 万人次，实现旅游综合收入 3.63 亿元[③]，实现了土地价位十年翻七倍的蝴蝶效应。荷兰花海景区在建设过程中坚持"用专业人才做专业工作"，以"地上长花、湖上生花、树上开花"为总体规划，建设国家 AAAA 级生态旅游度假村。周边食、住、游、购、娱等全方位需求设施完

---

① 本案例为原创案例，根据相关文献及网络资料整理，案例只用于教学目的，不对旅游目的地或旅游企业的管理做任何评判。

② 盐城市大丰区人民政府镇、区概况 荷兰花海简介[EB/OL].（2018-08-20）[2022-04-25]. http://dafeng.yancheng.gov.cn/art/2018/8/20/art_25132_3572400.html.

③ 荷兰花海：让旅游从消费经济向富民经济转型，盐城广电全媒体新闻中心[EB/OL].（2020-04-21）[2022-04-25]. http://www.0515yc.cn/newsyc/folder59/2020-04-21/414668.html.

善。当前，荷兰花海已建成小镇客厅、荷兰花市、荷兰风情街、婚纱摄影基地等项目，并配套游客中心、票务中心、生态停车场、旅游观光车、游艇等旅游设施。荷兰花海秉承"以景点为王，以活动为主导"的理念，以春、夏、秋、冬为中心，打造"荷兰花海"系列旅游品牌，并成功举办了多场"情系郁金香 缘定爱情海"的集体婚礼，以及全国摄影展、主题快闪、郁金香音乐节等丰富多彩的活动。先后数十次被中央电视台、中国花卉报等知名媒体报道，全方位展现了荷兰花海"最美花园"形象。

2019 年 12 月 1 日，《长江三角洲区域一体化发展规划纲要》发布，明确将盐城纳入长三角中心区城市，盐城将加快步伐全面融入长三角。盐城将致力于打造成长三角乃至国家级的生态旅游目的地。作为盐城生态组团重要一级的荷兰花海景区需要紧跟发展趋势，不断提升自身产品质量，将景区打造成满足游客需求的特色景区。

二、荷兰花海景区经营现状

荷兰花海已经种植近 3000 万株郁金香，种类达 300 多种，面积超 3 平方公里，是我国郁金香种植面积较大的地区，是华东郁金香第一花海。景区形成了"基地+研培+农户+公司"的全产业链运作模式，辐射周边 8 个村，带动 3000 多农户每年人均增收 3 万多元。花海里水路盘错，霓虹灯状的花坛纵横交织在一起，别致的荷兰风车，荷兰风格街道、荷兰木屋等都展现出丰富的荷兰风貌。大丰荷兰花海重视区域发展规划，强化产业配套项目，注重品牌活动效应和产业富民效应，走出了一条富有区域特色的城乡旅游发展之路。比如，在荷兰花海全心村的农民，许多人都选择在这里从事绿化种植、花卉养护、物业保洁等工作，2018 年人均年收入增加了 1.5 万元以上。目前，大丰荷兰花海景区正全面打造国家 AAAAA 级景区，不断丰富景区内涵，提高景观质量，完善产业布局，强化功能支撑，以夜游项目为龙头，抢工会战、全面推进，加快建设威尔士巧克力坊、阿姆斯特丹酒店、金丝楠木艺术馆、温泉酒店等重点配套项目，实现荷兰花海由观光向度假的转型升级，推动大丰全域旅游快速发展。

从花海产品来看，荷兰花海景区已打造小镇客厅、海德魔法世界、婚纱影视基地、迎宾花园、荷风园、"花海云"主题乐园、情侣园、日岛、月岛、圣劳伦斯文化中心、儿童游乐场等多个景点，并于 2020 年打造出《只有爱·戏剧幻城》大型情景演艺产品。此外，花海聚力建设郁金香种球国产化研培基地，加快推动郁金香花卉产业发展，形成了生产销售一条龙，目前花海种球国产化率已达90%。

三、荷兰花海景区产品类型及产品提升面临的瓶颈

(一)荷兰花海景区产品类型

1. 小镇客厅

小镇客厅位于荷兰花海风情街小镇内,整个布展分为序厅、球幕影院、花海产业、荷兰风情实物展示四个部分,涵盖了花海总体概况、花海人文历史、荷兰艺术元素及民族风情。

2. 海德魔法世界

海德魔法世界是由荷兰花海与同程集团共同打造的大型室内游乐项目,由冰雪王国、奇葩乐园、盗墓幻境三大项目构成。零下18℃精雕细琢的冰雪王国,包含5米高的极速冰山滑梯、造型各异的冰雕作品,深受大人小朋友的喜欢。根据南派三叔小说《盗墓笔记》推出的盗墓幻境,真实还原墓穴、疑棺、尸洞等多个情节。集科学与刺激于一体的奇葩乐园,包含侏罗纪世界、颠倒屋、镜子迷宫、钻石隧道、幻彩水母等主题,是小朋友的天堂、大朋友的拍照打卡胜地。

3. 婚纱影视基地

该基地是华东地区面积较大的高端、奢华、浪漫且设施齐全的一站式婚纱影视基地。以荷兰阿姆斯特丹火车站为原型,总面积约12000平方米,打造1∶1比例、160多个中欧韩等世界著名建筑,上千个不同艺术主题,汇集轻欧简约风、韩式精致风、中欧奢华风、田园自然风、复古文艺风、电影剧情风等风格。在满足各类型客户拍摄需求的同时,丰富表达婚纱摄影的唯美和浪漫,制造出还原生活而高于生活的婚纱实景,实现现实中无法触及的完美梦境,让新人体验不一样的拍摄之旅。婚纱影视基地综合配套设施齐全,宾客接待区、礼服展示区、VIP化妆间、休息娱乐区、餐饮购物区应有尽有。

4. 迎宾花园、荷风园

迎宾花园位于花海正门入口,重达188吨的迎宾石,来自"天下第一山"泰山,石龄已高达25亿年。迎宾石上"荷兰花海"四字苍劲有力,出自中国著名书法家臧科先生之手。围绕在石头两侧的3棵黑松和8棵银杏树的寓意是祝福所有到花海的游客儿孙满堂、家庭幸福。春天,这里种植10多种郁金香,夏秋时布满了散发着阵阵香气的百合花,仿佛一片美丽的花毯不断变换颜色。巨大的景石、优美的书法、古老的银杏、苍劲的古松、

美丽的花毯，广迎四海宾朋。

荷风园位于景区入口处西侧，由羊角村餐厅、荷兰风车、九曲桥等景点构成。初夏时分，游人走在九曲桥上，满池的荷花与睡莲触手可及。荷风园内设置的4个荷兰风格的销售亭，主要为游客提供便捷的饮料小吃、花卉盆栽和荷兰特色旅游纪念品等。

5. "花海云"主题乐园

该乐园是国内首家无动力主题乐园，占地12000平方米，由国内顶尖景观设计单位创意设计，它是不借助任何非自然外力及能源而具备游乐设备特质的主动体验型乐园。"花海云"包含了跳跳云、郁金香滚轴滑梯、音乐秋千、螺旋式观景塔、阿基米德水玩区等多个游玩项目。

6. 情侣园、日岛、月岛

情侣园是景区内最大的一块花园区，为了方便游客观赏，景区在其间铺设了多条生态游步道。情侣园前坡的花卉分布成飘带状，从远处眺望，可媲美孔雀开屏，美艳一方。每年七月份可以看到蓝紫色的柳叶马鞭草，这代表着正义与期待。

从天空俯瞰日岛全貌，花园区形似汉字的"日"字，与月岛交相辉映。春季的日岛仿佛一块画布，不同品种、不同花色的郁金香在这块画布上打造出巨幅彩图。夏季的日岛以醉蝶花为主，花苞红色，花瓣呈玫瑰红色或白色，盛开时，朵朵小花犹如翩翩起舞的蝴蝶，非常美观。位于景区生态湖外沿的生态游步道，总长约800米，采用了悬挑结构，既不设立柱，也不砌挡墙，围绕花海外围护河堤建造。在日岛处建有一座晃桥，使外围与日岛连接。春季，栈道两边是各种颜色的风信子，夏季，蜿蜒的木栈道穿过盛大的玫瑰花海，走在木栈道上，欣赏花海一线的旖旎风光，令人喜不自禁，流连忘返。

从天空俯瞰月岛全貌，形似汉字的"月"字，故取名月岛。月岛上夏季以格桑花为主，格桑花又称格桑梅朵，在藏语中，"格桑"是"美好时光"或"幸福"的意思，"梅朵"是花的意思，所以格桑花也叫幸福花，长期以来一直寄托着藏族人民期盼幸福吉祥的美好情感。

7. 圣劳伦斯文化中心

它极具哥特式建筑风格，是按照荷兰乌得勒支圣马丁主教堂进行规划设计的，高52米，总面积2000平方米，寓意"我爱你今生今世"，让每一位来到教堂的人都会受到爱神的祝福，在爱情的道路上将一帆风顺，甜蜜无比。文化中心可供新人拍摄婚纱照及举办婚礼，可让新人领略到本土绝无仅有的异域风情。圣劳伦斯文化中心南侧伫立着特莱克雕塑，该雕塑是由中国著名雕塑大师吴为山所塑。2016 年 4 月，荷兰驻华大使凯罗、雕塑大师吴为山等为雕塑揭幕。

8. 儿童游乐场

儿童游乐场位于荷兰花市内，占地 350 平方米，设施面向于 2~8 岁儿童，设有"隧道飞车冒险""魔法彩色泡泡球""彩色积木拼拼帮""小火车""魔力蹦蹦高"等八大主题游乐设施，是小朋友的天堂！

9. 沉浸式演艺项目——《只有爱·戏剧幻城》

为顺应文化旅游产业转型升级的新趋势，荷兰花海聚焦文旅融合，大力发展夜游经济，与著名导演王潮歌合作，打造出《只有爱·戏剧幻城》沉浸式演艺项目。该项目是王潮歌继"印象"系列实景演出、"又见"系列情境体验剧之后，"只有"系列戏剧幻城的第二部导演作品。《只有爱·戏剧幻城》由如月、如心、如花、如歌、如故、如意六大剧场组成，它们分别坐落在约 3000 亩的荷兰花海景区中，以爱情为母题，探索生命的要义。其中，主剧场"如月"剧场占地面积 20600 平方米，舞美设计从民国到当代跨越上百年，设计主题源于爱，形式母题源于花，"因花生爱"促成了戏剧幻城建筑群落的诞生。2020 年国庆假期，《只有爱·戏剧幻城》吸引观演游客达 1.4 万人次。作为一部沉浸式实景体验戏剧，《只有爱·戏剧幻城》每天有超过 50 场戏剧同时上演，全剧全程累计 8.5 小时。创作从"戏剧+"的总体构想出发，将人世间不可或缺的爱情和花海巧妙地融为一体，以戏剧为本体，更大程度上突破空间、时间的物理边界，强调作品所带来的精神世界的体验。王潮歌表示，在文旅融合的大背景下，旅行绝不止停留在风景本身，《只有爱·戏剧幻城》的打造旨在以爱情为主题触及观众真心。目前，《只有爱·戏剧幻城》的豆瓣评分维持在 8.7 的高分。"50 余场的戏剧一次无法完全看完，每进入一个剧场，观众都要在众多的戏剧中做出选择。"王潮歌表示，这种有选择即有错过的观剧方式，不仅仅能吸引观众多次观看，更暗喻着爱情中充满了选择，更难免要面对错过。在主剧场如月剧场里，观众除了可以观看五大主题戏剧，还可以在剧场内穿行，甚至可以和演员互动交谈。近两个小时的演出结束后，如果意犹未尽，还可以到如意剧场观看 12 个关于爱情的微戏剧，更深入地体验爱情的幸福和苦楚，抑或到如歌剧场，听别人的故事，或留下自己的故事。在公演现场，不少观众随着剧情的发展哭、笑、鼓掌，并发出了"这让我想起前女友""有机会一定要带家人来看"的感叹；不少人观看后还未尽兴，特意再来观看夜间场次的演出。"围绕着'爱情与花海',我们以打造中国最大的爱情圣地为目标,做出特色,留住游客。"荷兰花海企业宣传部部长马秀云表示,除了白天有演出外,景区还在晚上 7 点设置演出,并在景区周边开展系列夜市活动。《只有爱·戏剧幻城》旅游演艺项目的打造,将大力推动荷兰花海向旅游度假型景区转型。

在 2020 年 3 月召开的大丰区旅游发展大会上,时任大丰区区委书记薛盛堂强调,要围绕演艺、婚庆、花卉、康养等主导产业,放大《只有爱·戏剧幻城》文旅标杆效应,把"爱"的主题和郁金香、梅花、异域风情等元素有机结合,形成优质资产和主力产品。《只有爱·戏剧幻城》项目的打造,开启了大丰旅游夜游模式,"全时段"诠释全域旅游新内涵。"荷兰花海郁金香盛放时能达到 28 万人次的游客量,但傍晚闭园后游客就走了。荷兰花海如何从观光型景区向休闲度假型景区转型,吸引游客留下来,是我们一直思考的问题。"大丰区文化广电和旅游局交流推广科科长张帆说,为了让大丰荷兰花海"引得来人,留得住人",大丰与王潮歌导演展开合作,共同打造《只有爱·戏剧幻城》,并以 18 点至 22 点黄金时间段为抓手,为演出设立了下午场和夜场场次,在景区周边持续性地举办夜间音乐派对、潮流市集、露天烧烤等活动,将"过境游"升级为"过夜游",形成可持续的收益链条。

"国内以爱情为 IP 打造的景区不断涌现,只有做大、做强、做实'只有爱'品牌,丰富'只有爱'IP 系列文创产品,形成品牌和口碑,才有源源不断的发展活力。"《只有爱·戏剧幻城》项目运营负责人表示。

在立足自然和文化资源,打造"只有爱"IP 的同时,如何实现旅游的全域发展,是大丰持续关注的课题。2019 年,景区综合收入 3.4 亿元,旅游业总收入 111.2 亿元,成为推动当地经济高质量发展的新引擎。近年来,大丰立足自身禀赋,主攻景区景点,完善旅游配套,塑造旅游品牌,于 2019 年被认定为首批省级全域旅游示范区,恒北村还入选首批全国乡村旅游重点村名录。在此基础上,大丰还立足"面、块、线、点"四个方面,按照"旅游+"的"1+N"思路,开发生态观光、商务会展、休闲度假、研学旅行、乡村旅游等产品,并将旅游经济与城市经济有机融合,推出一批多日游精品线路,在"串点成线"中形成多重收益的产业集聚效应。

(二) 荷兰花海景区产品提升面临的瓶颈

荷兰花海景区被誉为"中国郁金香第一花海",是江苏省首批省级旅游特色小镇、国家 AAAA 级景区。荷兰花海景区以具有荷兰风情的花卉旅游为主导产业，同时带动餐饮购物、婚庆摄影、花卉种植与交易、文化展览等多种产业发展。但是荷兰花海的旅游业发展仍存在一定的不足，在当前全域旅游背景下，荷兰花海产品提升发展面临着诸多瓶颈亟待突破。

1. 旅游产业全域联动较为薄弱，旅游景观全域化尚未实现

以郁金香为主的赏花经济带动了荷兰花海景区旅游和经济发展，但由于赏花经济产业链较短，与农业、工业、文化展览、婚庆摄影等产业的融合深度不够，旅游产业的带动作用有限，尚未实现旅游产业全域联动。加上赏花经济季节性明显，花卉旅游产品相对单一，其他旅游产品又较匮乏，致使荷兰花海景区旅游发展也具有明显的季节性，离全域旅游要求的旅游景区全域化尚有一定的差距。目前，景区依托优美的环境，定期举办各类文化节庆或比赛活动，但是这些节庆或比赛活动与荷兰花海旅游联动不够，参与者在景区停留时间短，节庆活动对旅游业的带动作用不明显。

2. 旅游服务全域配套不够完善，降低了游客旅游体验

虽然近年来荷兰花海的基础设施和服务获得了较快发展，但仍不能满足快速发展的旅游业需要，没有达到全域旅游要求的全域配套。据调查发现，80%以上的旅游者对荷兰花海的配套设施不够满意，超过80%的游客愿意选择在景区附近就餐，品尝当地特色美食，但这些游客中，50%以上的人因找不到有特色的农家菜而选择放弃；景区周边酒店与客房也不能满足不同层次旅游者的需求，85%以上的旅游者选择前往市区住宿，或者当天返回客源地。在花卉盛开的旅游旺季，景区人满为患，停车场严重短缺，大量车辆占用道路，严重影响交通，降低了旅游者的旅游体验。

3. 地域文化融入不够，社区居民参与度较低

景区以荷兰乡村风格规划起步，浓郁的异域风情是荷兰花海的主要特色，但如何让景区周边的本地居民积极参与、融入地域文化并培育荷兰花海自身独特的文化个性是小镇持续发展的根本。当前景区异域风情浓郁，但地域文化融入和表达缺乏，社区居民参与度低。调查中，超过80%的外地游客对荷兰花海小镇当地特色文化知之甚少；80%的本地居民对于荷兰花海小镇有基本的认知，但仍有不少人认为荷兰花海小镇未来的发展前景并不乐观，参与荷兰花海小镇建设的积极性不高，更倾向外出打工。

四、荷兰花海产品高质量发展对策

（一）以"旅游+"加快推进产业融合，创新旅游产业业态

"旅游+"是全域旅游的手段和方法。荷兰花海必须树立"大旅游"观念，在现有旅游主导产业的基础上，加大产业融合力度，把花卉经济和不同产业业态进行创意整合，包括花卉观光、花卉种植、商贸产业、乡村休闲、婚纱摄影、体育赛事、文化会展、餐饮购物等，整合城镇所有业态资源，使体验、商业、养生、度假等功能逐渐丰富，挖掘旅游的附加值，实现旅游业的横向延展与纵向拉升，促进传统旅游业升级，并通过旅游业带动小镇经济和产业的全面发展，最终形成大产业格局。

景区首先要推进花卉与旅游业的融合创新发展，开发花卉主题农业艺术品、百花博览会等各类花卉节庆来提升产品附加值；通过开展摄影大赛、爱情文化节等节庆活动将花卉产业与婚庆产业融合；通过发展乡村嘉年华等农业节、事节节庆活动将花卉旅游与乡村文化和民宿相融合；可开发与花卉有关的各类装饰品、艺术品，开展花卉旅游购物；可开发养老地产，利用优美的环境营造田园式休闲养老生活空间；还可开展花卉修学旅游活动，普及花卉种植技术，提升游客赏花、插花艺术修养。景区还可以依托花海景观、田园景观、滨水景观等资源，建设花香酒店、花间餐饮、花养庄园等主题化、特色化的度假酒店。

（二）优化升级旅游产品，延伸旅游产业链

一方面，利用"只有爱"项目，结合当前景区发展的主要战略，进一步将景区打造为针对本市及周边城市的中高端家庭休闲体验和文旅享受型景区，深入挖掘景区的元素和内涵，提炼出以"爱"为主题的景区内核进行品牌塑造。作为景区重点打造的项目，"只有爱"从题名到主题都以爱为主题，打造温馨浪漫的"爱"的景区营销主题，这不仅仅是宣传"只有爱"项目的阶段性需要，更是宣传景区总体内涵的需要。大丰荷兰花海以花为主、以花命名，花是浪漫和爱情的象征，婚庆产业又是爱情的重要载体。因此，以"爱"为主题高度契合景区本来的元素和产业结构，是景区内涵的提炼和深化。将具象的"花海"主题抽象到"爱"的主题，以爱为主题非常契合家庭成员、夫妻情侣之间的旅游语境。主题要更加深入挖掘爱的内涵和延伸意义，可以是爱人之间的爱，也可以是家人之间的爱，更可以是荷兰籍水利专家不远万里来盐城兴修水利的人间大爱。就像迪士尼主题乐园"贩卖"的是"欢乐"和"童话"一样，景区以"爱"

为主题更容易为游客所接受。

重点打造和推广"只有爱"项目，将其建成长三角地区最具影响力的沉浸式演艺项目，代表盐城市乃至江苏品牌的标杆式文旅项目，助力荷兰花海实现由"盆景"向"风景"的转变，由"观光"向"度假"的转型，由"产品"向"产业"的升级。将原有主打产品通过"爱"的主题进行包装升级，将原本的景区内的歌舞表演、欧洲风情演绎通过"爱"的内核进行再次编排，将景区原本的延伸产品如花卉、玩偶等周边增加"爱"的元素。继续做大做强婚庆产业，着力打造长三角地区最有特色、最浪漫的婚庆和蜜月基地。

另一方面，景区开发要克服现今品种单一、季节性短的不足，在保持郁金香为主导的基础上，丰富花卉品种，保持一年四季有不同特色、风格各异的花卉可以观赏，丰富花卉旅游产品。同时，在花卉观光旅游产品的基础上，延伸旅游产业链，开展集花卉苗木种植、观光休闲、度假运动、展览购物等为一体的产业链式开发，设置出花卉科研区、花卉展销区、主题花海观光区等旅游项目。还可针对不同人群进行产品组合优化，开发与花卉有关的文化、运动、餐饮、养生、住宿等旅游项目，开展花田运动、亲子游玩、咏花文学、花艺比赛等特色活动，丰富旅游产品，以保证不同人群在不同产品组合上得到各自想要的体验。增强小镇旅游产品的趣味性、参与性、娱乐性和文化性，并在线上和线下同时推广。

（三）完善景区配套设施和公共服务，构建高品质生活空间

荷兰花海不仅是 AAAA 级景区，也是全域旅游示范区内的旅游小镇，应实现生产、生活、生态"三生融合"，其旅游景区景点及其相关基础建设不应孤立进行，旅游发展规划和其他各项建设规划应遵循"多规合一"，各项基础设施和公共服务要逐步旅游化，兼顾本地居民和旅游者的需求，完善配套设施及公共服务。小镇不仅仅是产业集聚空间，更是居民生活空间。因此，小镇还需积极完善各类生活配套服务设施，重点建设各类商业圈、文化娱乐空间、休闲运动场所等，营造宜业、宜居、宜游的休闲氛围，提升小镇功能品位，为本地居民构建高品质生活空间，增强居民归属感和自豪感，吸引优秀人才与企业入驻小镇，保障小镇持续发展。

（四）创新社区参与机制，调动居民参与积极性

全域旅游战略下的荷兰花海旅游小镇，无论是产业发展还是社区治理，都需要本地居民的广泛参与，因此小镇必须完善社区参与机制。

首先，要完善居民参与利益分享的机制，确保所有居民能真正成为旅游发展积极影响的受益者，保证他们的付出能获得相应的回报。可借鉴建立"家庭农场+低收入农户""农民合作社+低收入农户"等利益联结机制的经验，通过入股分红、土地流转等多种方式带动低收入农户增收。

其次，还要创新社区治理机制，实现旅游治理全员参与全域覆盖。鼓励居民参与社区自治，引导成立社区自治组织，通过多种渠道参与社区治理，增强小镇群体意识，共同培育社区文化。同时，政府要积极培育社区社会组织、志愿者组织及各类行业组织，引导社会力量参与社区治理，逐步形成政府、社会、居民多方参与协同治理的格局。

参考文献

［1］叶玲玲．基于体验经济的乡村花卉旅游产品提升策略研究［J］．现代农业研究，2020，26（2）：29-32.

［2］马子森，向宏桥．河南省花卉旅游产业融合发展的业态创新与对策研究［J］．焦作大学学报，2019，33（1）：32-35.

［3］张如．基于游客感知视角的菏泽花卉旅游资源开发研究［D］．济南：山东师范大学，2018.

［4］周麒．甘肃省临夏市十里牡丹长廊景区运营管理研究［J］．丝绸之路，2017（24）：56-58.

［5］程善兰．"美丽乡村"建设背景下花卉旅游发展的研究［J］．中国经贸导刊（理论版），2017（23）：63-64.

［6］张伟丽，欧静，姚世雄．百里杜鹃风景区花卉景观和花卉旅游产品规划探讨［J］．绿色科技，2017（5）：184-187，199.

［7］刘宇．基于旅游体验的花卉旅游产品设计研究［J］．特区经济，2016（6）：139-140.

［8］崔世杰．大丰荷兰花海旅游度假区数字化营销策略优化研究［D］．兰州：兰州大学，2020.

［9］郭瑞，吴玉倩．基于SWOT分析的荷兰花海景区发展策略研究［J］．当代旅游，2019（11）：220-221.

［10］朱苏莉，朱元秀，罗娜．全域旅游背景下大丰荷兰花海旅游小镇发展对策研究［J］．农村经济与科技，2019，30（11）：86-88.

［11］颜妮．乡镇特色旅游产业发展战略分析：以盐城市大丰区荷兰花海小镇为例［J］．农村经济与科技，2017，28（15）：89-91.

［12］张晨，姜卫兵，魏家星．花卉产业集群发展模式的分析及提升建

议：以盐城市大丰荷兰花海小镇为例［J］．湖南农业科学，2016（11）：82-86.

【教学指导说明】

一、教学目的与用途

（1）适用课程："旅游规划与开发""旅游景区经营管理""旅游项目策划""旅游目的地开发与管理"等课程。

（2）教学目的：本案例的教学目的是通过案例分析，使学生认识旅游产品开发对景区发展的重要性、核心景区在全域旅游发展的地位，促使学生思考旅游产品的设计如何与文化紧密结合、全域旅游发展中如何提升社区参与水平，提升学生对旅游资源理论、旅游景区管理理论、旅游产品开发的理论的认识和实践感知，激发学生的专业兴趣和社会责任感。同时，为案例的发展提供新的思路和建议。

二、启发思考题

（1）研究大丰荷兰花海的发展路径，讨论其能为盐城市其他旅游景区或旅游小镇的开发建设提供什么借鉴？

（2）以案例资料为基础，开展新的调查研究，分析荷兰花海旅游区在旅游产品创新上的经验和存在的不足，探讨其需要改进的瓶颈及带来的启示。

（3）搜集资料，从旅游战略管理的角度分析荷兰花海旅游区应如何在新形势、新环境下更好更快地发展？

（4）探讨大丰荷兰花海景区如何打造成国家 AAAAA 级旅游景区。

（5）分析"只有爱"演艺产品开发的意义，探讨如何将其进一步打造成关注度高、美誉度强的演艺产品？

三、分析思路

（1）明确案例主体故事，引导学生了解案例背景。如有需要，教师补充必要信息。结合本案例背景和相关知识，引导学生设计研讨问题。

（2）明确案例的理论依据，全域旅游理论及文旅融合理论，了解其主要内容，并能用其他相关例子加以佐证。

（3）引导学生进入重点，探讨荷兰花海景区文旅融合发展的现状。目前产品的开发还面临怎样的问题？未来结合全域旅游如何开发荷兰花海风情小镇旅游产品？

（4）讨论案例重点，可以结合国内外景区开发的先进经验，为荷兰花海景区未来的发展提供建议。

（5）老师对本案例重难点做出总结。

四、理论依据与分析

（一）全域旅游

全域旅游是指在一定区域内，以旅游业为优势产业，通过对区域内经济社会资源尤其是旅游资源、相关产业、生态环境、公共服务、体制机制、政策法规、文明素质等进行全方位、系统化的优化提升，实现区域资源有机整合、产业融合发展、社会共建共享，以旅游业带动和促进经济社会协调发展的一种新的区域协调发展理念和模式。

全域旅游是跳出传统旅游谋划现代旅游、跳出小旅游谋划大旅游的新模式，其发展空间可以是一个省或者市，也可以是一个县、镇乃至一个村，但从实践来看，以城市（镇）为全域旅游实施的主要目的地最合适。荷兰花海景区旅游业主导地位突出，特色鲜明；未来荷兰花海需要以全域旅游理念为指导，加快在产业、基础设施、公共服务等方面的系统化、规范化、全面化发展，才能培育出具有独特文化个性和持久生命力的魅力风情小镇。

（二）文旅产业融合理论

文旅产业融合理论主要是指由于旅游产业与文化产业之间存在着较强的关联性，因此将二者进行有机结合。当旅游产业内进行充分的文化资源开发时，能够促使游客在进行旅游体验的过程中增加更多的文化感受，推动旅游产业产生强有力的竞争力；同时，文化资源在旅游产业的发展带动下，能够得到长久性的保护与维持，推动更多的人关注、知晓并了解文化，保障文化资源得到传承。文化产业与旅游产业在结合的过程中逐步融合，发展成为一个新兴行业，也就是文化旅游业，其中两个产业相互之间的短板在融合的过程中得到弥补与改善，推动产业在市场中竞争力的提高。

荷兰花海"只有爱"项目实现"戏剧+旅游"发展模式，将爱情与花海巧妙融合，形成多维度的戏剧空间，开启大丰旅游夜游模式，将引领荷兰花海核心区全面升级，助推花海建成中国最大爱情圣地和长三角文旅融合新地标。

（三）产业聚集理论

产业聚集理论就是指在一定空间内，企业之间会由于相互之间产品的互补性产生联系与合作，最终形成企业空间性聚集。这些企业之间会发生各种资源要素的流动，譬如，相互之间的信息交流、人才互动等，在互动交流的过程中会产生巨大的经济效益，最终推动整个企业群产生巨大的竞争力。

就荷兰花海的建设过程来说，其中汇集"文化因素"与"旅游因素"，因此在景区的建设过程中必须要关注文化资源的挖掘，将文化资源转变成为旅游资源。除此之外，其他资源也应该被考虑在内，进行合理有效的开发运用。为了能够促进各类资金进行更好的融合，可以采取产业聚集的方式将各类资源集合进行统一的协调性开发，从而产生集约生产优势。将与之有关的各种产业都聚集在荷兰花海景区内部或者是周边地区，形成整体的规模效益。

荷兰花海景区产品的升级发展，要在产业集聚理论的指引下，结合盐城市、大丰区及新丰镇区域详细规划，整合优化提升资源和产业，打造产业集聚，促进全域经济社会又好又快发展。

（四）可持续发展理论

1987年，联合国世界与环境发展组织发表的报告《我们共同的未来》中正式提出了"可持续发展"的概念和模式。1992年，《里约环境与发展宣言》指出：人类处于普受关注的可持续发展问题的中心，他们应享有以与自然相和谐的方式过健康而富有生产成果的生活的权利。可持续发展谋求的是经济发展与人、资源、环境协调，以期推动社会全面进步的一种思想。可持续发展强调环境与经济的协调，人与自然的和谐，其核心思想是健康的经济发展应建立在生态持续能力、社会公正和人民积极参与自身发展决策的基础上。因此，可持续发展所追求的目标是既要使人类的各种需求得到满足，个人得到充分发展，又要保护生态环境，不对后代人的生存和发展构成危害；关注各种经济活动的生态合理性，强调对环境有利的经济活动予以鼓励，对不利的应予摒弃；把保护环境作为经济发展进程的重要组成部分，作为衡量发展质量、发展水平和发展程度的客观标准之一。

在荷兰花海景区产品建设中，可持续发展能力是促进景区长久发展、保持生命活力的核心动力，若急功近利，一味追求效益，不考虑产品开发的可持续性，只会让景区发展背离建设原则，失去基本建设意义，可持续发展理论应贯穿景区建设、发展、运营、维护的全过程。

五、背景信息

近年来，盐城市大丰区围绕全产业链、全要素的战略布局，培育壮大旅游经济，精心打造黄海湿地旅游度假、斗龙港旅游度假、串场河文化旅游、城市商贸休闲旅游、美丽乡村休闲旅游"五大片区"，全力创建国家全域旅游示范区。目前，全区拥有国家 AAAAA 级景区 1 个、AAAA 级景区 6 个，高等级景区数量、质量位居江苏省各县（市、区）前列。

新丰镇位于盐城市大丰区以北，历史上俗称北镇，是近代中国最大的农业股份公司——大丰盐垦公司总部所在地，也是中华民国村镇规划第一村；是江苏首家公私合营纺织之地，也是华中江淮印钞厂筹建处；是近代上海银行团最先支持的重点区域，也是上海农场创办初期的大本营。该镇东与上海、海丰两大农场接壤，西、北与亭湖隔河相望。204 国道、226 省道、高铁穿越而过，疏港航道横跨新丰境内。全镇行政区域面积 277 平方公里，耕地面积 14036 公顷，建成区占地面积 490 公顷，海岸线 20 公里；辖40 个村（居）、1 个街道办事处；总人口 10.77 万人，其中非农业人口26000 多人，外来人口约 700 人。全镇已形成纺织、机械、化工、建材等支柱产业，有近 900 家工业企业。

荷兰花海景区位于新丰镇，该景区取名源于民国时期新丰镇与荷兰结下的一段历史渊源。两百多年前的新丰大地是大片的海边盐碱地，农作物的收成很低，人们以捕捞和煮盐为生。1917 年 5 月，由当时中国著名的实业家张謇及上海实业界重量级人物周扶九等人发起，在大丰筹建淮南最大的盐垦公司——大丰公司，实施兴垦植棉，奠定了新丰盐垦历史的基础。1918 年，大丰公司开始规划建设新丰镇，时称北镇，这是当时大丰垦区的第一个集镇。1919 年，张謇从荷兰聘请了年轻的水利专家特莱克到新丰规划农田水利建设，建成区、匡、排、条四级排灌水系，充分利用雨水淋浇脱盐技术，避免了水患危害，为新丰赢得"民国村镇规划第一镇"的美誉。从高空俯瞰，可以看到特莱克的规划，陆地上整齐地排列着棋盘一样的水道。特莱克设计的排水系统是张謇动员 50 万人、花费 20 年时间一铲一锹挖掘出来的。这些工程与其后的海堤建筑、出海河闸建设相配套，稀释了大丰的盐碱。斗转星移，时光流逝近百年，他所修建的水利工程至今仍在发挥作用。2012 年，新丰镇为了纪念荷兰水利专家特莱克和 50 万为改变这片土地而付出的人们，加强文化产业建设，深度挖掘民国村镇规划第一镇的历史底蕴，在不变动原有地貌基础上进行改造修正，打造出荷兰花海景区，请荷兰专家来新丰指导，从花卉品种的选植到花卉优点展示，从花卉样式培植造型到花卉风情独特景色构建，从点、片园区集中栽培到道路、田埂、河道两边卉彩，都体现了人文景观特色。让游人从中了解荷兰花海的典故，领略异域风情，感受人文都市情调。荷兰花海景区成为国内连片种植郁金香面积最大的花园。

六、关键要点

（1）探讨季节性明显的旅游景区如何实现旅游产品结构的创新。

（2）总结荷兰花海景区在旅游产品创新和全域旅游发展方面的成功经验。

七、建议课堂计划

本案例可作为 MTA 相关课程的课堂教学案例使用，也可用于专门的案例讨论课。建议采取分组讨论的方式学习和分析本案例，以完成本案例的教学目标。建议课堂教学学时为 2 学时。

课前计划：将教学主题分成三大话题，即景区创新发展的必要性分析、荷兰花海景区旅游业发展现状、该景区旅游产品开发经验总结。这三部分由学生分组调查相关资料，教师于讨论前一周将启发问题发给相关话题学生，学生分组讨论，并撰写一份 1000~2000 字的案例分析报告，回答相关问题，在课堂讨论前提交给老师。最后的产品优化提升对策由大家课堂上共同讨论分析提出。

课中计划：首先，回顾案例，明确主题。其次，小组讨论总结。深入讨论，重点关注荷兰花海景区未来发展策略。探讨一些启发性的问题，例如：荷兰花海景区面临的机遇和挑战是什么？该景区的旅游产品升级发展的对策？教师在此过程中应引导学生从不同角度进行思考，课堂结束前应对学生讨论的结果进行归纳总结，进行必要的补充讲解。

课后计划：请学生以报告的形式为自己熟悉的国家 AAAA 级以上景区提供一份旅游产品优化创新的建议，应包括背景分析、现有产品调查和创新对策等内容。

第三篇

旅游目的地形象彰显与文化传承

近年来，随着我国旅游业的快速发展，旅游目的地形象在旅游者的行为决策和选择中所起的作用日益突出，"形象策略"已经成为旅游目的地在激烈的客源市场竞争中取得胜利的关键。旅游形象除了对旅游者的旅游活动产生重要影响外，还引导着旅游产品、旅游营销的发展方向。因此，独特、鲜明、准确的旅游形象是旅游规划的重要内容之一。

　　从旅游者的角度来讲，旅游形象是旅游者从各种传播媒介或实地经历中获得的多种意念要素的印象综合，它是旅游者对旅游地的主观印象；从旅游地的角度来讲，旅游形象是有选择地提炼旅游地固有的各种资源要素，形成具有代表性的宣传形象，它反映了旅游地的客观形象。在移动互联网和新媒体快速发展的时代，如何开展网络营销、积极利用新媒体，彰显鲜明的旅游目的地形象，整合各种资源，加强目的地宣传营销，是旅游规划与开发需要重点关注的课题。

　　文化是旅游的灵魂，旅游是文化的重要载体。旅游资源中蕴含着丰富的文化内涵，旅游资源的开发过程，也是对文化的抢救、传承和弘扬的过程。以中国之美丽、文化之多彩和生活之幸福为主线，每个地域、每个社区、每个季节都有取之不竭、用之不尽的自然资源和历史文化可供挖掘、整理和开发。因此，如何通过旅游开发组合中国元素，如何通过旅游营销讲述中国故事，促进民族文化的传承、弘扬和传播，增强文化自信，是新时代推动文化和旅游产业共同发展的必然要求。

案例 8　黄海湿地世界遗产品牌价值下 盐城旅游形象游客感知与优化①

[内容摘要]　黄海湿地世界自然遗产这张亮丽名片，为盐城塑造鲜明的城市旅游形象、打造世界级的生态旅游目的地带来了机遇。本案例从旅游形象定位三要素（主体个性、公众认知与传达方式）入手展开研究。主体个性方面，从生态环境、教育科考、旅游经济和社会文化四个方面分析黄海湿地世界自然遗产价值体系；公众认知角度，采用非结构化方法设计调查问卷，调研分析"后申遗"时代盐城旅游形象的游客感知及期望；传达方式方面，基于 CIS 理论从 MI、BI、VI 三方面提出盐城旅游形象系统构建和优化策略。

[关键词]　旅游目的地形象；世界自然遗产；游客感知；CIS 战略

一、引言

2019 年 7 月，盐城黄（渤）海候鸟栖息地（以下简称黄海湿地）成功跻身世界自然遗产，成为我国首个湿地类世界自然遗产、长三角城市群中唯一一处世界自然遗产。马蜂窝旅游网大数据显示，申遗成功后，盐城的旅游热度环比增长 48%，更多人开始关注这片美丽的湿地。同时，随着长三角一体化的深入发展，作为长三角中心区城市之一的盐城，旅游产业迎来新的发展"风口"。盐城正努力放大"世遗"效应，凭借丰富的旅游资源和良好的生态环境，致力于打造长三角国际生态旅游目的地。

进入后申遗时代的盐城，如何彰显和放大"世遗"效应、建设生态新盐城、提升城市形象，成为政府和市民共同关心的热点问题。而旅游是城市形象传播的重要载体，利用"世遗"品牌效应，以旅游为抓手，优化遗

①　本案例为原创案例，基金项目：江苏省高校哲学社会科学研究项目"后申遗时代盐城旅游形象感知与游客行为意向研究"（项目批准号 2020SJA1921）、盐城市政府社科奖励基金项目"黄海湿地世界遗产品牌价值下盐城旅游形象游客感知与优化研究"（项目编号 20szfsk112）。项目成果论文发表在《盐城工学院学报（社会科学版）》2021 年第 1 期。

125

产地的旅游形象，进而提升城市整体形象，已成为众多世界遗产地的共同选择。武陵源风景名胜区、丽江古城入选世界遗产名录，带动张家界和丽江两个城市旅游业迈上新台阶，并进一步提升城市形象和城市知名度。当前，利用"世遗"品牌效应优化和提升盐城旅游形象，是后申遗时代建设生态新盐城征途中旅游行业不可推卸的担当和责任。

二、案例背景介绍

（一）旅游目的地形象优化是国际旅游时代的发展要求

在经济全球化迅速发展的时代，世界各国都纷纷瞄准了国际市场，旅游产业的发展也不例外。很多旅游业发展迅速的国家为了提高国际市场竞争力，在不断提高自身旅游产品质量的同时，也更加关注对旅游目的地形象的优化。国际旅游竞争已不再拘泥于产品与线路层面的角力，而是与时俱进，从战略高度转变发展方式，围绕着具有更广指向和更深内涵的旅游目的地形象展开。众多旅游发达国家多年来的成功经验表明，构建一个清晰的、能折射出旅游品牌核心价值，进而能影响目的地选择和旅行决策的旅游目的地形象，对应对全球化趋势、放大自身优势、化解外部挑战有重大意义，成为各国旅游组织展开营销的统领战略。近年来，为了吸引旅游者的注意力，旅游目的地形象的问题逐渐引起各界重视，但由于一直面临着市场化程度不高、专业积淀不深等难题，当前国内对旅游目的地形象的优化行为仍普遍处于萌芽或起步阶段。旅游目的地形象随着旅游者、旅游需求、旅游市场及环境等一系列因素不停地发生改变。如何更加合理有效地实施旅游目的地形象优化，实现旅游目的地形象系统内部统合与外部联动，是迎合国际旅游时代下日益激烈的市场竞争的必要途径。

（二）遗产地旅游形象塑造与遗产保护面临困境

遗产在 20 世纪 90 年代被称为增长最快的旅游产品，如今，随着文化旅游的兴起，遗产旅游在旅游市场中的地位逐渐提升。至 2020 年，我国被列入《世界遗产名录》的遗产数量达 55 项，世界遗产的数量已居全球第一，是名副其实的遗产大国。申遗成功使遗产地沿线旅游开发备受关注，遗产地的旅游发展已成为人们关注的焦点，到遗产地旅游也成为一种新的旅游风尚。

然而，我国遗产地旅游发展过程中也面临着众多的问题，遗产地旅游形象塑造中存在的不足及遗产旅游开发与保护的矛盾等问题制约着遗产地旅游的可持续发展。一方面，我国遗产地建设中存在旅游形象和品牌塑造缺乏、宣传营销薄弱的情况。部分新申遗成功的遗产地缺乏旅游形象的塑造与营销，加之自然环境条件恶劣，交通、住宿、餐饮等旅游基础设施不完善，旅游产业配套不足，游客到遗产地旅游后形成对遗产地较差的形象感知。另一方面，遗产地的旅游发展面临着游客不断增长与遗产保护之间的矛盾。游客数量剧增，游客、旅游经营者薄弱的环境保护意识与不文明的旅游行为等引发了遗产地环境污染、遗产破坏、生态破坏等问题。

（三）旅游形象在遗产地旅游发展中地位愈发重要

旅游形象与旅游目的地吸引力有密切联系，影响游客出游选择及游客满意度，是一个旅游目的地与其他旅游目的地相区分的关键，也是提升旅游目的地竞争力、彰显目的地差异的关键手段。独特而又个性鲜明的旅游形象与品牌能使其与众不同、脱颖而出，获得得以生存与发展的机会。旅游形象是国内外学者在旅游目的地研究中的热点，旅游目的地都试图通过旅游宣传营销的方式来建立个性化、差异化的旅游形象，以增加其对客源市场的吸引力，并由此提升游客的满意度与忠诚度，推动旅游目的地的繁荣与可持续发展。遗产地的旅游形象在遗产地的旅游发展中扮演着重要的角色，不仅影响着游客的出游选择，增加遗产地的吸引力与竞争力，而且是游客对目的地情感形成的重要因素。良好的形象影响着游客对遗产地的形象感知，并促使其产生对遗产地的情感，是推动遗产地旅游可持续发展的强大动力。

三、主题内容

美国营销学家菲利浦·科特勒认为，形象定位的差异主要由以下三个要素决定：主体个性、公众认知与传达方式。具体应用到区域旅游形象定位领域，主体个性就是旅游目的地区别于其他区域的鲜明个性与特色，一般通过地方性分析探寻；公众认知是城市旅游形象被旅游者所认识知晓和感受的程度；传达方式，是指把旅游目的地的个性特征有效准确地传递给旅游者的渠道和措施。

本案例从旅游形象定位三要素出发展开研究：主体个性方面，略去传统的地方性分析，重点分析黄海湿地世界自然遗产价值体系；公众认知角度，对后申遗时代盐城旅游形象的游客感知及期望展开调研和分析；传达方式方面，基于 CIS 理论构建盐城城市旅游形象系统，提出旅游形象优化路径。

（一）主体个性分析：盐城黄海湿地世界自然遗产价值体系分析

作为旅游目的地，盐城的文化个性脱离不了盐城的"四色文化"：绿色湿地文化、蓝色海洋文化、白色海盐文化和红色铁军文化，这是由盐城独特的自然环境和发展历史孕育的、具有鲜明个性特色的地域文化，是盐城独特的文化标识。无论时代如何发展，盐城旅游形象定位都脱离不了这些历史的积淀。不过多元化的历史形象并不利于鲜明旅游形象的确立，必须紧跟时代发展、把握游客诉求来确定形象主题。我们认为，后申遗时代，盐城必须充分利用世界自然遗产的品牌价值，突出旅游形象主题。本部分对盐城作为旅游目的地的主体个性分析，将聚焦盐城黄海湿地自然遗产价值及其品牌效应。

黄海湿地第一期遗产范围包括江苏大丰麋鹿国家级自然保护区等五个保护区。能够入选世界自然遗产的，除拥有全球突出普遍价值外，自身均拥有丰富的价值体系。盐城黄海湿地是因"尚存的珍稀或濒危动植物种的栖息地"而入选世界自然遗产的，因此生态环境价值是其首要价值。与此同时，盐城湿地还拥有丰富的社会文化价值、较强的教育科考价值和一定的旅游经济价值，构成丰富的价值体系。

1. 生态环境价值

盐城黄海湿地主要由潮间带滩涂和其他滨海湿地组成，是东亚—澳大利亚候鸟迁徙路线上的枢纽，是全球数以百万迁徙候鸟的停歇地、换羽地和越冬地。遗产地支持了17种《世界自然保护联盟濒危物种红色名录》收录的物种的生存，是世界上最稀有的迁徙候鸟勺嘴鹬、小青脚鹬的存活依赖地，具有全球突出普遍价值。除了普遍价值外，湿地还具有调节径流、改善水质、调节小气候等生态环境功能。

2. 教育科考价值

湿地生态保护离不开公众的参与。作为全国首个滨海湿地类世界自然遗产，盐城具备开展湿地科普教育的优势和重任，盐城的湿地科普教育可望建成全国自然教育的名片。同时，黄海湿地是我国乃至世界上为数不多的典型原始滨海湿地，在气候变化、海平面上升及人类活动背景下，可为滨海湿地生态系统演化和保护等相关热点课题的深入研究提供科考场所。

3. 旅游经济价值

盐城黄海湿地是世界上最大的海岸型湿地，拥有世界罕见的粉砂质潮滩和独一无二的辐射沙脊群，鹤舞鹿鸣，苇荡雾霭，景色壮美，被誉为"天然绿色氧吧"。在遗产保护的前提下，合理开发湿地生态旅游，既是满足人们美好生活的需要，也是人们了解湿地、认识湿地进而自觉参与保护湿地的重要途径。

4. 社会文化价值

湿地孕育了盐城富饶的物产，呈现出特有的滨海风光，承载着数千年深厚的水乡文化。数千年前的"煮海为盐"，形成了远古旷美的悠悠盐滩。范公堤、串场河……这些湿地文化的载体、众多文明的遗存，是留给世人的宝贵财富。盐城黄海湿地既是大自然的杰作，也是这片热土历代人民生存智慧的传承，更见证着当代人保护生态的热情与理念，成为盐城地域文化的重要组成部分。

黄海湿地申请列入世界自然遗产，其目的根本上是更好地保护遗产地。因此，后申遗时代，盐城应把遗产保护放在首要位置，绝不能错位和过度开发，必须平衡好遗产保护和开发的关系。在保护的前提下，盐城可以放大世遗效应，利用世遗名片优化城市形象，增强文化自信，深化文旅融合，提升旅游发展定位，打造世界级的生态旅游目的地。

（二）公众认知调查：遗产价值认知和旅游形象感知调查分析

长期以来，学界对旅游目的地形象感知的测量主要以结构化测量为主，但非结构性测量对于体现目的地的独特性则更为有效。由于黄海湿地遗产的体量大、品质高，申遗成功对盐城旅游形象的影响比较显著，作为世界自然遗产坐落城市，与一般的旅游目的地相比，具有一定的独特性。因此，本研究对后申遗时代的盐城旅游形象游客感知调查问卷采用非结构化方法进行设计。由于受 2020 年新冠肺炎疫情影响，为方便调查，减少非结构化测量中的开放式问题，在参考黄震方、杨永德、李茜、李玺等人的非结构化测量方法的基础上，结合盐城实际设计调查问卷，将"最具代表性的事物或景点""最值得一去的景点""旅游形象的语言描述""需要改进的方面""整体形象感知"等问题统一设置成封闭式，同时增加了公众对黄海湿地遗产的认知调查。

1. 问卷设计和发放情况

调查问卷共 30 题，其中 1~8 题是为了了解公众对盐城黄海湿地遗产的认知情况；9~23 题是为了了解游客（或潜在游客）有盐城旅游形象的感知及申遗后的期待；24~29 题设计则是为了了解游客（或潜在游客）的基本信息情况；30 题是开放题，是为了收集被调查者对未来盐城旅游形象定位和旅游业发展的其他建议。

问卷采用线上发布和线下发放相结合的方式。线上问卷通过问卷星平台发放，主要填写对象是盐城工学院和盐城师范学院两校的大学生及其亲友，在 2020 年 6 月至 2020 年 10 月期间，共回收有效问卷 215 份；受新冠肺炎疫情影响，2020 年盐城各景区游客稀少，故线下主要在火车站、汽车站、宝龙广场、中南世纪城等地发放，在 2020 年 7 月 1 日至 2020 年 7 月 10 日期间，共发放问卷 200 份，回收有效问卷 132 份。线上和线下共回收有效问卷 347 份。线上问卷填写以来自各地的大学生及其亲友为主，地区来源广泛（调查的大学生们按入学前的常住地归为本地居民或者外地游客）；线下问卷填写则以本地居民为主。从调查对象的常住地来看，全部样本中，盐城本地居民占 22.19%，苏北其他城市占 27.95%，苏南、苏中地区占 25.94%，江苏以外的长三角地区（皖、沪、浙）占 14.41%，其他地区占 9.51%，总体分布比较合理。

2. 盐城黄海湿地世界自然遗产价值的公众认知调查分析

（1）公众对该遗产价值的认知情况并不乐观

对该遗产申遗成功的年份和遗产类型两个问题的回答，正确率仅为 57.64% 和 57.93%，即将近一半的公众对盐城自然遗产缺乏最基本的认知。具体来说，公众对盐城黄海湿地遗产的价值体系认知不够全面：其中"生态环境价值"选择率最高，可见该遗产的生态环境价值认同度高；其次是旅游经济价值，选择率达 37.75%，反映出公众对湿地遗产的旅游经济价值比较期待；对湿地遗产的教育科考价值，37.18% 的调查对象表示认同；比重最低的是湿地遗产的社会文化价值。总体来看，当前公众对湿地遗产的价值认知情况并不乐观。

（2）公众对该遗产的认知途径以网络和电视为主

关于了解黄海湿地的主要途径，调查结果显示，公众接受信息的主要途径是网络媒体和电视新闻广告，选择率分别为 60.81%、59.94%；其次是书籍报纸杂志和学校教育，选择率分别为 50.14%、46.11%。本次线上调查对象中，盐城工学院和盐城师范学院两所学校的大学生占比较高，因此选择"学校教育"的比重比较高。由于盐城申遗成功不久，校园内的遗产教育刚刚开始，因此调查样本中非学生群体选择"学校教育"的几乎为零。未来盐城应重视校园遗产教育，加强学生尤其是中小学学生的遗产教育。

（3）公众对申遗的作用和带来的影响总体比较乐观

关于黄海湿地申遗成功对盐城经济、文化和环境的推动作用，全部样本中，选择"有很大作用""有较大作用"分别占45.82%、32.66%；"一般""没有多少推动作用"分别占15.47%、2.88%；"不清楚"占3.17%。结果表明，公众对申遗成功带来的推动作用比较乐观。

关于黄海湿地申遗成功是否增加了游客来盐旅游的欲望和兴趣，调查显示，选择"增加很多"和"增加较多"共219人，占全部样本数的63.11%。另外，选择"一般""有一点增加"和"完全没有增加"的分别占25.9%、5.76%和5.23%。可见在游客心目中，世遗的品牌效应还是非常显著的。

（4）公众对遗产地的到访原因，"世遗"品牌效应位居首位

对遗产地包括的五个自然保护区到访情况，两个国家级保护区位居首位，均接近全部调查人数的40%；但是有108人没有到访过任何一个自然保护区，占全部样本数31%左右。交叉分析显示，盐城本地人和外地人到访调查的结果出人意料，盐城本地人对这五个自然保护区的到访率只比外地人略高，差别并不明显。关于到访原因，"世界遗产品牌效应"位居首位，占64.84%；"景区特色吸引""社会宣传影响"分别以59.94%、55.04%位居第二和第三，"身边人推荐""娱乐休闲""考察调研"分别占49.28%、35.73%和15.85%，"其他"占14.12%。这也从另一方面反映世界自然遗产的品牌效应对旅游的积极影响，同时表明游客对景区的特色充满期待。

3. 后申遗时代盐城旅游形象游客感知分析

黄海湿地成为世界自然遗产后，游客对盐城旅游形象的认知必然会发生变化，同时也将产生更高的旅游需求和期待，调查了解这些能为盐城旅游形象主题优化、旅游产品开发、旅游服务提升、湿地资源保护等提供依据。

（1）游客旅游动机与旅游形式

关于游客来盐旅游动机，调查结果显示，"游览观光""探亲访友"和"休闲度假"位居前三，这与盐城主要旅游资源的特征密切相关（图3-1）。关于获取盐城旅游资讯的主要渠道，"家人朋友推荐或口碑""电视、广播、电影、网络"和"旅游小册子/旅行指南"位列前三（图3-2）。

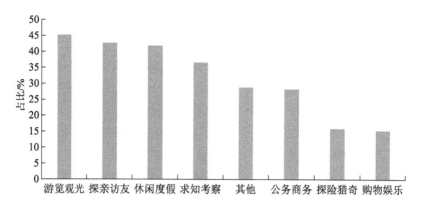

图 3-1 游客来盐旅游动机

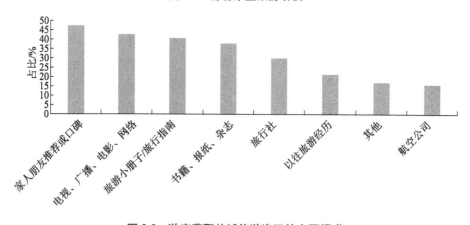

图 3-2 游客获取盐城旅游资讯的主要渠道

对来盐城旅游，55.04%的调查对象选择"与朋友结伴"，31.99%的调查对象选择"与家人一起出游"，选择"独自出行"和"单位组织出游"的分别占 11.53%和 1.44%（图 3-3）。总体来看，在旅游者心目中，盐城是一个适合和家人朋友一起观光、休闲、度假的旅游目的地。

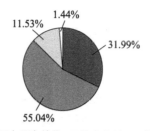

■ 与家人一起出游 ■ 与朋友结伴 □ 独自出行 □ 单位组织出游

图 3-3 游客希望来盐的旅游形式

（2）游客对盐城旅游形象标识与宣传口号的感知

关于对当前盐城旅游形象标识和宣传口号的了解程度，"非常了解"的只占8.94%，"比较了解"的占44.38%，"了解一点"的占35.45%，"完全不了解"的占11.23%。总体来说，游客对盐城旅游形象的感知程度尚可，有一半的调查对象对盐城旅游现有的形象标识和宣传口号还是有所了解的，一定程度上表明盐城"东方湿地之都""一个让人打开心扉的地方"等旅游形象已初显效应。

（3）游客对盐城旅游景点的感知

对于"来盐城必去的旅游景点"和"最能代表盐城形象的旅游景点"两个问题，调查显示，进入排名前12的景区完全相同，本地居民和外地游客在这两项选择上差别也不大，只是个别景区排名稍有差异（表3-1）。"来盐城必去的旅游景点"中，本地居民和外地游客心目中排名前六的景区完全相同，只不过国家珍禽自然保护区在外地人心目中的知名度比东台黄海森林公园要略高。对"最能代表盐城形象的旅游景点"，选择差异略大一些，大纵湖旅游度假区、新四军纪念馆、安丰古镇在外地游客心目中的排名比在本地居民心目中的排名略高。

表3-1　"来盐城必去的旅游景点"和"最能代表盐城形象的旅游景点"调查结果统计

景点名称	必去景点排名		最能代表盐城形象的旅游景点排名	
	本地居民	外地游客	本地居民	外地游客
中华麋鹿园	1	1	1	1
大丰荷兰花海	2	2	3	3
东台黄海森林公园	3	4	8	4
国家珍禽自然保护区	4	3	2	2
西溪旅游文化景区	5	5	5	7
大纵湖旅游度假区	6	6	4	6
千鹤湾温泉风情小镇	7	8	9	10
射阳县息心寺	8	11	11	11
新四军纪念馆	9	7	7	5
海盐历史文化风貌区	10	10	10	8
安丰古镇	11	9	6	9
东台永丰林农业生态园	12	12	12	12

（4）心目中最能代表盐城的事物与形象描述

对于"游客心目中最能代表盐城的事物"，本地居民和外地游客总体差别不大，排在前五位的均是麋鹿、丹顶鹤、海盐、湿地、新四军纪念馆（图3-4）。选择荷兰花海的外地游客比例比本地居民要略高一些，而对于本地人熟知的大铜马、通榆河、东台发绣等事物，外地游客选择率明显低于本地居民。不过，对淮剧和杂技两项国家级非物质文化遗产，外地游客认可度较高，选择率与本地居民不相上下。

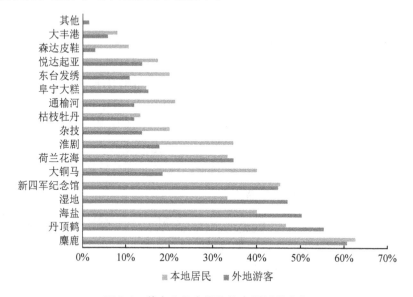

图3-4　游客心目中最能代表盐城的事物

关于"游客心目中最能代表盐城形象的描述语"，"仙鹤神鹿世界、东方湿地之都、海盐特色文化"选择率位居前三（图3-5），外地游客尤其是苏南游客对"革命老区"和"苏北欠发达地区"的选择率偏高，而皖、沪、浙三省市游客趋向认同"发展很快的新型城市"和"东部海滨城市"。对"长三角区域中心城市"这一表述，包括盐城在内的苏北游客选择率明显偏高。可见，盐城"东方湿地之都""仙鹤神鹿世界"的形象已深入人心，"发展很快的新型城市"和"东部海滨城市"形象也逐步确立，不过在苏南游客心中，"苏北欠发达地区"的形象仍然比较突出。总体来看，盐城旅游形象仍比较分散，"世界自然遗产地"的形象尚未确立，未来任重而道远。

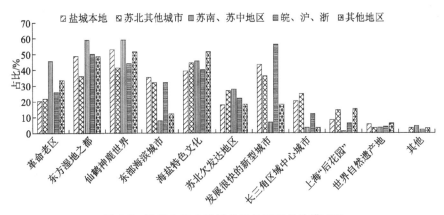

图3-5 游客心目中最能代表盐城形象的描述语

（5）旅游者对盐城旅游形象的整体评价并不理想

调查结果显示，旅游者对盐城旅游形象的整体评价并不十分理想，本地居民比外地游客评价略高（图3-6、图3-7）。全部样本中，"非常满意"和"比较满意"分别占9.80%和48.41%，二者合计占58.21%；选择"一般"的占37.18%；而"不满意"和"非常不满意"合计占4.61%。

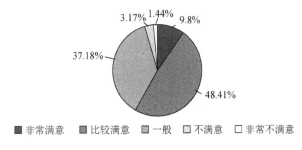

图3-6 游客对盐城旅游形象的整体评价

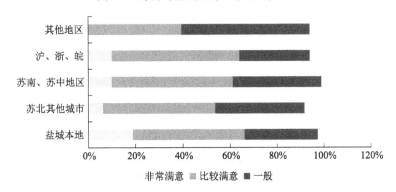

图3-7 不同居住地游客对盐城旅游形象整体评价的比较

分析显示，盐城本地居民对盐城旅游形象的整体评价最高，"非常满意"和"比较满意"合计占66.2%，而苏北其他城市的游客比苏南、苏中地区的游客评价偏低，这与盐城旅游形象宣传在苏北地区相对不够重视有一定的关系。

对于"是否愿意推荐其他人来盐城旅游"，调查结果显示，"非常愿意"的只占10.09%，"愿意"占40.63%，二项结果合计只占50.72%。结果并不乐观，说明很多旅游者在盐城的旅游体验并不理想，或者对盐城的旅游期待不够乐观。后申遗时代，盐城的旅游业发展、旅游形象优化任务刻不容缓。

4. 后申遗时代游客对盐城旅游发展的期望

（1）旅游者对来盐旅游的最大期待集中在湿地旅游

对"申遗成功后游客来盐城旅游的最大期待"统计结果显示（图3-8），将近一半的游客选择"欣赏湿地风光"，其次是"尝试湿地探险"占34.87%，可见申遗后湿地游客对湿地遗产旅游比较期待。其次，选择"品尝特色美食""接受科普教育"和"体验乡村文化"的游客也全部在20%以上。排名第六和第七的分别是"了解海盐文化"和"开展红色旅游"。总体来看，游客对盐城旅游的最大期待仍集中在盐城最具特色的湿地旅游方面。分析显示，本地居民和外地游客对此问题的选择差别并不明显，只是外地游客在"品尝特色美食"和"体验乡村文化"的选择上略高于本地居民（图3-9）。

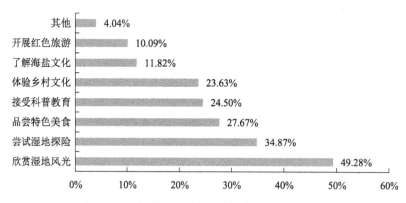

图3-8 申遗成功后游客来盐城旅游的最大期待

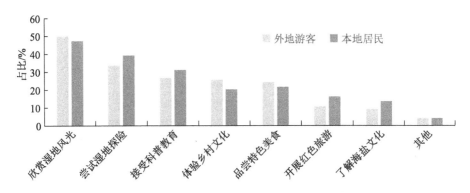

图3-9　申遗成功后不同客源市场游客对盐城旅游的最大期待

（2）申遗后盐城旅游需要完善的方面比较分散

对于"当前盐城旅游发展最大的限制性因素"及"作为世界自然遗产地的盐城旅游最需要完善的方面"两个问题，盐城本地居民和外地游客的选择差别并不明显。调查结果显示（图3-10），对于盐城旅游发展最大的限制性因素，排名前两位的是"交通条件不便"和"城市基础设施不够完善"，选择率均在40%以上；排在第三至第五位的限制性因素是"宣传促销力度不够、旅游产品吸引力不够和旅游资源特色不够"，选择率均在30%以上。另外，"旅游配套基础设施不够齐全""旅游服务水平不高"以28%左右的选择率位居第六、七位。对作为世界自然遗产地的盐城旅游发展最需要完善的方面，结果显示（图3-11），"配套基础设施建设""湿地遗产旅游产品""城市与景区环境""其他旅游产品"位居前四，选择率均在30%以上；"遗产科普教育与研究""旅游管理制度""旅游管理和服务人员素质""遗产保护"四项紧随其后，选择率均超过20%，"景点解说系统""旅游服务质量"两项选择率最低。以上表明，申遗成功后旅游者最期待的集中在旅游产品的创新和城市基础社会与环境的改进，同时湿地科普教育、旅游管理制度、从业人员素质也备受关注，盐城旅游业需要完善和提升的任务广泛而艰巨。

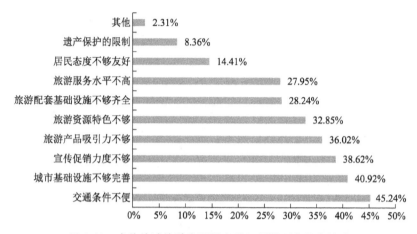

图 3-10　当前盐城旅游发展最大的限制性因素排名统计

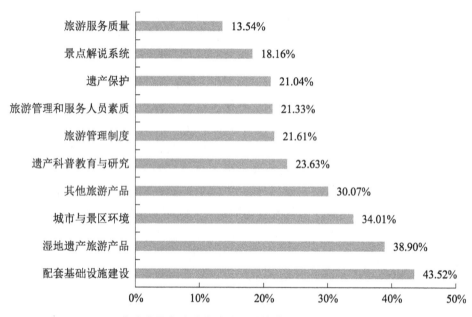

图 3-11　作为世界自然遗产地的盐城旅游发展最需要完善的方面

在问卷最后的开放题调查中，不少学生提出了建议，归纳起来主要集中在旅游交通改善、旅游服务水平提升及配套设施完善三个方面。

（三）传达方式设计：基于 CIS 战略的盐城旅游形象系统构建

CIS 全称 Corporate Identity System，一般译为企业形象识别系统，指将企业的文化、理念等内涵通过整体传达体系传达给公众及内部员工，使其对企业形成一致的总体印象。在游客心目中树立统一的、独特的区域旅游整体形象已成为各地赢得旅游市场的关键。根据旅游形象定位三要素理论，区域旅游形象必须借助合适的传达方式传播出去才能真正确立，基于 CIS 理论系统构建城市旅游形象有利于区域旅游形象的定位与传播。后申遗时代，建议盐城以湿地遗产为核心和主题，基于 CIS 理论构建城市旅游形象系统并加以推广传播。

根据 CIS 理论，区域旅游形象系统由三部分组成：（1）旅游地的理念识别系统 MI，是指一个旅游地独特的文化个性、精神内涵、发展目标和价值观等，是旅游地形象的灵魂和核心。（2）旅游地的行为识别系统 BI，是旅游地理念识别的具体化，主要表现为旅游地的政府、旅游从业人员和居民的行为。（3）旅游地的视觉识别系统 VI，是最直观有形的形象识别系统，包括旅游地的建筑造型、公共标志牌、交通工具、员工制服、标准性字体、标准色、形象标识及宣传口号。

1. MI：理念识别系统设计

盐城旅游资源丰富，"四色文化"内涵深厚，这是盐城旅游发展的资源优势，然而也容易导致在形象定位上出现"以偏概全"的情况。既不能过分突出"拳头"产品，也不能广而化之、模棱两可，提炼出盐城旅游的内涵精髓乃是形象定位的关键所在。在盐城的"四色文化"中，绿色湿地文化应居主导与核心，这是由成为世界遗产的湿地的品质和规模决定的，同时绿色湿地文化也易将其他三色文化进行整合打造整体形象。

当前，盐城旅游发展目标是利用世界自然遗产这张名片，整合各类旅游资源，打造集湿地观光、生态体验、文化休闲、养生度假为一体的世界级生态旅游目的地。依据旅游发展目标，后申遗时代盐城城市旅游形象突出强化湿地生态的旅游主题，兼顾红色文化、海盐文化和海洋文化；同时可针对不同细分客源市场，进行目标客源市场差异化定位。具体理念设计见表 3-2。

表 3-2 盐城城市旅游形象理念系统设计

理念分类	理念设计	海外客源市场	国内（长三角以外地区）客源市场	长三角客源市场
一级理念	① 世界遗产，湿地家园 ② 世界自然遗产，仙鹤神鹿故乡	Yancheng, Metropolis of Eastern Wetlands	世界遗产地美丽新盐城	世界遗产地，"上海后花园"
二级理念	① 东方湿地之都，休闲度假之城 ② 打开心扉迎天下，湿地遗产好风光	Yancheng, Leisure and Holiday Resort	① 来世界遗产地，观鹤鸣鹿舞 ② 湿地之都好风光休闲度假好去处	"上海后花园"，生态度假地

2. BI：行为识别系统构建

（1）旅游从业人员的行为形象

调查显示，当前游客对盐城旅游从业人员的素质感知结果不够理想，亟待提升。旅游从业人员的形象主要包括职业道德、价值观念、文化修养、精神风貌、仪表服饰、服务态度等，他们是盐城旅游形象的人格化身。应定期对旅游从业人员尤其是湿地遗产保护区的工作人员进行专业的职业培训，提升他们的遗产保护意识、文化修养和整体素质，让游客从他们身上感受到盐城的良好形象。

（2）本地居民的行为态度

在"当前盐城旅游发展最大的限制性因素"调查统计中，"居民态度不够友好"比重较高，必须引起足够重视。居民积极的参与意识与友好态度是未来旅游市场上旅游产品广为传播的先决条件之一，而居民的态度和行为源自居民对旅游影响效应的综合感知。因此，首先应加强对本地居民的遗产教育，增强居民自觉参与湿地保护的意识与行为。其次应建议采取目的地社区居民参与战略和利益平衡战略，在旅游目的地景区建设与开发前期鼓励居民积极参与建设投资，旅游基础设施的投入应兼顾居民休憩的需要。

（3）政府部门形象

政府对城市形象建设有主导作用，其行为主要有发展规划制定、政策颁发、设施建设、市场调研、节庆活动策划、活动宣传等。当前，政府应重点做好以下几点：第一，政策上尽快确定新的旅游形象定位。组织相关专家设计出新的形象理论体系，明确口号、形象标识等具体方案。第二，加强配套基础设施建设。目前游客反映盐城旅游特色设施建设上仍有欠缺，政府可在统一主题形象前提下对市内基础设施加以特色化。第三，加大旅游宣传力度，扩大世遗效应。政府为主导，利用互联网、报纸、电视等多种手段加以宣传，尤其强调在宣传中形象的统一性，可以小标题细分不同产品，形成主题形象系列化宣传，有利于加深游客印象。

3. VI：视觉识别系统优化

视觉识别系统是旅游者对一个城市的直观印象，它外显表现出城市的文化理念，同时对城市文化和行为表达有着重要作用。在视觉识别系统的建设方面，主要着重于城市核心区旅游形象塑造及视觉识别体系两个方面进行设计。

（1）核心区旅游形象塑造

旅游核心区主要包括第一印象区、光环效应区、地标区、最后印象区四类，不同地区特性需要不同的设计思路，具体见表3-3。

表3-3　盐城核心区旅游形象塑造

区位	第一印象区/最后印象区	光环效应区	地标区
具体地点	火车站、汽车站； 主要公路干线入口处； 景区入口处	各大旅游景点和景区	湿地遗产的五个保护区、黄海森林公园、荷兰花海、市区聚龙湖周边等
实施措施	播放形象宣传片，张贴统一宣传标语和动态宣传板	服务设施上统一形象标志；服务态度上加强人员形象培训	张贴形象口号及形象大使海报；可邀请志愿者对游客进行形象宣传

（2）视觉识别体系

当前，盐城的视觉识别体系还尚未形成统一，也并未突出"湿地世界遗产"这一主题，不能明确清晰地传达这一理念，因此，可将盐城的旅游形象视觉识别体系设计见表3-4。

表3-4　盐城旅游形象视觉识别体系设计

视觉识别体系	设计建议
旅游形象标识	优化现有的旅游形象标识，突出湿地遗产资源，具体可通过媒体征集、专家设计
旅游形象宣传片	拍摄新的旅游形象宣传片，重点展示湿地遗产风光，突出湿地遗产价值
标准性字体	具体可由专人设计，应注重中文与英文结合
标准色	以绿色为主，象征着盐城的绿色生态
标准性文化设施	海盐博物馆、盐镇水街、安丰古镇等蕴含历史文化内涵的建筑及盐立方、欧洲风情街等蕴含现代设计感的建筑
旅游吉祥物	结合盐城资源特色可请专家设计或媒体征集
市花	紫薇、牡丹，可在糕点等特色旅游纪念品上加以宣传
旅游形象大使	亲和力强，内秀灵气，盐城籍明星名人为佳
宣传画册礼品册	注重画册礼品册的统一性，集中宣传"湿地遗产"这一形象，在设计上形成自然、原生态、休闲的风格

四、结语

黄海湿地世界自然遗产这张亮丽名片，为盐城打造长三角"生态后花园"、促进旅游业再上台阶带来了新的机遇。盐城要想抓住机遇，实现目标，必须进一步塑造鲜明的城市旅游形象。本案例研究申遗后的盐城旅游形象游客感知与优化，研究成果能够为盐城旅游形象优化、旅游产业发展、湿地生态环境保护等提供决策参考，同时也可为其他自然遗产地的旅游形象塑造提供借鉴。

参考文献

[1] 黎洁，吕镇．论旅游目的地形象与旅游目的地形象战略 [J]．商业经济与管理，1996（6）：62-65.

[2] 李想，黄震方．旅游地形象资源的理论认知与开发对策 [J]．人文地理，2002，17（2）：42-46.

[3] 刘建峰，王桂玉，张晓萍．基于表征视角的旅游目的地形象内涵及其建构过程解析：以丽江古城为例 [J]．旅游学刊，2009（3）：48-54.

[4] 王红国，刘国华．旅游目的地形象内涵及形成机理 [J]．理论月刊，2010（2）：98-100.

[5] 吴小根，杜莹莹．旅游目的地游客感知形象形成机理与实证：以江苏省南通市为例 [J]．地理研究，2011，30（9）：1554-1565.

[6] 王君怡，吴晋峰，王阿敏．旅游目的地形象认知过程：基于扎根理论的探索性研究 [J]．人文地理，2018，33（6）：152-160.

[7] 索志辉，梁留科，苏小燕，等．游客体验视角下开封旅游目的地形象研究：基于网络评论的方法 [J]．地域研究与开发，2019，38（2）：102-105.

[8] 黄震方，李想，高宇轩．旅游目的地形象的测量与分析：以南京为例 [J]．南开管理评论，2002（3）：69-73.

[9] 李飞，黄耀丽，郑坚强，等．旅游目的地形象测量方法研究进展与评述 [J]．江苏商论，2005（11）：93-95.

[10] 杨永德，白丽明，苏振．旅游目的地形象的结构化与非结构化比较研究：以阳朔旅游形象测量分析为例 [J]．旅游学刊，2007，22（4）：53-57.

[11] 李茜，王东红，李士娟．西安市旅游目的地形象感知测量研究 [J]．西北大学学报（自然科学版），2013，43（5）：815-820.

[12] 李玺，叶升，王东．旅游目的地感知形象非结构化测量应用研究：以访澳商务游客形象感知特征为例 [J]．旅游学刊，2011，26（12）：57-63.

［13］卢小丽．居民旅游影响感知、态度与参与行为研究［J］．科研管理，2012，33（10）：138-144.

［14］吴必虎．区域旅游规划原理［M］．北京：中国旅游出版社，2001：222.

［15］江璐虹．遗产地旅游形象影响因素及其作用机理研究［D］．北京：北京第二外国语学院，2017.

［16］贺景．云南省旅游目的地形象评价与优化研究［D］．昆明：云南大学，2018.

【教学指导说明】

一、教学目的与用途

（1）适用课程：本案例适用于旅游管理专业的本科、硕士、MTA 等旅游规划、旅游策划类型课程的教学，在涉及旅游资源保护与开发、探讨旅游形象定位与策划等问题时使用。

（2）教学目标：本案例通过案例分析，使学生认识旅游目的地形象定位的重要性、世界遗产对遗产所在地旅游发展的影响，促使学生思考世界遗产地在进行区域旅游规划时如何放大世遗效应优化区域旅游形象，提升学生对旅游资源理论、旅游目的地形象理论、旅游规划与开发的理论认识和实践感知，激发学生的专业抱负和社会责任感。

二、启发思考题

（1）旅游目的地形象调查包含的内容有哪些？应如何组织和开展？

（2）世界遗产地如何平衡好旅游开发与遗产保护的关系？请列举国内世界遗产地在此方面比较成功的案例。

（3）世界遗产对遗产所在城市旅游形象会产生怎样的影响？请列举遗产所在城市利用世界遗产的品牌效应提升城市旅游形象的成功案例。

（4）请为当前盐城旅游形象定位、形象宣传口号和形象标识的优化出谋划策。

三、分析思路

本案例研究思路见图 3-12，从旅游形象定位三要素"主体个性、公众认知和传达方式"这三个方面展开。首先分析主体个性,重点解析黄海湿地世界自然遗产的价值体系;公众认知情况,则通过调研分析后申遗时代盐城旅游形象的游客感知及期望获取;最后分析传达方式,提出基于 CIS 理论构建盐城旅游形象系统。

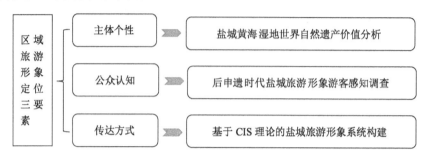

图 3-12　案例研究思路框架

四、理论依据与分析

(一) 旅游目的地形象

旅游目的地是旅游者停留和活动的目的地,它是一定空间上的旅游资源、旅游专用设施及其他相关条件的有机结合。旅游目的地作为旅游活动的承载空间,对旅游者有较大的影响力,如何使旅游目的地对旅游者形成旅游吸引力,在众多备选目的地中脱颖而出,是旅游目的地的管理者和经营者的目标所在。因此,旅游目的地的形象已经成为国内外学者进行旅游研究的最热门课题之一,在旅游者心中建立强吸引力的旅游目的地形象十分重要。旅游目的地形象概念的界定始于 20 世纪 70 年代,到了 80 年代,此概念在定义上的整合仍然没有形成共识。国内外学者对旅游目的地形象的定义,虽然表述不完全相同,但是对旅游形象概念的本质认识是基本一致的,主要都是针对旅游者的心理认知、情感及总体印象进行研究。在定义的发展上,从最初的形象就是印象,发展成将形象视作信念、想法和印象的总和,最后又在形象概念中增添了认知成分、情感成分和意动成分。

关于旅游目的地形象感知的测量一直是旅游目的地形象研究的重点之一。旅游目的地形象感知的测量包括结构化测量和非结构化测量两种基本方法,结构化测量通常采用语义差异量表或李克特量表对旅游目的地形象进行测量,量表的开发已比较成熟,应用广泛;非结构化测量则采用开放式问题如名称联想和形容词自由描述等,通过统计提及频率等方法对旅游目的地形象进行测量。两种方法各有优劣：结构化测量方法的优点是可控性、直观性强、结论易于统计处理、便于比较，但难以反映出旅游目的地的个性特质；而非结构化测量更能体现目的地的独特性，不足之处是收集的结果比较分散，多用于探索性调研阶段。国内也有学者尝试将两种方法相结合开展研究。

旅游目的地形象定位是树立目的地旅游形象的重要手段，旨在提高旅游目的地城市的知名度和影响力，在激烈的竞争中赢得客源市场。形象定位源自地方独特性，是旅游目的地的自然环境和人文地理典型特征的集中揭示，是一种综合性、地域性的自然地理基础、历史文化传统和社会心理积淀的三维时空组合。旅游形象定位通常被表述为一句言简意赅的口号，反映出旅游目的地的地脉、文脉、商脉、人脉等方面的独特性，能够打动和吸引游客，并朗朗上口、便于记忆，然后选择适当的传播手段影响受众，从而达到宣传推广的目的。

（二）CIS 理论

CIS 的前身是 CI，CI 是英文 Corporate Identity 的首字母缩写，通常被翻译为"企业或组织的识别系统"。CI 最早起源于第一次世界大战前的德国 AEG 公司，而第二次世界大战以后，欧美各大企业纷纷导入 CI，比如可口可乐显眼的红色与波浪条纹所构成的"COCA-COLA"标志帮助其品牌形象风靡全球。20 世纪 90 年代初期，CIS 战略被我国企业和组织全面认识和引入。

一般来说，CIS 可以理解为：组织的经营理念与精神文化，通过 3 个子系统传递给社会公众，最终引导社会公众对组织产生认同感的一整套识别系统，3 个子系统相辅相成、共融共生。首先是理念识别（Mind Identity），简称 MI。这是组织文化的核心和灵魂，主要表现为组织生产经营活动的战略、宗旨和使命等。其次是行为识别（Behavior Identity），简称为 BI。这是组织动态的识别形式，包括组织在理念识别系统的指导下所发生的一系列经营管理活动，是组织全体成员共同的行为方式。最后是视觉识别（Visual Identity），简称 VI。这是组织文化中最容易实现、最具有辨识度的识别形式，包括组织的标识和标准色等，也是组织识别系统最具传播力和感染力的要素。

CIS 理论于 20 纪 80 年代由西方发达国家传入中国，被不少中国企业视为组织竞争发展的形象战略，目前已扩展到政府形象塑造、旅游地形象塑造等领域。旅游形象识别系统既是对旅游目的地形象的内在定位和统一包装，也是内外部公众对其的认知、评价。CIS 战略通过全方位的、多媒体的统一传达，进行全面系统的规划设计，以谋取旅游者认同的旅游形象的战略系统。

五、背景信息

黄（渤）海候鸟栖息地（第一期）位于江苏省盐城市，主要由潮间带滩涂和其他滨海湿地组成，这里拥有中国最大的沿海滩涂面积，达到 4553 平方公里，拥有珍禽、麋鹿两个国家级自然保护区，是东亚—澳大利亚候鸟迁徙路线上的枢纽，是全球数以百万迁徙候鸟的停歇地、换羽地和越冬地。

黄渤海区域拥有世界上面积最大的连片泥沙滩涂，是亚洲最大、最重要的潮间带湿地所在地。盐城拥有太平洋西岸和亚洲大陆边缘面积最大、生态保护最好的海岸型湿地。该区域为 23 种具有国际重要性的鸟类提供栖息地，支撑了 17 种《世界自然保护联盟濒危物种红色名录》收录的物种的生存，包括 1 种极危物种、5 种濒危物种和 5 种易危物种。

从 2014 年 10 月开始，盐城开始着手调研、研究黄海湿地申报世界自然遗产工作，2016 年 12 月，正式启动世界遗产申报工作。2017 年 2 月 28 日，上报"中国黄（渤）海候鸟栖息地"至世界遗产中心，辽宁、河北、山东、江苏 4 省 14 处沿海湿地进入预备世界遗产名录。

2018 年 1 月底，中国联合国教科文组织全国委员会正式推荐"中国黄（渤）海候鸟栖息地（第一期）"作为 2019 年世界自然遗产申报项目。2018 年 10 月 14—19 日，世界自然保护联盟 IUCN 专家 Sonali Ghosh 和 Tilman Jaeger 实地考察盐城提名地。2019 年 7 月 5 日，中国黄（渤）海候鸟栖息地（第一期）被列入世界遗产名录。

后申遗时代，盐城生态湿地这篇"文章"的外延正加速拓展、内涵正有机扩充。盐城已提出"高标准推进黄海湿地生态旅游业发展，打造世界知名旅游目的地"的战略思路，立志塑造世界自然遗产品牌，打造世界级文化旅游产品，将生态势能更好地转化为发展动能。

六、关键要点

盐城是全国优秀旅游城市，旅游资源丰富，拥有长三角城市群中唯一一处世界自然遗产。只有在了解盐城旅游资源和旅游业发展现状的基础上，才能理解案例中问卷的内容设计和分析结果。因此，案例学习前，必须要让学生了解盐城，认识盐城的主要旅游资源，了解盐城旅游业发展概况，理解成功申遗对盐城旅游业发展的意义，这是本案例学习的基础和关键。

七、建议课堂计划

本案例可作为 MTA 相关课程的课堂教学案例使用，也可用于专门的案例讨论课。建议采取分组讨论的方式学习和分析本案例，以完成本案例的教学目标。建议课堂教学学时为 1~2 学时。

课前计划：将教学主题分成四大话题，即旅游目的性形象理论、盐城黄海湿地遗产价值、盐城旅游形象游客感知现状、其他世界遗产地形象塑造经验。这四部分由学生分组调查相关资料，教师于讨论前一周将启发问题发给相关话题学生，学生分组讨论，并撰写一份 1000~2000 字的案例分析报告，回答相关问题，在课堂讨论前提交给老师。最后的盐城旅游形象优化对策由大家课堂上共同讨论分析提出。

课中计划：教师首先介绍盐城概况及黄海湿地申遗背景，带领学生回顾案例主旨内容；然后小组代表发言，针对课前准备的话题提出见解，其他小组可提问并参与讨论；最后全班一起讨论后申遗时代盐城旅游形象优化对策，教师在此过程中应引导学生从不同角度进行思考，课堂结束前应对学生讨论的结果进行归纳总结，并进行必要的补充。

课后计划：请学生以报告的形式为盐城旅游形象优化提出更具体的解决方案和建议，可以选择旅游形象标识和宣传口号设计、旅游产品创新对策、旅游形象营销和推广等任何一个角度进行深入分析。

案例 9 新媒体时代的旅游目的地营销

——"丁真现象"引发的思考①

[内容摘要] 2020 年 11 月，四川甘孜藏族小伙丁真因一则短短数秒的视频意外爆红，并成功入选 2020 年十大旅游事件。丁真爆红后，四川省各级政府部门、官方媒体迅速反应，积极布局，让丁真突破传统网红标签，服务于本地文化旅游宣传，变"网红"为"长红"，将流量持续地转化到旅游经济上来。丁真现象的出现和持续，是旅游目的地地方政府利用契机主动营销的结果，反映了新媒体时代旅游营销观念的转变。新媒体时代，旅游目的地要善于挖掘本地人才，抓住流量，通过主动、正向的引导和稳健的把控，将网络红人、数据流量的短期效应，转化为长线的、辐射性的文化旅游经济带动力。

[关键词] 新媒体；短视频营销；旅游目的地营销；丁真现象

一、引言

2020 年 11 月，因一段"野性与纯真并存"的短视频，四川省甘孜藏族自治州（以下简称"甘孜"）理塘县藏族小伙丁真在社交媒体爆红。人们被丁真清澈的眼神、纯真的笑容、帅气的样貌打动，对于丁真身后蔚蓝的天空、优美的风景赞叹不已，也仿佛从丁真的生活世界中看到了久久期盼的诗和远方。之后，他成为家乡理塘县文旅体投资发展有限公司的员工，为当地文化旅游代言。丁真很快成为理塘的旅游形象大使，理塘的社会关注度迅速提升。此后，多个省市的媒体、文化和旅游部门纷纷通过社交媒体邀请丁真，并晒出各地旅游资源。外交部新闻发言人华春莹也在推特上发文，向海外网友介绍丁真。丁真火了，被媒体称为 2020 年最火的"新晋顶流"；由丁真引起的

---

① 本案例为原创案例，根据相关文献及网络资料整理。案例只用于教学目的，不对旅游目的地或旅游企业的管理作任何评判。

一系列网络现象，被网民称为"丁真现象"，也造就了属于文旅行业难得一见的现象级营销案例。

二、案例背景介绍：丁真走红的时间线梳理

2020年11月12日，摄影师胡波在抖音账号上发布四川甘孜理塘县藏族男孩丁真的短视频，丁真"甜野"的笑容感染了广大网友，迅速在网络走红。

11月14—15日，网络声量走势形成第一波小高峰。许多网友对丁真的外貌、学历、身世进行了激烈讨论，微博话题"#藏族的康巴汉子有多帅#""#丁真#"等阅读量均破亿。

11月18日，国有企业理塘县文旅体投资发展有限公司表示已与丁真签约，丁真成为国企正式员工。丁真也正式成为理塘县的旅游形象大使，为当地旅游贡献力量。

2020年，丁真以自己的视角介绍了他的家乡，形成第二次声量高峰。同时，@四川文旅、@甘孜文旅等政务官博借此机会推出甘孜旅游优惠政策，使得网民讨论热度居高不下。

11月26日前后，网友因丁真的藏族背景及甘孜当地的藏族特色，对丁真的家乡产生误解，并由此诞生了一个"#以为丁真在西藏#"的话题再次引起全网"轰动"。

随后，各地旅游账号联动触发的一场"抢人大战"将网络热度推至巅峰。

11月29日，外交部发言人华春莹在海外社交平台推特上连发三条动态，向海外网友介绍中国新晋"网红"丁真。

11月29日，丁真用藏语接受央视采访，表示："我不知道怎么红的，但是很高兴出了名，很高兴可以做很多关于家乡的宣传工作。"

12月2日，丁真在采访中表示，赚的第一笔钱给父母买了洗衣机和电瓶车。

12月7日，丁真首次以旅游形象大使的身份出现在家乡的旅游宣传册上。

……

从2020年11月11日00：00：00至2020年12月6日23：59：59，全网关于"丁真"的传播内容达到812万多条，其中以微博平台传播为主①。

---

① 丁真走红了一个月 我们分析数据后发现了这些秘密［N/OL］.（2020-12-17）［2020-12-18］.新京报,2020-12-17. https://www.bjnews.com.cn/detail/160817204015340.htm.

三、主题内容

丁真对于理塘、甘孜乃至四川省旅游经济的贡献毋庸置疑，同时也给其他旅游目的地的营销带来了启示。实际上，丁真的走红有命运的阴差阳错，也有自媒体平台的天时地利，更有网络营销的推广助力，三要素合力才构成了丁真这一现象级的"网红"。

（一）丁真为理塘带来了什么

丁真的家乡理塘县，隶属四川省甘孜藏族自治州，位于四川省西部，距离成都 654 千米，海拔达到 4000 米以上，是世界海拔最高的县城，理塘素有"天空之城"的美誉，坐拥海拔 6204 米的康南第一峰格聂山、牛羊成群的草原湿地、始建于元明时期的勒通古镇——千户藏寨、318 线上最大规模藏传佛教格鲁派古寺——长青春科尔寺、汉藏茶马互市活化石——理塘老街……

丁真走红后，其家乡甘孜、理塘获得众多网友关注。携程大数据显示，"理塘"热度从 2020 年 11 月 20 日起大涨。网络搜索指数相较于之前翻了数倍（图 3-13），到 11 月最后一周，"理塘"搜索量猛增 620%，比国庆黄金周期间上涨 4 倍左右[①]。之后，很多旅游团把理塘加进线路。

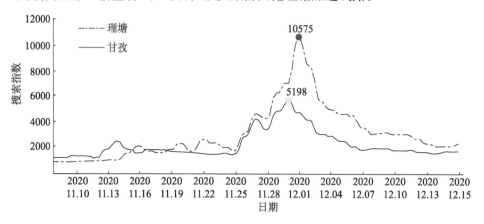

图 3-13 丁真走红后家乡理塘、甘孜的搜索指数

---

① "理塘"搜索量一周暴涨 620% "康巴地区"或成元旦出游新选择［N/OL］.（2020-11-30）［2021-04-06］.新民晚报,https://baijiahao.baidu.com/s？id=1684748306368219575&wfr=spider&for=pc.

2021 年 5 月 1—5 日，理塘县接待游客 8.4 万余人，实现综合旅游收入同比增长 98.7%，仁康古街里涌入了超过 2 万人次的游客。而 2010 年，理塘县全年游客接待量也不过 15.2 万人次。数据显示，2021 年"五一"期间，理塘搜索量位列佛教名山排行榜第三位，仅次于五台山和普陀山，热度同比增长 178%，直逼大理、丽江等知名古城（图 3-14）。

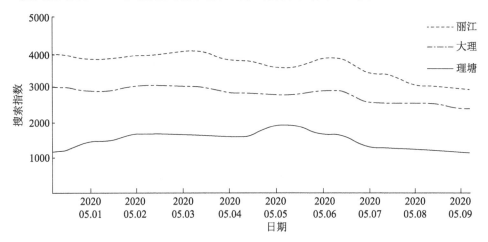

图 3-14　2021 年"五一"前后理塘、大理、丽江的搜索指数比较

（二）"丁真现象"背后的逻辑梳理：旅游目的地营销视角

在网红频出但多昙花一现的自媒体时代，丁真现象的出现和持续，是旅游目的地地方政府利用契机主动营销的结果，反映了新媒体时代旅游营销观念的转变。从旅游目的地营销角度，梳理"丁真现象"背后的逻辑，我们发现以下三点：

1. 网红形象与旅游目的地的天然契合

丁真走红的视频，展现出了天然去雕饰的"甜"美笑容、"野"性十足的肤色与俊朗棱角，淳朴与真诚自然地融为一体，因此被称为"甜野"男孩。这种"甜野"形象与当下娱乐圈流行的男性审美截然不同，弥补了人们对男性的传统审美需求。因此，丁真的走红，首先与他纯天然、原生态的野性形象密不可分。丁真身上有一种纯真、干净的气质，不染凡尘的面庞，一双清澈见底的眼睛，让人联想到那遥远的天山上美丽的雪莲花。这种形象气质与拥有高原牧场仙境的理塘天然契合。理塘风光绝美，雪峰环绕，草地广袤，溪流潺潺，河水纯净，雪峰、森林、草场、溪流、湖泊和牧场木屋相映成趣，原始而又迷人。丁真走红视频短短数秒，将个人的气质与背后的风光完美结合，迅速引起了大众对丁真的关注和对理塘的向往。

2. 政府和官媒利用契机，主动出击，迅速反应，引爆舆论

（1）四川本地政务官博、官方媒体联动出击，迅速推出旅游优惠政策

丁真在网络上爆红之后，四川省各级政府部门、官方媒体便开始积极布局，一套组合拳成功让丁真突破传统网红标签，服务于本地文化旅游宣传。

丁真爆红以后，以四川观察为代表的本地主流媒体迅速反应，多次与丁真进行采访沟通，积极引导丁真对舆情热议点进行回应，在主流媒体的引导下，丁真"纯真""质朴"的形象得到最大限度的保持，为他成为理塘县旅游形象大使合理铺垫。四川甘孜政府也趁热打铁，几天内迅速推出丁真视角的甘孜宣传片，将甘孜美景瞬间推送到了全国人民眼前。@四川发布、@四川文旅、@甘孜文旅等政务官博在微博平台开启联动传播，积极回应微博相关热门话题，主动发起互动话题如"#其实丁真在四川#"吸引网民参与讨论，使事件热度持续高位运行。

从丁真开始在网络上崭露头角，到媒体线上直播采访丁真、官方发布丁真视角宣传片等仅仅用了半个月的时间；当大众误会丁真在西藏时，@四川日报、@四川观察等本地媒体再次精准出击，与各地官方媒体、政务官博互动，强势拉回舆论对四川的关注。

（2）各地政务官博、官方媒体"假抢人，真借势"，打造多赢局面

让"丁真现象"被更多人关注及各地政务官博、官方媒体的"抢人"大戏，展示出政府和相关机构对热点的敏锐度和把控能力。

@西藏日报率先"将错就错"，借当事人想去拉萨为由，发博邀请丁真来西藏，随后各地也"按捺不住"纷纷主动邀约，借此以视频、图片或文字的形式大秀本地美景。其中@陕西省文化和旅游厅以"长得和丁真真像的兵马俑"；@湖北日报以"丁真同款耳坠"等形式创意借势，引流效应突出。而四川本地官博@四川文旅等也积极参与到抢人的环节之中，与各地官博积极互动，由此诞生"川藏CP"，让热度再次回归本地。

（3）政要点赞及央视采访加持

随着"抢人事件"带动舆论大爆发，《人民日报》、新华社、央视新闻等多家央媒对此报道关注。其中将"丁真现象"拉上一个台阶的，要数华春莹的点赞三连及央视采访。

当外交部发言人华春莹连发三条推文，向海外网友介绍这位"甜野男孩"丁真时，丁真的淳朴、美好形象便成为一个地区的名片，甚至代表我们国家的某种形象——淳朴、自然、正能量。华春莹的点赞和肯定，助推

当地文旅部门把丁真继续推向全国。

央视采访无疑是官方媒体对这一地方宣传推广形式的认可。以往，网红博眼球的方式一直不被主流官媒关注。而这次央视采访丁真所传递的信息，即认可这种利用"网红"（淳朴、自然、正能量的网红现象）来宣传地方文化、促进地方旅游业发展的方式。

3. 当地迅速推出相关旅游优惠政策，致力长期打造地方文化名片

一方面，四川甘孜州政府在制作宣传片的同时，迅速制定并推出了相关旅游优惠政策，以美景吸引眼球，以福利带动行动。甘孜州政府借此向广大民众发出冬游邀请，顺势宣布全州旅游优惠政策，2020 年 11 月 15 日至 2021 年 2 月 1 日，全州所有景区（含 67 个 A 级景区）对广大游客实行门票全免。甘孜政府这一快、准、狠的组合拳也获得了极好的传播效果，"#四川甘孜 A 级景区门票全免#"成为微博热门话题且阅读量破亿。

另一方面，丁真爆红后，其所在的理塘文旅没有选择综艺真人秀带来的短期红利，而是有计划地将丁真打造成为长久的"地方文化名片"。因此丁真所在的国企已为他开启了一系列学习之旅：学赛马、学媒介宣传方法、学汉语、学拍摄、学电商、学旅游等。丁真的学习甚至还引发全民的围观、监督，短短数月他进步显著。2021 年 4 月 22 日世界地球日前夕，丁真被邀请参加联合国"捍卫自然"的活动，以"我和动物朋友的故事"作为主题进行了演讲。先前并不会说汉语的丁真，如今能照着稿子顺畅地讲出来。虽然整个演讲只有短短两分钟，但作为第一次公开场合的演讲，丁真显著提升的普通话着实让人惊艳。面对台下众多观众，以及围绕在身旁的摄像机，丁真在整个演讲过程中表现得非常得体、自然、毫不怯场，让网友们看到了丁真的成长。

（三）"丁真现象"的可借鉴意义：新媒体时代的旅游目的地营销该怎么做

丁真的走红虽然充满了"意外""巧合"等因素，但四川甘孜文旅部门、四川本地主流媒体对社会热点的持续关注和后续一系列操作也起到了不容置疑的推动和引导作用。丁真的爆红得益于移动短视频叠加网红的营销方式，这种方式已经成为旅游目的地进行推广的常规手段。网络时代，丁真只有一个，或许无法复制，但从旅游目的地营销角度来看，仍有很多值得借鉴的地方。

1. 旅游目的地要善于挖掘本地人才，寻找切入点推广宣传

"酒香不怕巷子深"的时代已经远去，现在是一个需要宣传推广的时

代，网络赋予了个人参与信息制作、传播的能力，即便偏僻地区的人和物，也有一夜成名的机会。丁真带有原生野性和阳刚意味的帅气面庞，与游客对理塘县原生态的旅游景观的认知和期待一致，在一定程度上促成了丁真的爆红。一方水土滋养一方人，每个地方都有属于自己的"丁真"。在本地挖掘一些有潜力的形象代言人，他们拥有当地文化孕育出的天生的美感，只要稍经雕饰和包装就会非常出彩，因为他们体现出来的状态、纯真的眼神、质朴的面孔，还有他们的生活方式和形态其实都是让旅游消费人群特别感兴趣的。如今的传播进入了内容营销传播和自媒体时代，挖掘本地代言人成功的概率大大提升，而且本地代言人是可以持续制造传播话题的，这也是相对于请明星代言更有优势的方面之一。比如，新疆一干部身披红斗篷，英姿飒爽、策马驰骋，为当地旅游项目代言，引得一众网友大呼"想去"；有记者出身的扶贫干部坚持用影像记录乡间点滴变化，把线上粉丝变为线下游客；等等。这都是颇具启示意义的案例。

同时，各地更应找到区域风景的独特之美，寻找切入点积极推广宣传。我国很多地方都拥有美丽的自然风光、独特的民俗文化，地方文化和旅游部门一方面需要努力发现和展示本地旅游资源的唯一性和独特性；加之精心、周到、真诚的旅游服务，创造更优质的旅游体验，才能让流量不息，才能吸引更多的来客，才是旅游业发展的长久之计。

2. 自媒体时代的旅游目的地需要抓住流量，迅速反应，整合营销

互联网时代的最大特点是更新速度快，流量来得快、去得快。因此，抓住热点，迅速出击才是王道。在丁真现象上，如果没有地方部门极高效率的应急反应，理塘二字的热度可能还真未必达到眼下的高度。在丁真火出圈的第一时间，理塘县做出一系列快速反应：和丁真签约、开设丁真的社交媒体账号、策划推出纪录片《丁真的世界》、快手直播引流稳流……这波操作，虽然小有争议，但从市场来说，非常成功。

甘孜州巧借丁真走红这一契机，使丁真形象与辽远、淳朴的当地形象紧密结合，将流量导向绑定甘孜地区，充分利用自然资源和人文资源，借"东风"发展当地旅游业。丁真爆红后不久，甘孜文旅官方宣布甘孜所有景区门票全免、三大机场机票一折起等旅游优惠政策，将甘孜美景推到全国人民眼前。因此，各旅游目的地在借助网红流量的同时，更应该通过多平台开展整合式新媒体营销，尝试更多种类的策划及活动，并融入当地的文化及旅游特色，通过有竞争力的旅游产品拉动客流。

3. 互联网营销的根本是内容，必须持续提升旅游产品质量和服务水平

宣传为旅游目的地带来热度和流量，但是最终留下游客的还是高品质的旅游体验。旅游目的地打造不能本末倒置，一个旅游目的地的核心竞争力仍然在于目的地本身的独特性与创新性及其内在价值，而不能一味地为了搞营销而搞营销，忽略了"苦练内功"，不重视锻造目的地自身硬实力和独特价值。理塘在《丁真的世界》里，展现游客期望的纯净的雪峰、森林、草场、溪流、湖泊、寺庙、白塔……面对蜂拥而至的游客，理塘也做好了各项准备，积极提升旅游服务。丁真爆红后，理塘县积极实施民宿改造工程，筹备旅游应急预案，勒通古镇开始规划长远的发展目标。

真正的热度不是"蹭"出来的，"蹭"来的热度也注定不会持久。地方文化和旅游部门在景区爆红后，还需坚持在产品质量和服务品质上下功夫，在"不欺客、不宰客"等方面严加约束，防止旅游负面事件给旅游目的地认知形象造成破坏性影响。

四、结语

新媒体在旅游目的地营销中不能只是载体，更应该成为激发游客旅游需求的导火线及旅游目的地营销的催化剂。旅游目的地的经营管理者应该注意到市场需求的个性化、多样化发展变化，抓住机遇与挑战，有效利用新媒体营销策略。期待更多的"丁真"、更多的"理塘"，更多诗意与美好的风景，出现在摄影师的镜头。960万平方公里的热土上，从不缺少好风景好故事，我们期待更多"丁真"走出来，善用流量带火大美中国。

参考文献

[1] 江德斌. 旅游营销要善于打造本地"网红" [N]. 中国旅游报，2020-12-01（3）.

[2] 孙美玲，王倩颖. 政府、媒体与公众的多重互动：政务短视频的营销传播策略分析——基于丁真走红事件的个案考察 [J]. 北京航空航天大学学报（社会科学版），2021（2）：46-52.

[3] 陈嘉睿. 旅游目的地新媒体营销策略研究 [J]. 商场现代化，2021（5）：118-120.

[4] 胡冬梅，郭淑怡. 抖音短视频在旅游目的地营销中的应用路径研究 [J]. 西部经济管理论坛，2020（1）：40-51.

［5］薛源．新媒体传播与旅游目的地的形象塑造［D］．哈尔滨：黑龙江大学，2020.

［6］罗心怡．丁真爆火引发的地方文旅媒体营销策划探析［J］．新媒体研究，2021（1）：56-59.

［7］王泽晨．"丁真事件"中主流媒体的角色定位与价值引领［J］．新闻传播，2021（1）：29-30.

［8］孟楠．从"丁真现象"透视地方旅游与流量营销的耦合关系［J］．中国会展（中国会议），2020（24）：26-27.

［9］欧阳金雨．旅游借势营销出圈，从中能学到什么［N］．湖南日报，2020-12-12（4）.

［10］刘杰武．从"丁真热"看小众旅游地的机遇与发展［N］．中国旅游报，2020-12-07（3）.

【教学指导说明】

一、教学目的与用途

（1）适用课程：本案例主要适用于 MTA "旅游目的地开发与管理" "旅游规划与开发" "旅游营销与策划" 等课程。

（2）教学目的：案例以真实案例为基础进行采编，展示了新媒体如何在旅游目的地营销中发挥重要作用。该案例从新媒体传播视角出发进行描述，梳理和再现了"丁真现象"产生的原因并总结其成功经验。案例具有较好的代表性，可以帮助学生理解新媒体时代的旅游目的地营销观念的转变，引导学生思考如何利用新媒体做好旅游目的地营销管理。

二、启发思考题

（1）什么是旅游目的地营销？请选择一个旅游城市或旅游景区，调查了解其当前主要的旅游营销方式和内容。

（2）对旅游目的地营销，你认为"丁真现象"可以复制吗？请说明你的理由。

（3）如何评价"丁真现象"对于当地的旅游开发脱贫攻坚和乡村振兴的积极意义？在政策监管层面，如何积极引导旅游网红，实现脱贫攻坚和文旅产业的可持续发展？

（4）新媒体营销有何优势？在短视频、直播兴起的当下，人人都有走红的机会。但互联网流量稍纵即逝，如何能将流量持续地转化到旅游经济上来，真正做到回归旅游本身，这是包括理塘、甘孜，乃至全国其他旅游城市都应该思考的一个问题。请结合"国风女孩"李子柒和"甜野男孩"丁真，谈谈你的看法。

三、分析思路

如图 3-15 所示，① 介绍案例背景，了解丁真走红的时间线及各阶段地方文旅部门和主流媒体的反应；② 引导学生从旅游目的地营销视角讨论分析"丁真现象"产生的原因；③ 结合新媒体传播的特点和营销现状，启发学生思考"丁真现象"对旅游目的地营销的借鉴意义；④ 总结分析新媒体时代旅游目的地营销的趋势。

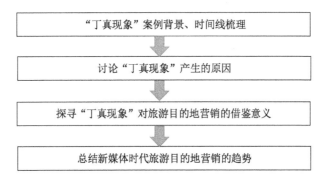

图 3-15　案例分析思路

四、理论依据与分析

（一）新媒体传播

美国哥伦比亚广播电视网技术研究所所长戈尔德马克在 1967 年发表的一份关于开发 EVR（也就是电子录像商品）的计划书中，第一次出现了"新媒体"一词。之后，新媒体的概念广泛出现在社会中，影响着社会经济生活的发展。当下，对于新媒体的概念还没有统一的定义。新媒体，顾名思义是相对于传统媒体而言的。随着科技的发展，媒体技术也在不断发展，因此普遍认为新媒体是在报刊、广播、电视等传统媒体之后发展起来的新的媒体形态，是借助了计算机网络、卫星等渠道及电脑、手机等终端，向用户提供信息和服务的传播形态。当前新媒体以网络新媒体、移动新媒体、数字新媒体等为主。相对于报刊、户外、广播、电视四大传统意义上的媒体，新媒体被形象地称为"第五媒体"。

新媒体因为具有交互性与即时性、海量性与共享性、多媒体与超文本性、模拟性与互动性、网络化与虚拟性、个性化与社群化等特征，从年轻人为主流人群发展到青少年和中老年人群，新媒体越来越受到人们的关注，成为人们议论的焦点。可见，新媒体对于社会生活的影响力及生活方式的改变程度在裂变式发展。

新媒体营销的范畴是指由广告主、营销服务商、MCN、KOL和新媒体平台等为主要产业链构成而共同支撑运作的，以KOL为主体，在社交平台、内容平台、短视频平台等新媒体平台上所开展的内容化营销活动。新媒体营销覆盖了网络、电子杂志、手机通信、移动电视、触摸媒体、游戏、博客、播客、交互网络电视、数字广告牌、小视频、App等形式。当下内容营销（KOL推广）、以抖音为代表的小视频营销、社交平台营销无疑都是非常有影响力的方式。

（二）旅游目的地形象

旅游目的地是旅游者以"旅游"作为目的，相对于客源地作停留、游览的空间地理概念。克里斯·库珀在《旅游学：原理与实践》一书中介绍到旅游目的地是满足旅游者需求的服务和设施中心，库珀将旅游目的地的核心要素分为吸引物、接待设施、交通体系和服务设施等。旅游目的地形象的成功塑造与传播直接影响着旅游地的经济。所以旅游管理部门一直十分注重旅游目的地的要素构成。从狭义上，旅游目的地的要素构成是旅游目的地的各类旅游资源的整合，除此之外还有经济形象、历史文化形象等要素。从广义上来看，旅游目的地形象是旅游地管理部门合理整合资源后出台的政策，也是旅游者出游后在各种渠道中诉说的、反馈的形象要素，更是社会各界对于旅游目的地的宣传报道。

库珀认为，旅游目的地形象是旅游地空间地里的外化视觉表征，世界旅游组织对旅游目的地形象的定义是"个人或团体对目的地的看法和构想"，并且旅游者会受到周围新闻报道和旅游信息的影响，对有负面新闻和事件的旅游目的地产生不好的印象，从而影响他们对旅游目的地形象的看法，影响旅游行为。

五、背景分析

（一）旅游目的地营销日益重要，营销方式正面临变革

旅游业已成为中国经济持续高速稳定增长的重要战略性、支柱性、综合性产业，游客需求已进入爆发式增长期，成为国民生活的重要组成部分，满足人民群众美好生活需要的作用日益凸显。

据《中国旅游景区发展报告（2019—2020）》数据显示：截至 2019 年年底，全国共有 A 级旅游景区 12402 家，这么庞大的数字只是组成旅游目的地的一部分，随着旅游内涵的日益丰富，吸引游客前往的旅游目的地内涵也在不断扩大，这就意味着怎样去吸引市场、占领市场对于旅游目的地的生存和发展至关重要。显而易见，坐等消费者上门的方法是行不通的。在如此激烈的竞争环境下，旅游资源同质化等问题日益突出，一些老牌的旅游目的地已经占据了相当一部分消费市场，如何保持自己的竞争力以吸引更多的游客、新兴旅游目的地怎样脱颖而出，成为消费者关注的重点，这些需要营销环节发挥作用。

同时，随着互联网的深入发展，旅游方式、旅游内容、旅游内涵发生重大变化，必然会带来营销方式的变革。旅游目的地营销方式正在随着新时代下新媒体的广泛应用而发生着巨大改变。在提升旅游目的地市场认知度的过程中，以微信、微博为代表的新媒体发展迅速，网络互动形成的关系型虚拟社区增强了消费者对旅游目的地的信任度、真实感。微博、微信公众号、短视频等新媒体平台成为游客重要的旅游信息来源，新媒体营销也成为旅游目的地、旅游企业、旅游管理机构及相关旅游主体开展营销的首选。

（二）网络营销成为营销主流，城市形象传播进入移动端短视频阶段

截至 2020 年 12 月，我国网民达 9.89 亿，互联网普及率达 70.4%；其中网络视频用户达 9.27 亿，占网民整体的 93.7%。其中短视频用户为 8.73 亿，占网民整体的 88.3%。可见，我们每一个人的工作和生活都已经被裹挟进移动互联的时代大潮之中。另外，营销方式的发展已经历了以产品为中心、以顾客为中心和以创意为中心的三个时期。根据《短视频与城市形象研究白皮书》中所提出的，我国的城市形象传播经历了三个阶段：前移动互联网阶段、移动端图文阶段和移动端短视频阶段。前移动互联网阶段只是简单地把旅游目的地作为营销对象。发展到移动端图文阶段，旅游目的地营销策略加强了与用户的线上交流，用户感受可以得到有效反馈。到

移动端短视频阶段，旅游目的地营销策略比图文阶段更具创意，不仅可以增强与用户的互动，还可以为用户提供更强的体验感。但是，目前我国并不是所有旅游地营销都达到了如短视频这样的创意型营销水平，很多旅游地仍采用传统营销模式，营销水平极其不均衡，亟待改进。

六、关键要点

从李子柒到丁真，在"网红经济"的赋能下，浓郁"中国风"的乡土美食、秀美的田园风光及蕴含其中的中式哲学与美学，丰富了当代中国乡村风貌在网络传播的内容，勾起了都市人精神还乡的渴望，也极大带动了乡村经济发展。网红经济的出现，新媒体的快速发展，迫使旅游目的地打破传统营销理念束缚。面对异军突起的"丁真现象"，我们不该因噎废食，将热度、流量拒之千里，但也要意识到热度背后更深刻的影响，流量需要得到善用，宣传也要找到良方。如何看待网红现象，旅游目的地的新媒体营销应该怎么做，是本案例分析的关键要点。

"丁真现象"入选 2020 十大旅游事件，具有典型性和代表性，是"互联网+旅游"发展的一个缩影，随着新生代人群逐渐成长为旅游消费主力，旅游营销将会以更具创意的手段影响用户旅游出行决策。本案例透过"丁真现象"，通过分析其成功的背后逻辑，对新媒体时代旅游目的地营销做出了积极探索。

七、建议课堂计划

本案例可以作为专门案例进行课堂讨论，建议时间控制在两节课（90分钟）内。

课前计划：课前要求学生自由组成学习小组，3~5人为一组，组长组织成员一起预习，熟悉案例背景，理解"新媒体营销""旅游目的地营销"等概念的基本内涵，阅读案例主体内容；教师给学生布置思考题，思考题可以根据需要从本案例使用说明的"启发思考题"中有针对性选择，也可以自由提出有意义的思考题；每个学习小组撰写一份1000~2000字的案例分析报告，回答这些思考题，在课堂讨论前提交给老师。

课中计划：教师首先导入案例，回顾案例主旨内容，明确讨论主题；然后小组开展讨论，讨论结束后各小组推选代表发言；各小组发言后教师可进行简单的点评，并引导全班继续重点围绕"丁真现象成功的原因"和"新媒体时代旅游目的地如何进行营销"两个话题开展深入讨论。课堂结束前，对学生讨论的结果进行归纳总结，并进行必要的补充。

　　课后计划：建议以小组为单位，采用报告的形式提交更加具体、多角度的新媒体时代旅游目的性营销方案。如有可能，可以将学生的案例分析报告进行归纳整合，形成旅游目的地营销专题的案例研究。

案例 10 价值理性的回归·民族社区旅游发展中文化传承功能的升级演进

——以红柳湾和官鹅沟为例^①

[**内容摘要**] 本文以甘肃省阿克塞哈萨克族自治县的红柳湾镇哈萨克民族社区和宕昌县官鹅沟藏羌文化社区为例，通过田野调查的一手资料，阐述了两个典型民族社区文化主体在旅游开发前后对民族文化的态度和行为方式的变化轨迹，揭示了社区旅游对民族传统文化具有较强的传承功能，并且这种功能随旅游业的发展能够自行升级演进。

[**关键词**] 民族社区旅游；文化传承；功能升级；价值理性

少数民族传统文化，特别是非物质文化，随着生产、生活方式的变化失去了在现实生活中的功能性价值，逐渐成为"遗产"，于是，政府和学界都在呼吁保护这些"遗产"。然而，保护措施大多是经调查而整理、记录下来的相关的录音、录像及文字资料或收集的实物，以收藏在民族博物馆的方式保存下来。这种静态的保存方式使少数民族传统文化进一步成为"化石"。随着旅游业的日益成熟，以民族社区为单位，以民族文化为依托的民族社区旅游成为消费热点。该旅游方式能够兼顾并满足民族社区经济发展和旅游者"时间差""空间差"及"文化差"等需求，因而成为传承少数民族传统文化的恰当方式^②。甘肃省阿克塞哈萨克族自治县的红柳湾镇牧民新村及宕昌县官鹅沟藏羌文化社区是比较典型的民族社区，旅游业发展初见规模。本文以这两个社区为例，通过田野调查资料，阐述了两个典型民族社区文化主体在旅游开发前后对民族文化的态度和行为方式的变化轨迹，揭示了社区旅游对民族传统文化具有较强的传承功能，而且这种功能随旅

---

① 本案例系西北师范大学三期"知识与科技创新工程"《丝绸之路区域旅游发展与创新研究》项目、西北师范大学校级重点学科旅游管理学科建设阶段性研究成果，编者为团队项目成员。
② 吴必虎，余青. 中国民族文化旅游开发研究综述 [J]. 民族研究，2000 (4)：85-94，110.

游业的发展能够自行升级演进。所以，应该在民族社区积极发展旅游业，以实现民族社区经济发展和传统文化活态传承的"双赢"。

2003年10月，笔者一行第一次到官鹅沟民族社区进行了为期7天的田野调查，2005—2007年连续3年的7月份，又深入红柳湾与官鹅沟两个民族社区，就旅游发展情况进行了每次一周左右的跟踪性调查。调查采用查阅当地文献资料、参与观察、问卷、访谈和小型座谈会相结合等方法。本调查遵循田野调查原则，就民族社区旅游发展与民族文化传承这一主题，对两个民族社区中不同年龄、不同学历、不同家庭境况的多位政府官员、社区农牧民、旅游经营户负责人、游客等进行了访谈，旨在对两个社区基本情况全面调查的基础上，更深入地了解民族社区旅游发展与民族文化传承中相关利益群体各自的定位、价值认知和行动。

一、"工具理性"与"价值理性"的自觉融合：少数民族文化在社区旅游发展中传承的合理尺度

目前，对民族社区旅游的研究多集中在实现民族社区旅游工具理性的旅游资源的开发、旅游行为和心理、旅游市场、文化旅游、旅游管理与决策研究，以及旅游对民族文化的冲击和可持续发展影响方面①，而对民族社区旅游能够促进社区在传统文化传承中从工具理性到价值理性回归，升级到建立民族文化传承和旅游发展的工具理性和价值理性良性互动的功能性认识不足。因此，出现了社区旅游发展与民族传统文化保护之间无从取舍、民族社区旅游发展失去方向及停滞不前等问题。事实上，只要承认民族主体有追求利益的动机、目的和需求的现实存在及其合理性，最大限度地发挥工具理性的作用，大力发展民族社区旅游，并且提倡社区的广泛参与，保持社区经济的持续发展，同时，政府扮演好引导、裁判和纠偏的角色，防止工具理性对价值理性的挤压和侵略导致价值理性毁灭，民族传统文化传承就能做出工具理性与价值理性融合的自觉选择。旅游发展与传统文化保护就能实现"双赢"②。红柳湾镇哈萨克民族社区及官鹅沟藏羌文化社区的民族社区旅游发展历程，就是旅游业带动民族传统文化传承的功能不断演化升级的历程。当地社区民族旅游的发展促进了他们传承民族文

① 张立生. 近期国外旅游学研究进展：Annals of Tourism Research 文献分析 [J]. 旅游学刊，2004（3）：82-88.

② 张瑛. 民族旅游的工具理性和价值理性与管理的作用：以云南少数民族旅游开发为典型案例 [J]. 广西民族研究，2006（1）：171-176.

化的自省,实现了民族传统文化传承中价值理性和工具理性的有效结合。

二、红柳湾哈萨克民族文化在旅游发展中的复兴与传承:政府主导民族传统文化全面资本化的模式

1. 政府主导的阿克塞哈萨克族传统生活方式的变迁

阿克塞哈萨克族自治县(县政府驻地:红柳湾镇),是甘肃省唯一一个以哈萨克族为主体民族的自治县,全县面积3.34万平方千米。根据第五次全国人口普查统计,全县总人口为9200人,其中哈萨克族3700多人,约占全县总人口的40%。2002年,该县综合经济实力在全国"百强县市"排序第96位。经济社会发展极大地促进了民族社区的变迁,民族文化逐渐失去了昔日的文化受众,从社会文化的主流地位退隐。城市化和现代化成为人们普遍向往的生活方式。1998年9月,阿克塞哈萨克族自治县政府在红柳湾镇投资3亿多元,建成了一座功能齐全的现代草原新城——牧民新村,原来散居在各个放牧点的牧民整体搬入。在牧民新村建设中,统一规划、统一建设,户均有300平方米的院落,住房面积80~120平方米,住宅建设户均投资4万~5万元。目前,牧民新村实现水、电、路、电视、电话、天然气"六通",有584户农牧民从各乡村搬至县城定居。定居县城的牧民,子女就业、教育、医疗卫生条件和精神文化生活比以往有了根本性的改变。祖祖辈辈逐水草而居、过着游牧生活的哈萨克族人民,实现了从游牧到城市的定居生活。红柳湾的社区民族文化因实用价值的丧失而渐渐无以为继。

2. 红柳湾旅游发展唤醒民族文化回归的自觉

在调查中笔者发现,当地牧民定居后遇到的最大问题是,离开传统游牧生产方式后,无法快速找到适合新生活方式的新生产方式。被采访的吐尔森拜说:"谁都知道定居的日子舒坦,问题是,我们再愿意到城里来,没有合适的工作,日子贼(特别)无聊,也看不到生活的好光景嘛。"可见,这些牧民的定居,如果没有生产方式的转变,是不稳固、不可靠的。在定居后转变生产方式,走产业化经营的路子,才能进一步推动牧区牧民经济社会的全面发展。红柳湾牧民新村的人们需要新的生产方式保障定居生活的稳定和长久。2004年,在50周年县庆之际,县政府在红柳湾的中心地带建了一座占地面积4.8万平方米,风景优美、体现阿克塞人文景观的民族风情园。民族风情园建有一处椭圆形跑马场,一座近千平方米的亚洲最大的毡帐,三排小型毡房,园里还有供歌舞表演的篝火点。风情园充分展现了

哈萨克族的牧业文化特点，集旅游观光、娱乐、购物、食宿为一体。县庆活动期间，每天晚上在民族风情园广场都有盛大的民族文艺演出，集中展示了地方民族文化。借助文化造势和媒体的全面宣传，风情园在县庆期间接待了1万多名游客，红柳湾民族社区旅游开始起步。以下是2005年采访阿克塞县旅游局局长塞乃利的一段对话：

问：咱们红柳湾哈萨克民族社区旅游是什么时间开始的？

答：这个刚开始就是为了县庆，为了迎接外地的客人，在50年大庆时盖了这个风情园。庆祝完了以后，总不能浪费这个资源吧。一方面，以县旅游局为主体经营风情园；另一方面，我们在小毡帐区进行租赁经营试点。我们通过在牧民新村居民中招标竞争的方式（招租），这里是阿克塞唯一的一个景点，参加招标的人多着呢。5顶毡房，30多人竞争呢！我们就是这么开始做（民族社区旅游）的。

问：你们的旅游开展后都有哪些项目？

答：我们经营的就是哈萨克族的民族特色食品，奶茶、手抓肉、马奶酒、酸奶等。县上最初帮助（我们）在敦煌跑市场和旅行社联系，把客人、团队带来，有数量比较多的团队客人时，我们在赛马场举行赛马、摔跤、姑娘追等活动，在大毡帐表演民族歌舞。客人很喜欢这些（表演）。

问：那参与这些表演活动的人从哪来，他们的报酬怎样？

答：租用马子、用人都得付钱，一天，连人连马子60块钱。

问：我听过咱们哈萨克人著名的阿肯弹唱和冬不拉，咱们每个阿克塞人都会吗？

答：（会的人）越来越少了。现在都是上学，回来就工作，根本没有时间学，很多（民族的）东西就慢慢不知道去向了。以前对男人的要求就是每个人都得会弹冬不拉，现在就不一样了。现在你想学也没有人教，不想学也没关系。

同期，我们访问了一个制作手工艺品的家庭。男主人：阿塞提，47岁；女主人：撒吾丽，41岁。

问：你们做的工艺品有哪些？

男答：我们民族传统的花箱子。就是结婚的时候娘家给的陪房，专门装嫁妆的箱子。平常家里也用，基本上每家都有。

女答：我主要做刺绣。织地毯、床围子。床围子是汉族的叫法，我们哈语叫土斯给各斯（音）。家家都有，结婚时必须要用。

问：你们这里的人都会做这些（民族工艺品）吗？

男答：（会的人）越来越少了，大家都买着用。只有在帐房里用，用的地方越来越少，我们是家传的（技艺），还一直做着。

问：你们平常穿自己的传统衣服吗？

女答：一般也不穿，干活不方便，就过节的时候才穿。

问：那以前也是这样平常不穿，只是过节的时候才穿吗？

女答：不是。大概是十年以前吧，我们一直都穿着。现在因为和汉族打交道多了，怎么方便怎么做。

问：平常家里吃什么？

女答：以前我们是以肉食为主，还有馕、包尔萨克（音，一种油炸的小面疙瘩），还有馓子什么的，花样多着呢。现在有些我们都已经叫不出名字了，也不会做了。现在我们吃的就是蔬菜什么的，跟你们汉族越来越一样了。

问：你们接待过旅游的人吗？

女答：没有。

两年后，再次来红柳湾时，旅游局塞乃利局长滔滔不绝地讲述了他的民族社区旅游经："我们的草原和我们的哈萨克民族风情，这些与敦煌的景观和游览内容不同的东西，是把敦煌的客人引来的根本所在。所以，我们要求风情园内的毡房内部一律按牧民生活原样布置。饮食上一定要干净、卫生，一定要做好我们的民族特色。馕、包尔萨克、馓子、奶茶、手抓肉、马奶酒、酸奶呀，都一定要像我们自己过年吃的一样精心加工。我们开办了各类哈萨克传统艺术和民间工艺品培训班，教弹冬不拉、教绣花、制衣，等等。还开发了民间工艺品和土特产两大类旅游商品，不仅让客人玩得尽兴，还能在此购到旅游纪念品，满载而归。工艺品类有'卡尼哇'（哈萨克绣包）、各种服饰、桦木碗、杯，羊骨笛、冬不拉等传统乐器，以及水晶工艺品，我们这儿大红山矿的水晶色彩最丰富。土特产类有雪莲、锁阳等中草药，还有蘑菇、蓬灰等。我们在赛马场举行赛马、赛骆驼、马上拾物、摔跤、姑娘追、毡房拆建比赛、骆驼背物装卸表演、宰羊比赛等多种表演活动。"问及阿塞提和撒吾丽有没有旅游者买他们的工艺品时，他们说："有，多呢！有公家团购的，买了送贵宾的，如我们手工做的马甲、帽子，一次就送六七十套呢。也有客人团购或零买的，有时候运气好一点，一天就能卖几千块钱。现在忙得很，活多，很多姑娘、小伙子来学呢，县上的工艺品培训班还请我们（上课）呢。"

下面是 2006 年对 47 岁吐尔森拜一家采访的片段。这是一个四口之家，1998 年以前一直在放牧，现在雇了人在经营羊群。男主人现在主要经营敦煌—阿克塞的交通运输，女主人主要从事家庭手工艺品制作，两个小孩在外地念书。

问：现在咱们这里旅游开展起来了，你们觉着来这旅游的人最喜欢什么？

男答：我们这边没有什么名胜古迹，主要就是我们自己的草原、毡房、手抓食品和我们的歌舞、赛马、摔跤、姑娘追这些嘛。

……

问：县上给你们办的培训班吗？具体教你们哪些工艺？每年都有吗？收费吗？

女答：是。民族新村培训班教可多了，绣花、制衣，还有教弹冬不拉、阿肯弹唱的。还有旅游培训，教大家来了游客怎么接待，等等。一次培训要四十天。培训班每年都有，不收费。现在还在培训呢。

问：参加培训人的年龄有限制吗？

女答：没有，五十多的也有，十几岁的娃娃也有，主要是女的。我想好了，以后自己的本领强了，我们也打算包个毡房直接搞旅游。

问：你的桌子上放了很多荣誉证书，都是你的？

女答：是的，政府发的，手工艺编制能手奖。每年政府举行手工编织比赛，还有很多什么赛骆驼、赛马、摔跤的传统比赛。大家争着参加呢，得了奖……

市场经济是一种利益驱动机制，经济激励能引发逐利者空间的自发流动。调查表明，红柳湾镇旅游发展的乘数效应，使这里的哈萨克族居民发现本民族传统的生产、生活方式，民族餐饮、服饰和娱乐形式才是游客真正感兴趣的资源。这些有相对垄断价值的东西能够开发成旅游产品，通过市场交换获得较高的附加值。受这种较为单一的现实经济利益激励，即在工具理性的驱使下，红柳湾的哈萨克人纷纷把原先退出了他们视野的节庆仪式、毡帐、民族服装、饮食等自觉恢复起来。民族传统文化通过旅游发展，逐步实现资本转化的同时，也实现了其文化传承的功能。

3. 旅游经济可持续发展的愿望进一步促进社区文化传承的价值理性回归

借助红柳湾社区旅游发展这个平台，这里的哈萨克人获得了前所未有的经济实惠，民族自豪感和自信心也同时被唤醒，他们有了广泛的民族文化认同和文化自觉。"文化自觉"是指生活在一定文化中的人对其文化有"自知之明",并且对其文化发展历程和未来有充分的认识①。民族传统文化的发展,需要文化主体在文化自觉的前提下,对本土文化进行理解、发掘,处理好传统文化传承发展中工具理性和价值理性的关系②。在对经营户阿斯亚的调查中发现,她为了提高自己民族工艺品加工的技艺,主动花钱去新疆哈萨克族聚居区考察。考察后,她表示:"自己的手工技艺一定要再精湛一些,一定不能用缝纫机代替手工。"她以前是做服装的,收入还可以,但2006年至今,她承包了风情园的两个毡房,专门搞旅游接待。她说:"反正阿克塞的旅游一年比一年兴旺了,品牌也打出去了,我们阿克塞的羊肉,这些个奶制品,可以说是真正的绿色食品,我们的工艺品在全国哈族中都是最好的、最地道的传统工艺品,经得起游客的比较,我很有信心。"

"文化自觉"成为阿斯亚自觉传承民族文化的基础和前提。2007年10月,笔者一行在敦煌见到塞乃利局长时,他热情地说:"近两年来,我们的民族社区旅游从无到有,接待人数逐渐增多,旅游收入大幅提高。今年截至目前,已接待游客20435人次,比去年增长22%,实现旅游综合收入338万元。社区牧民旅游直接就业96人,间接就业695人,两项合计占社区牧民总人数的21.4%。旅游业逐步从边缘经济发展为全县的主导经济。""明年8月你们再来调查吧。那时你们写出来的东西将是一流的。为啥呢?第一个,我们的哈萨克民俗博物馆将建起来,建得比新疆的(哈萨克民俗博物馆)还要高、还要好。这是一个综合性的民族民俗博物馆。现在已经收集了好多东西,包括我们哈萨克人的生产生活用具、工艺品、刺绣品等300余件,从哈萨克的演变、成长,今天党的关怀,旅游的开展等各行各业的情况基本上都有,到那里一看,咱们阿克塞从古到今一目了然;第二个,我们投资2000多万元建成了一个国际标准跑马场,要把我们哈萨克每年一度的赛马大会办成赛马节和文化旅游节;第三嘛,我们已经请专家帮助要规划做好阿克塞的民族旅游大概念。我们阿克塞境内有甘肃最大的内陆湖、最高的山峰,世界上最大的盘羊角,亚洲最大的毡房,是野骆驼的主要生存地。我们有漂亮的'草原白宫'——毡房民居,有以'姑娘追'为代表的哈萨克族民族娱乐和民俗活动,有阿肯弹唱、民

---

① 费孝通. 师承·补课·治学 [M]. 北京:生活·读书·新知三联书店,2002:360-361.

② 李伟梁. 试论民族社区文化旅游开发的若干原则 [J]. 黑龙江民族丛刊,2006(2):43-48.

族服饰展示、杂技表演，以及赛马、叼羊、摔跤、拔河、打靶等丰富多彩
的娱乐项目，有诸多民族传统美食、民族服饰和手工艺品。"随着社区旅
游的开展和接待外来旅游者的需要，红柳湾民族社区在政府的主导下，哈
萨克族一些原先几乎被遗忘了的传统习俗和文化活动重新得到全面恢复和
开发。旅游传承民族文化的功能得到实现并逐渐升级。民族社区在发展旅
游的过程中，民族文化传承从工具理性到价值理性回归，在弘扬传统民族
文化的意识、制度和行动方面能够兼顾旅游发展和文化传承的永续性。

三、官鹅沟藏羌传统文化在旅游发展中的传承与发展：政府引导、学者参与的社区整体营造模式

官鹅沟自然风景区所在的宕昌县，地处岷山山系与西秦岭延伸部分交
错地带，自然条件严酷，文化教育落后，经济社会发展程度低，是一个典
型的条件制约型加智力约束型的综合性国家重点扶贫特困县。全县 6 镇 25
乡中有民族乡 2 个，总人口 28.62 万人，是全县绝对贫困人口和低收入人口
集中的地方，农民人均月纯收入不足 500 元①。

1. 官鹅沟藏羌传统文化社区的旅游开发遏制了文化传承的危机

官鹅沟自然风景区位于宕昌县西南部城郊，总面积 500 平方公里，森林
覆盖率 65.1%，北界白浪滚滚的岷江，南靠林海莽莽的岷迭山，风光奇峻
而不乏秀美，藏羌风情神秘古朴，被誉为神仙居住的地方②。官鹅沟内有鹿
仁村和新坪村两个藏羌村落社区。鹿仁村地处半山，有 70 户人家，300 多
人，因有官鹅河阻挡，较为封闭。新坪村有 184 户人家，800 多人，距离景
区入口较近，景区主游径从村子穿过，交通较为便利。两个社区藏羌人口
占总人口的 90%以上。其传统的经济和生产方式主要是农业和药材采集加
工。国家实行退耕还林政策以来，伐木被禁止，社区农业生产大幅度萎缩。
由于就业转移和从事替代经济活动的能力有限、资金短缺，社区的青壮年
劳动力只好外出打工，家中多剩下老人和妇女从事简单劳动。在这样生活
十分贫困、生存为第一要务的民族社区内，民族语言文字、服饰、饮食、
建筑物等显性文化由于功能的逐渐丧失被当地居民无意识地逐渐淘汰，民
族宗教信仰、艺术形态、节庆娱乐活动、价值观念、生活方式和风俗习惯
等隐性文化也逐渐淡出。只有他们的传统民居榻板房，因为没有经济能力

---

① 宕昌县政府. 宕昌扶贫开发调查报告 [R]. 2007：11-13.
② 宕昌县旅游局. 宕昌导游指南 [R]. 2006：93-96.

重修，还一座座兀自坐落在村中。各家屋内陈设虽然简单，但家家必备一个木质橱柜和火塘。火塘是全家人的活动中心，橱柜除了用来放置锅碗瓢盆外，主功能是摆放神位，各家神位的位置基本一致。2003年10月，笔者一行进入当地社区进行田野调查时发现：当地男子和青少年的服饰基本上汉化，会吹奏民间乐器羌笛和口弦、唱民歌、表演传统民族舞蹈的是为数不多的中老年人。40岁的杨彩芝莲是新坪村仅有的女歌手，她也只是县上在召开重大会议或有重大接待时，才偶尔"闪亮登场"。问及她为啥唱民歌时，她回答"自己喜欢"。问有年轻人主动来学吗，她说"几乎没有"。可见，当地传统文化已渐趋式微。见到新坪村有三户村民正在盖房子，前去询问，村民很高兴地说："听说县上要在我们这里搞旅游，所以我们要把老房子拆掉，盖砖瓦房，准备搞接待。"显然，这些人是村里比较有见识、有商业意识的人，但他们做的却是不利于社区旅游发展，破坏当地文化生态环境的事。因为他们的传统民居榻板房才是社区一种重要的旅游吸引物。（笔者注：听说在学者的建议下，他们的行为得到了地方政府的及时劝阻，翻盖了民族传统民居）在鹿仁村的一户农家访问时，我们要求吃一些他们煮的玉米和土豆，他们很热情地供我们吃了个饱。给他们付钱时，他们却坚决不收。他们对我们使用的摄像机和照相机等非常好奇和喜爱，对外来文化表现出了赞赏和羡慕。为了这里的社区经济扶贫和民族文化抢救工作，2003年10月，宕昌县政府聘请学者实地考察、现场把脉，通过资源普查制定官鹅沟旅游景区开发整体规划。政府通过搜集整理民族文化、制定社区原始建筑保留方案、为旅游区各景点命名、编写导游讲解词等一系列旅游发展引导活动，将天赐的优美自然风光和传统文化有机整合为旅游发展的初始资本，走上了"政府+学者"双驱动的民族社区旅游发展之路。自此，官鹅沟藏羌民族社区旅游步入了快车道。景区从刚起步的2004年，年旅游接待人数不足2万人次，旅游综合收入不足100万元；到2006年两项指标分别猛增到16.8万人次和3595.2万元，旅游综合收入连续三年超过财政收入。旅游业收入已占全县GDP比重的12%以上，成为全县经济的支柱产业。旅游已成为当地社区居民赖以生存的基本生产方式①。在从事旅游活动中，社区的藏羌民族群众逐渐意识到那些已经被看作无用的、传统的东西可以给他们带来现实的利益，便主动强化和恢复这些传统习俗和文化活动。2006年再见杨彩芝莲时，她作为民族文化传承者

---

① 宕昌县旅游局. 宕昌县旅游业发展十一五规划［R］. 2006：3-4.

和旅游发展致富带头人，已经是新坪村的村支书、景区民俗艺术表演团的团长。艺术团的任务不仅仅是为旅游者进行民族歌舞表演，更肩负着整理、挖掘社区藏羌民族文化、音乐、舞蹈、服饰资源，编排更精彩的节目，满足游客需求，提升官鹅沟藏羌文化社区旅游知名度的使命。杨彩芝莲自豪地说："没想到，自己唱了半辈子的山歌，一下子成了香饽饽，先是外来的人掏钱排队听，接着是自己的人踏破了门槛来学。还有，我针线活做得好，自己的传统民族服装和'云云鞋'（勾尖绣花鞋）都是自己设计，自己裁剪缝制，外来的人总是主动与我合影照相，一个劲儿地夸赞没见过这么漂亮的民族服装。总有一些人非要买走我的绣花鞋和袜垫，还向我定做这些东西，说这是很特别的工艺品呢！现在，村里的许多妇女经常来围坐在我家炕上一起做针线活，互相谈论指点手艺。一些上学的年轻女孩过去已经不学习这项技能了，现在也来跟着学呢。"她拿出女儿和村里几个年轻姑娘穿民族服装的照片说："看这几个女娃高兴着、美着。她们去年在省城里来的专家指点下，组成了个叫民歌演唱组合的队队儿，有团来旅游时就和吹羌笛、口弦的十几个人一起表演哩，她们收入好着呢！"旅游业的发展使这里出现了传统文化的复兴。那些濒临湮灭的传统民居——榻板房——得到了保护和修缮；传统民族服饰、音乐、舞蹈、乐器等民族艺术和手工艺技术重新受到重视并得到发掘。旅游业激发了当地群众民族文化利用的工具理性，激活了他们重新认识和发掘自己民族文化价值的热情和创造力。旅游不仅增加了他们的经济收入，还实现了其民族文化由原来的实用功能向审美、纪念等功能的转型，遏制了文化断裂的危机，保护与传承了社区民族文化。

2. "政府+学者"双驱动力下的社区整体营造模式

在官鹅沟藏羌传统文化社区旅游发展过程中，始终发挥"政府+学者"双驱动力的持续作用。作用力以价值理性为基础，以旅游业发展中民族社区的整体营造为内涵。具体包括：

（1）科学规划与开发。当地政府在发展旅游业过程中始终以学者的智力支持为依托，在当地旅游资源开发中坚持规划先行，将独特的藏羌文化作为景区的灵魂，把优美的自然环境作为当地藏羌文化产生和孕育的背景，将自然景观与民族文化相结合，进行民族社区的整体营造。

（2）整体营造的理念和方法。基本理念："有形空间+心灵"营造，以"内在"营造为主导。"有形空间"营造是指民族社区的人文、历史、环境等特色氛围的再现，"心灵"营造则是让民族群体充分认识从祖先传承而来的自然、人文及生活资源的丰富性是他们文化、经济再兴的基础。通过他们自己对于本族群文化的了解与认同，产生自发性关心、参与社区公共事务与劳动的热情①。

营造方法：第一，以村民委员会为社区整体营造的组织机构；第二，开办如刺绣、编织、口弦、羌笛、民族舞蹈和社区景点讲解员培训等各种形式的民族传统文化学习班、培训班，让族人了解自己的传统思想和文化知识的同时，掌握民族艺术表现和表演的技能，实现劳动力的旅游职业化；第三，政府、学者在社区整体营造中扮演促成者的角色，广泛吸收居民参与社区整体营造方案的设计和规划，向他们宣讲旅游基本知识，争取他们对方案形成共识，自觉参与传统文化传承与开发的行动；第四，把文化特色作为社区营造的最有价值的"资产"，进行资产的清查、研究、盘活等一系列工作。与新坪村相比，鹿仁村因更为封闭，经营意识和能力更低。在社区以旅游业为中心进行的整体营造中，鹿仁村在县政府的指导下，先后共有13户64名村民参加了农家乐经营，兴办水上游船、游艇、餐饮、娱乐，配套开发旅游纪念品等项目的培训，这些村民在劳动技能培训完成后，全面参与旅游业的各项活动。有1户人家进入县城开起了餐馆，6户人家在景区办起了农家乐，不仅提升了餐饮业的档次，扩大了全县旅游接待能力，而且增加了村民的收入。旅游就业实现了"培训一人就业一人、就业一人脱贫一户"的联动效应。28岁的村民小胡是个脑瓜机灵的年轻人，他家已经营3年农家乐。2006年8月27日上午10点采访他时，他头缠青帕子，身着黑蓝色左大襟上衣，袖口处镶四指宽白布，腰系自织褐色系腰，一身典型的当地藏羌成年男子打扮，正在自家院子里给一个卖花椒的农民付账。他激动地说："没想到，家里养的鸡、鹅、种出来的菜，过去要起早去集市想卖个好价钱，可赶几次集也卖不了百八十块钱。现在可好了，做农家饭不仅卖的价钱喜人，而且自家养的家禽不够用，还把邻里几家的都用上了。去年开始，我们也学着城里人讲究个牌子了，印些花花绿绿的传单，发给旅游的人，告诉他们我家经营餐饮是在宕昌最老、最舒服的榻板房里（他笑笑说有点吹牛），用的材料都是我们宕昌名牌，花椒是'大红袍'、辣子是'南阳羊角辣椒'、大蒜是'哈达铺紫皮'，炖的羊肉是'宕昌黑紫羔羊'。生意好着呢！我家的纯收入这三年几乎每年翻一番。听说四川人农家乐搞得好，明年闲时，去看看，取取

---

① 王亚欣. 对台湾原住民部落观光营造的思考［J］. 旅游学刊，2006（4）：27-31.

经。"当我们问及他是否常常穿民族服装时，他笑笑说："前些年早就不穿了，去外地打工没人认得我是少数民族。办了农家乐后，穿成这样招揽客人特管用！凡来吃饭的客人都愿意和我照相，还借用我的衣服照相呢！都夸这衣服做工好，穿上挺特别的。这身打扮聚人气嘛！（所以）我就越来越爱穿了，天天穿着呢！我还让我家的人和服务员都穿呢！"笔者注意到，他家的几个女服务员都是上身穿领子、袖口镶花边，颜色较鲜艳的大襟衫，外罩坎肩，下身着深色长裤，足蹬红色高筒黑鞋面的绣花云纹鞋，她们笑盈盈地里里外外忙碌着。官鹅沟藏羌社区旅游是一种与少数民族群众的基本生存方式密切相关的文化性旅游活动。民族主体关注旅游其实就是关注自身与他人（游客）的生存本身，实质上是以一种更为理性的方式审视自我和他者的生存状况，是民族传统文化自我拯救的理想方式。旅游作为一种跨文化的传播方式，能凸显、增强接待地居民原有的文化认同感和文化自尊感①。与其他文化传播方式相比，旅游业中的跨文化传播是一种直接接触"真实世界"而非"媒介世界"的传播方式，它是文化与文化之间亲身的、直接的、互动的、即时的、感知的交流与传播。官鹅沟藏羌传统文化社区旅游这种在文化的原生地进行的社区整体营造，强调当地民众的积极参与和自我主导，强调文化不脱离其"母体"，不抛弃其根本。这种近乎旅游开发、服务、产业和科研一体化的道路，是传承民族文化的一个非常好的途径。

四、两种模式的价值归一：民族社区旅游发展促进民族文化传承的升级演进

两个民族社区旅游的个案，其旅游发展模式不尽相同。红柳湾哈萨克民族社区旅游是小型主题公园性质。旅游业依托哈萨克民族传统文化，在民族风情园这样的载体中得以发展。随着社区居民参与旅游的深度和广度不断加强，最初受工具理性的驱使，利用自己的民族文化赚钱的行为，逐渐升级为因传统文化价值的自我认同，主动在价值理性支配下进行传统文化挖掘与传承。官鹅沟藏羌社区旅游则属于民俗生态博物馆模式。这种模式以社区为核心，将整个社区作为一种开放的博物馆，对社区的自然、文化遗产进行整体保护，借助旅游开发的财富积累和可持续发展要求，以各

---

① 李蕾蕾. 跨文化传播及其对旅游目的地地方文化认同的影响［J］. 深圳大学学报（人文社会科学版），2000（2）：95-100.

种方式保护和传播社区的文化精华并推动社区向前发展。两种发展模式的发展基础不同，前者富裕，后者贫困；运行方式不同，前者一开始就是政府主导的高起点竞争主体参与运营，后者则是政府引导下自发性低起点的被动型主体运营。但殊途同归，旅游发展促进民族社区综合发展的功能高度一致，保护和传承民族文化的价值也完全相同。这种旅游发展促进民族文化传承的升级演进，正好验证了艾普的社会价值交换理论。他指出："当居民与旅游业之间资源交换程度很高而且处于平等地位时，或者虽然不平等，但倾向于居民一方，他们对旅游业则持积极态度，反之，居民态度则转为消极。"① 两个民族社区通过旅游发展，其传统文化进入大众视野，为更多的人所了解，通过不同文化的碰撞凸显其自身文化的价值，借助"他者"的目光，社区少数民族实现了对自身文化的审美过程。他们在交流和碰撞中反观自我、认识自我、确证自我，增强了民族自信心，提高了他们保护本民族文化、实现文化的可持续发展的自觉性。社区旅游提供了民族传统文化在生产和生活中得以应用，以及经济、社会等综合价值得以保存下来的平台和支撑。在这个平台中，那些能做民族服饰、盘民族发型、唱民族歌曲、做民族手工艺、讲民族传说故事、担任仪式主持的中老年人，成为民族文化传承的源头，成为文化传承的主体力量和社区参与的催生力量，成为文化资本的载体。在这个传承"场"中，经济利益的工具理性是传承的原动力，政府、学者的引导是价值理性的支撑力，两者有效的结合是民族文化传承和旅游吸引物保持神秘性与吸引力的源泉。通过两个个案研究，可以发现：现代民族社区旅游是民族传统文化得以"活态"保存与传承的根本方式，具备传统文化得以复归和保持、旅游社区的民族文化认同凸显、文化和资源保护意识萌生等文化传承功能。社区参与程度越高，居民的文化保护意识越强。社区参与为居民主动、自觉地保护和传承民族文化提供了某些内在动力和观念支撑，旅游的文化传承功能也自然升级转型，传统文化得以延续和发展。民族文化的可持续传承是民族社区旅游发展的根基，民族文化是民族社区旅游发展的第一生产力越来越成为人们的共识。发展民族社区旅游不仅能让众多农牧民共享改革开放的成果，还是文化多元化保存的最有效方式，所以应大力发展农牧民广泛参与的民族社区旅游。

---

① John Ap. Residents' Perceptions on Tourism Impacts [J]. Annals of Tourism Research, 1992, 19（4）：665-690.

参考文献

［1］吴必虎，余青. 中国民族文化旅游开发研究综述［J］. 民族研究. 2000（4）：85-94，110.

［2］张瑛. 民族旅游的工具理性和价值理性与管理的作用：以云南少数民族旅游开发为典型案 例［J］. 广西民族研究，2006（1）：171-176.

［3］费孝通. 师承·补课·治学［M］. 北京：生活·读书·新知三联书店，2002.

［4］李伟梁. 试论民族社区文化旅游开发的若干原则［J］. 黑龙江民族丛刊，2006（2）：43-48.

［5］王亚欣. 对台湾原住民部落观光营造的思考［J］. 旅游学刊，2006（4）：27-31.

【教学指导说明】

一、教学目的与用途

（1）适用课程：本案例适用于旅游管理类专业的本科、硕士、MTA 等"旅游规划与开发""旅游资源分类与评价""旅游规划与开发可行性分析"等课程。

（2）教学目的：通过本案例的讨论和思考，理解价值理性与工具理性在民族社区旅游发展中的作用；掌握社区旅游发展中文化传承功能的升级演进；了解访问调查法在旅游规划与设计的应用。

二、启发思考题

（1）红柳湾哈萨克民族文化在旅游发展中的模式是怎样的？

（2）官鹅沟藏羌传统文化在旅游发展中的传承与发展模式是怎样的？

（3）民族文化在社区旅游发展中传承的合理尺度是什么？

（4）民族文化如何在社区旅游发展中传承、升级和演进？

（5）试用访问调查的方法对某社区的社区或旅游景区进行调查。

三、分析思路

首先，以这两个民族社区为调查对象，遵循田野调查原则，就民族社区旅游发展与民族文化传承对民族社区中不同年龄、不同学历、不同家庭境况的政府官员、社区农牧民、旅游经营户负责人、游客等进行了访谈；其次，通过田野调查资料，了解民族社区旅游发展与民族文化传承中相关利益群体各自的定位、价值认知和行动，说明民族社区文化主体在旅游开发前后对民族文化的态度和行为方式的变化轨迹；最后，得出结论即社区旅游不仅对民族传统文化具有较强的传承功能，而且这种功能随旅游业的发展能够自行升级演进。

四、理论依据与分析

"合理性"概念是德国社会学家马克斯·韦伯提出的，韦伯将合理性分为两种，即工具（合）理性和价值（合）理性。工具理性，即"通过对外界事物的情况和其他人的举止的期待，并利用这种期待作为'条件'或者作为'手段'，以期实现自己合乎理性所争取和考虑的作为成果的目的"。人们为达到精心选择的目的，会考虑各种可能的手段及其附带的后果，以选择最有效的手段行动。持工具理性的人，不是看重所选行为本身的价值，而是看重所选行为能否作为达到目的的有效手段，即手段是不是成本最小而收益最大的。

工具理性在韦伯的理论中包含两重含义，一是指目的或目的—手段理性。当代生活的突出之处是系统的目的理性行动，包括明确的目标定义和对达到目标的最有效途径的越来越精确的计算，这种行动对立于那种遵从传统主义习惯的行动。二是体现着一种行使理性的含蓄性质，而不论是否含有手段—目的程序。"一种行动类型为'理性化'的，是指这种活动为明确设计的规则所控制，是指对活动范围的无限精确并涉及专门概念和知识的应用，是指这种活动被系统地安排成内恰的整体。这些特点在用于工具性行动时，它们意味着极其严格的操作上的精确性和可计算性。"

价值理性，即"通过有意识地对一个特定的行为——伦理的、美学的、宗教的或作任何其他阐释的——无条件的固有价值的纯粹信仰，不管是否取得成就"。也就是说，价值理性是人们在现实的价值实践活动之前事先建立起来的，是人们根据主体需要和意志出发进行价值活动的自我控制能力和规范规则。价值理性能够规范指导人的未来价值活动朝着合乎社会主体乃至合乎全人类之需要的价值理想迈进。工具理性与价值理性应该相互依存，和谐统一。

五、关键要点

（1）旅游社会学和人类学在西方已经有了较长的发展历史，而在我国仍有待进一步发展。掌握旅游社会学和人类学有助于规划者全面关注旅游规划中的相关群体，而不是仅仅将视线停留于资源和设施的规划与开发上，更为重要的是关注社会、关注旅游规划和开发中的人。

（2）文化人类学、旅游文化的理论基础将从旅游发展主题、旅游经济发展模式，以及文化传承、创新和发展等方面，对旅游规划的理念和内容产生深远影响，也为旅游规划的不断发展提供理论指引和技术支持。

（3）目前，在旅游规划的实践方面还存在进一步完善的空间，为此，需要从旅游规划的理念更新，以及旅游规划的质量控制等方面着手，不断提升中国旅游规划的水平和综合效益。

（4）从利益相关者的角度考虑，旅游规划实际上就是通过采取某些措施和战略安排来调整各相关者的利益，期望形成多赢的局面。

六、课堂安排计划

本案例可作为 MTA 相关课程的课堂教学案例使用，也可用于专门的案例讨论课。建议采取分组讨论的方式学习和分析本案例，以完成本案例的教学目标。建议课堂教学学时为 1~2 学时。

课前计划：课前要求学生自由组成学习小组，3~5 人为一组，组长组织成员一起预习，熟悉案例背景，理解"工具理性"与"价值理性"等概念的基本内涵，阅读案例主体内容；教师提前向学生布置思考题，思考题可以根据需要从本案例使用说明的"启发思考题"中有针对性选择，也可以自由提出有意义的思考题；每个学习小组撰写一份 1000~2000 字的案例分析报告，回答这些思考题，在课堂讨论前提交给老师。

课中计划：教师首先导入案例，回顾案例主旨内容，明确讨论主题；然后小组开展讨论，讨论结束后各小组推选代表发言；各小组发言后教师可进行简单的点评，并引导全班继续重点围绕"民族文化在社区旅游发展中传承的合理尺度"和"民族文化在社区旅游发展中传承、升级和演进"两个话题开展深入讨论。课堂结束前应对学生讨论的结果进行归纳总结，并进行必要的补充。

课后计划：建议以小组为单位，应用"工具理性"与"价值理性"自觉融合的理论观点对其他民族社区的旅游发展中传承、升级和演进进行分析，并以研究报告的形式完成。

第四篇

乡村旅游转型发展与优化升级

中国的乡村旅游开始于 20 世纪 80 年代。30 多年来，依托丰厚的旅游资源，伴随着经济的快速发展，得益于政府的政策拉动，我国乡村旅游发展不断壮大，由自发到自觉、由局部到整体、由零星到规模，取得了显著成效。遍览神州大地，各地倾心打造展现农俗风情的乡村旅游产品琳琅满目，目不暇接；以地域文化、建筑文化、民族文化、养生文化、餐饮文化等为特色的旅游村不断发展壮大，促进了乡村旅游的大发展和大繁荣。乡村旅游已成为我国旅游业的重要组成部分，在促进农民脱贫致富、改善农村基础设施、提升农村文明水平、传承乡村文化等方面发挥了积极的作用。

　　然而，目前国内一些乡村旅游主要停留在观光、采摘、垂钓等常规项目上，各地的乡村旅游产品和服务同质化趋势较严重，缺乏精品和亮点，致使游客重游率低。一些"农家乐""民俗游""村寨游"等活动内容趋同，缺乏体验、休闲项目，缺乏文化内涵，地域性、个性化特色不突出，缺乏产业链，难以满足游客的深层次需求，综合经济效益低，乡村旅游转型升级已成为迫切的现实需求。当下，在休闲度假时代来临的外部因素和美丽乡村建设的内在因素双轮驱动下，中国乡村旅游发展迎来全面转型升级的绝佳机遇。在乡村旅游转型升级的新阶段，需要以规划引领推动乡村旅游转型升级，以科学的理念和更高的标准来指导和推动乡村旅游的可持续发展。

案例 11 基于文化创意视角的 盐城乡村旅游优化发展①

[内容摘要] 分析盐城乡村旅游发展现状发现，目前盐城乡村旅游还存在挖掘乡村传统文化的力度不足、缺乏创意型乡村旅游产品、缺乏创意营销和创意人才及乡村旅游开发信息化建设滞后等问题，因此，从创意开发的角度提出盐城乡村旅游优化发展模式与发展路径。发展模式主要包括创意农业模式、创意民俗模式、创意旅游综合体模式及创意民宿开发模式；发展路径主要有深入挖掘乡村文化资源、创意乡村旅游产品、加大营销宣传力度与开展区域合作、培养和引进创意人才及提升旅游信息化程度等。

[关键词] 文化创意；乡村旅游；优化发展；盐城

一、引言

乡村旅游是以农业文化景观、生态环境、农事活动及传统民俗文化为核心吸引物，来满足游客的观光、考察、学习、体验、度假等需求。2018年《中共中央 国务院关于实施乡村振兴战略的意见》，在"构建农村一二三产业融合发展体系"中，提出"发展乡村共享经济、创意农业、特色文化产业"。2018 年 12 月，文化和旅游部等 17 部门联合发布的《关于促进乡村旅游可持续发展的指导意见》中提出，"加快乡村旅游与农业、教育、科技、体育、健康、养老、文化创意、文物保护等领域深度融合，培育乡村旅游新产品新业态新模式"。可以说，打造乡村旅游精品和发展创意乡村旅游已成为国家政策的指引方向。另外，随着旅游消费结构升级，城乡居民对休闲旅游、健康养生等需求增加，游客不再满足于乡村旅游观光休闲活

---

① 本案例为原创案例，基金项目：盐城市政府社科奖励基金项目"基于文化创意视角的盐城乡村旅游优化发展研究"（项目编号 19szfsk156）。项目成果论文发表在《广州城市职业学院学报》2019 年第 3 期。

动，对文化元素的旅游需求不断提升，这促使乡村旅游与文化创意产业融合，旅游产品向创意化方向发展。

文化创意是通过发挥个人的创造力、智慧，以资源为载体，赋予产品独特的文化内涵，强调的是产品的差异性和提升产品的附加值，以此来满足人们对多样化、多层次的精神与文化需求。乡村旅游开发中融入文化创意，对乡村自然资源和文化资源进行有效和创造性开发，设计出具有乡村旅游地文化气质的旅游产品，提升乡村旅游产品品质。推动乡村文旅融合发展，有利于乡村旅游实现转型升级，促进乡村旅游的创新发展。近年来，盐城乡村旅游发展迅速，同时也带来了不少问题，在乡村振兴战略下，盐城市如何延伸乡村生态产业链、加强产业融合发展，实现乡村旅游经济腾飞，是目前盐城乡村旅游发展需要解决的问题。本报告从文化创意的角度出发探讨盐城乡村旅游，以期为乡村旅游优化发展提出建议，促进盐城乡村旅游可持续发展。

二、文献研究进展

在乡村旅游的研究内容上，影响和制约乡村旅游发展的因素一直是国外学者关注的热点，如 Fotiadis（2010）关注旅游服务质量、Sharpley（2011）关注旅游者精神体验对乡村旅游发展的影响。在乡村文化旅游研究上，Mac Donald（2003）研究分析了加拿大的乡村区域发展的旅游文化和社区参与的因素，突出强调乡村旅游中文化的重要性，推论出乡村的文化旅游发展模式。Ondimu（2002）论述了古斯社区文化遗产对其产生的重要影响，通过访谈和问卷调查等研究方法对当地居民进行探访，研究文化旅游的发展模式，并指出当地应该在保护文化遗产的基础上进行渐进式的旅游规划和开发。国内学者对乡村旅游的研究主要集中在乡村旅游的地理空间结构、驱动机制问题、市场营销、产业升级、生态环境、发展模式及对策等。从研究方法上看，国外关于乡村旅游的研究多采用实证研究或焦点小组的方法，其研究结果具有一定的科学性和借鉴性；国内学者多通过定性分析和案例研究的方法来对乡村旅游进行研究。随着乡村旅游的转型升级，学者从文化创意视角对乡村旅游的发展模式、发展策略及路径做了研究。钱静（2009）提出在乡村旅游发展过程中，要积极地依靠政府主导性和市场的引导性，政府应该创造良好的政策环境，市场应造就良好的供给环境，并通过人才和技术战略来有效促进其乡村旅游与文化创意产业融合。江振娜、谢志忠（2012）总结出六大农村民俗文化的创意旅游产业发展模式。

康杰、杨欣（2015）提出创意思维开发乡村资源、创意设计开发旅游产品、创新乡村旅游开发模式、创意文化主题活动、创意旅游营销等方面的策略。张颖（2017）提出山东乡村旅游创意开发的路径主要有挖掘乡村文化资源、乡村旅游产品的形象塑造及宣传、区域资源的整合与合作、完善乡村旅游产业链等。有的学者针对特定乡村旅游目的地的创意旅游开展案例研究。秦春林（2015）以桂林市临桂区横山村为例，在阐释"创意旅游"概念基础上，分析了在文化创意旅游理念指导下传统村落旅游开发的方式。张硕等（2014）研究了北京乡村旅游与创意产业的发展现状，结合北京乡村旅游的实践案例，分析两者之间的互动发展机制及融合路径。从已有研究文献上看，文化创意乡村旅游在国内研究尚处于初级阶段，研究成果数量少，而且研究范围较窄，研究内容以概念、产品开发等为主，乡村旅游与文化创意产业的融合还没有系统深入的研究。如何策划乡村旅游文化创意项目，实现文化创意与乡村旅游的深度融合，以文化创意的视角实现乡村旅游转型升级是研究的趋势。

三、盐城乡村旅游发展现状分析

（一）盐城乡村旅游资源特色分析

盐城历史悠久，全境为平原地貌，河沟纵横，水网密布，乡村旅游资源丰富，既有美丽的自然风光，又有一定特色的乡土文化。盐城乡村旅游资源主要特色表现在：

1. 乡村自然资源具有代表性

盐城乡村地区拥有平原、湖泊、河流、森林等多样性的自然生态资源，形成具有观赏价值的自然景观，如大纵湖、九龙口、黄海海滨国家森林公园等景区。

2. 乡土文化底蕴深厚

盐城素以"新四军红色文化""海盐文化""里下河水乡文化"著称。新四军红色文化是盐城文化之魂，"铁军精神"是实现乡村振兴的动力源泉。盐城是一座以盐命名的城市，因海而生、因盐而兴，吴越文化和齐鲁文化在此交融，形成了今天兼容并蓄的海盐文化。里下河地区不仅拥有多姿多彩的水乡风情，而且孕育出了在中国文坛史上有一定地位的里下河文学流派。盐城农村地区物质文化和非物质文化积淀较为丰厚，形成了乡村古建筑民居、古村落、历史古迹、旅游商品和民俗活动等人文旅游资源。其中，淮剧、建湖杂技、董永传说3项被列为国家级非遗项目，东台发绣、海盐晒制技艺、八桅风车制作技艺、阜宁公兴面塑工艺等 29 项被列为省级非遗项目。

3. 农业经济发展迅速，农产品丰富

盐城农业经济发展迅速，多次被评为全国粮食生产先进市。盐城农产品丰富，粮食、棉花、油料、蔬菜、生猪、家禽、水产、果品、蚕茧等主要农产品产量均居江苏省前列。2018 年，盐城累计认定家庭农场共 4858 个，创成省级示范家庭农场 141 个，市级示范农场 306 个①。多类型的现代农场和农业生态园不仅提供了特色农产品，也为乡村旅游的开发提供了形式多样的活动。

（二）盐城市乡村旅游发展现状

2018 年，盐城共接待海内外游客 3333.9 万人次，比 2017 年增长 13.7%，实现旅游总收入 374.2 亿元，比 2017 年增长 16.9%，旅游外汇收入 8821.9 万美元，比 2017 年增长 7.4%②。其中，在政府政策支持和游客旺盛需求下，盐城乡村旅游收入和接待人次呈现逐年上升趋势，乡村旅游呈现集聚发展的态势，休闲农业接待游客超过 900 万人次，旅游收入达 21 亿元③。乡村旅游正发展成为盐城农村发展、农业转型和农民致富的重要渠道。

目前，盐城已有 4 家江苏省五星级乡村旅游区——盐都区三官村、大丰区恒北村及丰收大地、东台市甘港老家。其中，大丰区恒北村于 2019 年 7 月被列入全国乡村旅游重点村名录。盐城拥有 5 家全国农业旅游示范点、24 家省四星级及以上乡村旅游示范点。盐城各乡村旅游地凭借自身具备的乡村旅游资源优势逐步形成水乡风光型、休闲农业田园型、现代新农村型、古村落民俗风情型及旅游小镇型等乡村旅游开发类型（见表 4-1），乡村旅游品牌渐已形成。盐城市乡村旅游资源丰富、乡土文化底蕴深厚，文化创意乡村旅游融合度在不断加深，一批乡村旅游文化创意产业项目的兴建，将带来巨大的旅游收益，促进乡村发展。

---

① 盐城市 2018 年国民经济和社会发展统计公报［EB/OL］. http://www.tjcn.org/tjgb/10js/35772_2.html.

② 盐城市统计年鉴（2018）［EB/OL］. http://data.cnki.net/area/yearbook/single/N2019010143z=D10.

③ 盐城市 2018 年国民经济和社会发展统计公报［EB/OL］. http://www.tjcn.org/tjgb/10js/35772_2.html.

表4-1　盐城代表型乡村旅游开发类型

现有开发类型	代表乡村	特色
水乡风光型	盐都大纵湖、建湖九龙口、阜宁金沙湖等周边乡村	水乡自然风光特色明显，将乡村旅游与荷藕、芡实、菱角、慈姑种植和螃蟹、黄鳝、青虾等水产养殖相结合
休闲农业田园型	龙冈桃花园、盐都区仰徐生态草莓园、亭湖区便仓枯枝牡丹、射阳国家农业公园、阜宁羊寨桃花源、黄河故道生态大观园等	观赏风光、体验农事活动，栽植和采摘应季果蔬
现代新农村型	东台市甘港老家、大丰丰收大地和射阳现代农业园区等	现代农业生产、观光、特色民宿、美丽乡村建设
古村落民俗风情型	安丰古镇、草堰古镇等	古盐运集散地、特色景观、古风遗韵
旅游小镇型	千鹤湾温泉风情小镇、洋马养生小镇、甘港田园小镇等	温泉养生、养老产业

四、盐城乡村旅游发展的瓶颈

（一）旅游开发中对乡村传统文化的挖掘力度不足

在盐城乡村旅游开发中，有的村落开发能将乡土文化与自然资源结合开发，例如，盐都区三官村利用里下河文化资源，开发出以婚庆展示演绎为主的民俗水乡类、以龙舞表演为主的龙舞文化类、以鱼鹰捕鱼为主的渔耕文化类特色旅游产品，吸引了旅游者的目光。但较多的乡村开发中把重点放在对农业资源、自然景观的开发，生产出的旅游产品仍然是以观光、农家乐或采摘为主，对乡村的农耕文化、地域特色民俗节庆与非物质文化的开发力度不足，使得游客的参与度低，无法形成积极的体验感知。脱离了乡土文化的乡村旅游，给游客带来的是千篇一律的乡村体验，游客重游率低，乡村旅游发展最终会陷入瓶颈。

（二）缺乏创意型乡村旅游产品

乡村旅游产品的开发离不开"农村、农业、农民"，因此既要依托自然资源，更要依托乡土文化来设计和创作。目前盐城乡村旅游观光型产品占主导，乡村休闲度假产品较为缺乏；而且产品在开发中大多还是依赖自然资源，创意开发的理念没有贯彻到产品开发中，尤其是文化创意元素应用少，不能给游客带来新奇感，难以满足游客的新需求。多数乡村开发中，没有建立文化产业园或旅游体验园，即使有节庆活动策划，也多属于较为直接的产品模式。此外，有的农村乡村旅游开发中没有做到"一村一品"，同质化较严重，无法形成核心竞争力。例如，盐都区不少乡村旅游开发都是以采摘为主吸引游客，而且种植的蔬果类型大多相同，游客选择的空间狭窄，缺乏吸引力。

（三）缺乏创意营销和创意人才

乡村旅游营销缺乏创意，往往只是借助旅游节庆活动宣传，传播的方式较为陈旧，形成"弱传播效果—低影响力—弱传播效果"的恶性循环。一些四星级以上的乡村旅游区也只是周边市区的游客熟知，市场知名度不高。在新媒体时代，营销内容缺乏创意，渠道宣传限于传统媒体，乡村旅游营销自然不能达到理想的效果。

就目前而言，盐城乡村旅游开发人才缺乏，尤其是文化创意的专业人才，这制约了盐城乡村旅游与文化创意的融合发展。

（四）乡村旅游开发信息化建设滞后

信息化时代的今天，游客大多利用网络平台去了解他所感兴趣的旅游目的地。尽管盐城这几年乡村旅游发展势头较好，但并没有建立相应的乡村旅游官网。我们在网上所能检索到的多是乡村旅游的新闻报道或碎片化的乡村旅游活动、旅游节庆，对于习惯网上预订的游客来说，是无法通过网络预订盐城的乡村旅游服务的。因此诸如在线交易、在线咨询、虚拟旅游、预订等网络服务都无法实现。盐城四家省级五星级乡村旅游区也没有建设旅游景区官网，智慧旅游体系建设滞后。

（五）各区县乡村旅游发展不均衡

近几年来，乡村旅游得到盐城各级地方政府的重视，但盐城乡村旅游存在地域发展不均衡的问题。盐都区、亭湖区、大丰区和东台市的乡村旅游发展较快，高品质乡村旅游景区主要集中在上述地区，对于旅游企业而言，也更倾向于将旅游项目投资在上述地域。而全市其他县，如滨海、响水等，经济相对落后，乡村旅游发展也滞后，乡村旅游资源开发程度和产品品质上处于较低层次。因此，需要加大对乡村旅游发展落后县的扶持力度，促进全市乡村旅游的均衡发展，实现乡村振兴。

五、盐城乡村旅游文化创意开发模式

创意开发盐城乡村旅游是实现乡村旅游可持续发展的必要途径。我们认为，在结合盐城现有乡村旅游开发类型的基础上，需要创新盐城市乡村旅游文化创意开发模式。

（一）创意农业模式

作为现代农业的高级形式——创意农业是乡村旅游深度发展的重要途径。旅游创意农业是创意农业与乡村旅游有机融合的产物，它依托传统农业生产场所、过程和产品，在其中融入文化创意、艺术创造、技术创新，以满足旅游者的旅游需求。从政策引导方面，我们建议盐城市县政府应以政策支持创意农业的发展，加强创意农业服务平台的建设，培养和引进创意农业专门人才，鼓励农民积极参与创意农业的发展。

创意农业可以采用以下开发模式：

① 结合现代科技手段开发特色农产品，例如，开发建设现代农业科技园，形成新型农业景观和农产品。② 整合农村特色资源，将文化创意思想融合到传统的观光农业中，不仅形成农业规模效益，而且能够塑造乡村旅游的品牌。在实际开发过程中，大部分创意农业可以多种形式并用，通过文化和技术的手段使传统农业产生新的价值，成为乡村旅游的新载体。

（二）创意民俗模式

1. 民俗演艺模式

演艺是展示民俗文化的一种直观方式，能给旅游者带来较强的旅游体验。我国已有一些成功的演艺项目，如著名导演张艺谋主创《印象刘三姐》《印象云南》，宋城集团开发的《宋城千古情》等，市场效果显著。西南省份的少数民族村落也已出现以演艺来展示民族风情的成功案例。不过，在盐城乡村地区这种民俗演艺形式较少。在走访盐城某些乡村时发现，由村民自发组织的说唱表演，原本是村民自娱自乐，现今反而成为游客的观赏点。盐城曲艺文化资源丰富，有大量的民间艺人。通过说唱、杂技、舞蹈等形式将地方民俗表现出来是吸引游客的一种方式。舞台不一定要局限在固定的舞台或剧场内，村民的日常生活也可以是表演的舞台。因此，盐城乡村旅游在开发过程中，既可以通过乡村传统的曲艺形式在舞台上将乡村生活展现出来，也可以让游客深入村民的日常生活中，亲自观摩体验乡村的民风民俗。

2. 乡村手工艺品制作体验模式

传统艺术的旅游体验，不仅促进了乡村民间艺术的传承与发扬，而且能强化乡村旅游产品形象。盐城目前缺乏有特色的乡村旅游商品，众多民间工艺没有得到较好的宣传，品牌化低，甚至很多文化、地域都相差较远的乡村旅游商品都是相似的。可以在不同乡村开发不同的民间工艺品体验活动，让游客参与民俗旅游产品的生产，例如，手把手教游客剪纸、做草编等，使游客亲身体验到制作的过程，将会给乡村旅游经历画上添彩的一笔。

3. 休闲度假模式

盐城不少农村拥有休闲度假的天然资源，尤其是沿海地区的渔村、湖区农村及有温泉的乡村等。这些乡村地区目前大部分是借助了天然资源简单地形成渔家乐、农家乐及温泉旅游等，旅游服务质量有待提高，游览项目上缺乏创意。对于这些适合开发休闲度假乡村产品的农村来说，如大纵湖区域、东台渔村、射阳渔村等，可以依据特有的天然资源将温泉文化与养生理念结合，渔家风俗与度假生活融合，深度开发满足当前旅游者需求的度假旅游产品。

（三）创意旅游综合体模式

创意旅游综合体主要是指在文化创意产业和旅游业融合的大背景下，由文化创意产业吸引物和旅游六要素相融合形成的新型旅游产业模式。创意综合体可以融合乡村观光、游乐、休闲、运动、体验等多种旅游功能。现有的主题公园、艺术园区、影视或动漫基地等都属于这种形式。盐城有条件的乡村旅游地在开发过程中可以侧重一项或几项功能，形成乡村旅游综合项目，主动创设一些观赏对象和娱乐样式，使游客在乡村旅游过程中尽情体验文化、享受文化和消费文化。

（四）创意民宿开发模式

乡村旅游地的民宿既不同于普通的农家乐，也不同于高星级酒店。盐城乡村旅游目前以郊区乡村一日游为主，住宿是很多游客没有选择留下来的原因。开发特色民宿，可以满足城镇旅游者的住宿需求。回到乡村是现代人对远古而长久的"乡愁"的释放，盐城在乡村旅游产品设计中应强调民宿体验，利用充满地方特色的建筑群在传统房屋的基础上进行改造，使其不失传统韵味。

六、盐城市乡村旅游优化发展的路径

（一）深入挖掘乡村文化资源

挖掘乡村文化资源进行创意开发是乡村旅游可持续发展的重要保障，旅游是一种创意经济、审美经济和体验经济，文化资源是其中的重要元素。文化创意产业与乡村旅游有机融合，挖掘、整理、激活乡村文化资源，设计出更符合游客需求的旅游产品。对乡村文化资源展开深度挖掘不仅要从物质文化着手，也要对非物质文化进行开发和传承。因此，无论是乡村地区的自然生态环境、乡村地域文化，还是乡村居民的生产、生活活动都是创意乡村旅游开发的对象。由此，深入挖掘乡村文化资源，开发出创意农业模式、创意民俗模式、创意旅游综合体模式等不同模式的创意乡村旅游。

（二）创意乡村旅游产品

结合盐城乡村旅游资源的特色，围绕旅游六要素——"食、住、行、游、购、娱"来优化文化创意乡村旅游产品。乡村在打造创意旅游产品可以从以下五方面进行，或根据乡村实际选其一进行突破，深度开发，形成自己的品牌特色。

1. 食：开发文化创意类乡村美食

盐城菜属淮扬菜系，千百年来，尽显淮扬风味，美食小吃众多，具有较高知名度。比如有获得全国地方特色系列菜肴集体商标的盐城八大碗（农家烩土膘、红烧糯米圆、萝卜烧淡菜、鸡丝烩粉丝、涨蛋糕、芋头虾米羹、家常红烧肉与红烧鱼），更有诸如东台鱼汤面、上冈草炉饼、阜宁大糕、九龙口大闸蟹、建湖藕粉圆子等地方特色的风味小吃。乡村美食是吸引游客体验乡村旅游的重要动力，随着游客需求层次不断提升，在追求"舌尖上的味道"的同时，对饮食环境、美食制作、民俗体验也提出了更高的要求。因此，盐城在发展创意乡村旅游时，应将文化创意融入乡村美食的开发中，提高乡村美食的参与性、文化性和知识性等综合体验。在饮食环境的开发中应适当打造风味餐厅、乡居酒吧等特色业态。在乡村菜品开发中，应注意把味、形、意三者统一起来。在注重味道的同时，对菜品的装盘造型进行提升，表达出菜品的文化内涵。里下河地区和沿海乡村可以打造特色河鲜、海鲜餐饮体系，游客在品味美食的同时又可领略独特的渔民风情。此外，乡村美食开发还可以加入具体的文化创意元素，营造创意厨房、创意美食体验、创意厨艺训练营等融合项目。

2. 住：开发特色民宿

民宿是建在乡村环境中的为游客提供住宿与餐饮服务的旅舍，游客通过入住民宿，可了解当地居民的日常生活与当地文化。发展民宿，有助于乡村旅游从传统观光向过夜体验功能升级，故而地方政府鼓励民宿的发展。乡村民宿是乡村文化旅游产品，盐城民宿的开发应遵循真实性原则，依托乡村地域文化进行营造。乡土性是乡村旅游产品的主要特色，民宿的建造应抓住乡土性这一特点，就地取材，可以借助荒废场地、民宅旧居等来拓展其空间布局，利用仓库、农舍等富有文化感、历史感、年代感的地方建立起创意主题性建筑，装潢设计、餐饮餐具等细节上应充分体现村落文化特色。民宿的经营者应以本地人为主，这样能潜移默化地传播本地文化韵味，可以让游客体验到真正的乡趣。

3. 游：活化古镇、古村落

古镇、古村落是集建筑、民俗、文化、环境、生态文明于一体，并具有历史文化、民俗风情、艺术审美、游憩休闲、科学研究等诸多价值属性的综合体。因此，古镇、古村落是创意文化产业与乡村旅游融合最容易发展的地域，具有先天的良好基础。我们可以对历史文化厚重、民俗活动较为丰富的古镇、古村落进行活化升级，开发中不能局限在村落景观的静态展示，可以借鉴国内知名古村落、古镇旅游文创的开发成功经验，例如，江西婺源、安徽西递宏村等，加入文化创意元素，设计出凸显古镇、古村本土文化（诸如红色文化、水乡文化、海盐文化等）和风土人情的旅游项目，增强游客的娱乐性和体验性。

4. 购：开发文创旅游商品

乡村旅游商品是乡村旅游收入的重要组成部分。盐城有著名的民间工艺品、农产品及小吃等手信商品，但乡村旅游商品开发中还是存在科技含量低、文创类旅游商品缺乏等诸多问题。乡村旅游纪念品不少是从义乌小商品市场批发而来的，缺乏原创，同质化较严重，而农产品附加值也不高，缺乏文化内涵。地方政府和旅游企业在开发乡村旅游商品时，可以吸收文化设计类企业及个人参与到商品的创意设计中，注重地方特色文化商品的设计，注重乡土材料与传统技艺的融合，形成有当地文化内涵的乡村商品，扶持开发特色购物商店，提升游客的购物体验。例如，将东台发绣工艺应用在布艺品中，开发出诸如沙发靠垫、餐厅用品等满足现代人生活需求的旅游纪念品。

5. 娱：深挖盐城传统民俗，开发民俗演艺产品

盐城传统民俗历史悠久，在乡村开发中是不可多得的文化资源。其主要以海盐文化和里下河水乡风情为主，其中盐业生产和生活习俗主要集中在大丰区与射阳县，海洋渔民习俗体现在东台市，里下河地区水乡风情主要分布在盐城西部，盐都区和建湖县最为典型（见表4-2）。

表 4-2　盐城民俗文化旅游资源的主要类型与空间分布

地区	民俗亚类	区域代表性民俗文化资源
沿海	渔业生产习俗、盐业生产习俗、民间口头文学、民间歌舞、民间工艺美术、民间游戏娱乐、岁时节庆、民居建筑、特色饮食、民间信仰	东台海洋捕鱼技艺与禁忌、造船习俗、鱼汤面、溱东会船节、董永传说、嘉苗会、丝绸制造技艺、发绣；大丰、射阳海盐煎晒技艺、与盐相关的信仰与禁忌、麦秆画；射阳农民画；滨海何首乌、民间祭祀"童子砍刀"、柳编；响水四腮鲈鱼、赶海、西游神话
里下河地区	渔业、农业生产与生活习俗、民间口头文学、民间戏曲、民间工艺美术、民间游戏娱乐、岁时节庆、婚俗、特色饮食	盐都水乡婚俗、水乡生产与生活用具、水上交通、农耕地貌、草编；亭湖枯枝牡丹传说、建湖淮剧、十八团杂技、九狮图；上冈草炉饼、朦胧古塔庙会、以"寿"为中心的吉祥文化、五谷树传说、民间信仰"打水平"；阜宁意林庙会、阜宁大糕

在进行开发时，盐城各地域乡村应结合自身习俗特色。一方面，要提升民俗活动的体验度和文化创意度，例如，让游客参与到民俗产品的制作中，手把手教游客画农民画、做柳编等，使他们亲身体验制作的过程并感受其中的乐趣，也促进了乡村民间艺术的传承与发扬；另一方面，有条件的乡村还应开展丰富多彩的节庆活动和开发民俗演艺产品，可以在四星级以上乡村旅游区打造当地文化特色的民俗演艺项目，延长游客停留时间，刺激乡村夜间旅游经济。例如，以淮剧、十八团杂技、龙舞、渔盐习俗为依托，设计打造演艺产品，策划融实景演出和游客体验为一体的旅游项目。同时，当地村民应参与到民俗演艺活动中，让游客充分感受到乡土文化带来的旅游享受。

（三）加大营销宣传力度、开展区域合作

营销宣传是提高乡村旅游地知名度的重要手段，目前市场针对乡村旅游的宣传主要是以景点门票的形式，专门的乡村旅游线路宣传较少。因此，要想使盐城乡村旅游有更高的知名度和美誉度，需要加大营销推广的力度。一要借助旅行社渠道、游客口碑宣传。二要借助新媒体手段，如微博、抖音、微信（盐城热线、智慧盐城）、拍摄微电影等，微电影的拍摄要围绕美食、美景、特产、民俗、文化进行，应设法在卫视以上等级的电视台或知名网站播出。三要借助旅游网络平台（携程网、同程网、去哪儿网等）、旅游节庆从多渠道对盐城乡村旅游开展营销。另外，盐城市各乡村应开展区域合作，有效配置乡村旅游资源，更有利于实现"一村一品"乡村旅游项目建设，减少区域内乡村旅游同质化竞争。

(四) 培养和引进创意人才

人才是文化创意的关键，创意人才是乡村旅游的参与者，是创意乡村旅游产品的设计者，也是乡村旅游的组织者和经营者，是创意乡村旅游发展的保障。要提升盐城乡村文旅融合水平，需要培养和引进人才。一方面，应注重对乡村本土文化创意人才的培养。可以省四星级及以上乡村旅游区为试点，与省市高校（尤其是设计类专业的院校）、科研机构、文化企业合作，邀请文化创意旅游专家对乡村旅游区相关人员进行培训，或者把从业者组织起来去创意乡村旅游发达地区调研、学习。另一方面，要加大从其他市区引进优秀创意旅游人才的力度，形成人才引进体系，以政策、事业和优惠待遇吸引创意人才来盐城工作或合作。通过本土培养和外部引进相结合的方式集聚大量的创意人才，符合盐城乡村文旅融合发展的趋势，将为盐城乡村旅游区注入活力。

(五) 提升旅游信息化程度

在信息化高速发展的时代，游客更多是通过网站或 App 来浏览旅游信息，因此，要想更好地发展盐城乡村旅游，有必要提升旅游信息化水平。一方面，应建设乡村旅游网站。建议盐城文化与旅游官网开辟乡村旅游链接，五星级乡村旅游区建设乡村旅游网站，融合旅游信息查询、旅游产品推介、旅游服务、App 下载、互动空间、虚拟旅游、电子商务、旅游投诉等功能于一体。另一方面，构建盐城乡村旅游微信平台。利用乡村旅游微信公众号将盐城各区县乡村旅游活动、旅游节庆与民俗活动、文创旅游产品、代表地域特色的美食佳肴、住宿购物等信息呈现给游客，同时注重与游客的互动交流，提供在线咨询、预订和结算功能。

七、结语

文化创意视角下盐城市乡村旅游的发展实质就是文化创意产业同乡村旅游产业的融合。这一融合体现在文化理念的植入，其中更重要的是创意理念的引导，应在政府主导下对乡村旅游进行开发与指导；同时，乡村旅游发展离不开文化传承，离不开对于自然资源、文化资源的整合与利用，应充分利用市场力量，通过文化、艺术、设计、建筑、信息技术、娱乐、广告及影视等创意领域产业的植入来丰富盐城乡村旅游业态，从而提升乡村旅游文化内涵，实现盐城乡村旅游优化升级。

参考文献

[1] 杜江，向萍．关于乡村旅游可持续发展的思考［J］．旅游学刊，1999，14（1）：15-18．

[2] 杜继勇．关于河北省文化创意产业发展策略的思考［J］．特区经济，2011（4）：69-70．

[3] 沈晰琦．文化创意视角下乡村旅游开发的策略［D］．成都：四川省社会科学院，2017．

[4] 赵华，于静．新常态下乡村旅游与文化创意产业融合发展研究［J］．经济问题，2015（4）：50-55．

[5] 夏林根．乡村旅游概论［M］．上海：东方出版中心，2007．

[6] 陈小春．我国古村落文化旅游研究综述及发展趋势［J］．旅游研究，2015，7（2）：7-12．

[7] 韩双斌．盐城民俗文化与乡村旅游互动发展的机理及路径［J］．农村经济与科技，2015，26（12）：81-83，98．

[8] 谢莉莉，郑庆昌，王育平．旅游业的创意融入与突破：兼谈乡村旅游的创意提升［J］．农村经济与科技，2015（12）：76-79．

[9] 钱静．都市农业、生态旅游和文化创意产业融合研究：以北京市房山区青龙湖镇产业结构创新为例［J］．北京农业职业学院学报，2009（2）：14-17．

[10] 秦春林．创意旅游视角下传统村落旅游开发的探讨：以桂林市临桂区横山村为例［J］．柳州师专学报，2015，30（1）：81-85．

[11] 张硕，吴上上，陈跃雪．北京乡村旅游与创意产业互动发展研究［J］．北京农学院学报，2014，29（3）：83-86．

【教学指导说明】

一、教学目的与用途

（1）适用课程："旅游规划与开发""旅游景区经营管理""旅游项目策划""旅游目的地开发与管理"等课程。

（2）教学目的：通过案例分析和讨论，引导学生思考在乡村旅游发展中如何实现文化创意与旅游融合发展，让乡村旅游在发展的过程中更符合旅游者需求；同时为案例的发展提供新的思路和建议。

二、启发思考题

（1）从文化旅游视角，结合本案例实际，运用 SWOT 分析法对盐城乡村旅游展开分析。

（2）以案例资料为基础，开展新的调查研究，分析盐城乡村旅游在"文化+旅游"融合发展上的经验和存在的不足，探讨其需要提升的方面及带来的启示。

（3）探讨盐城乡村旅游地如何进一步打造江苏"5 星级"乡村旅游区。

（4）盐城乡村旅游发展如何避免同质化，实现品牌化？

三、分析思路

案例分析逻辑路径如图 4-1 所示。

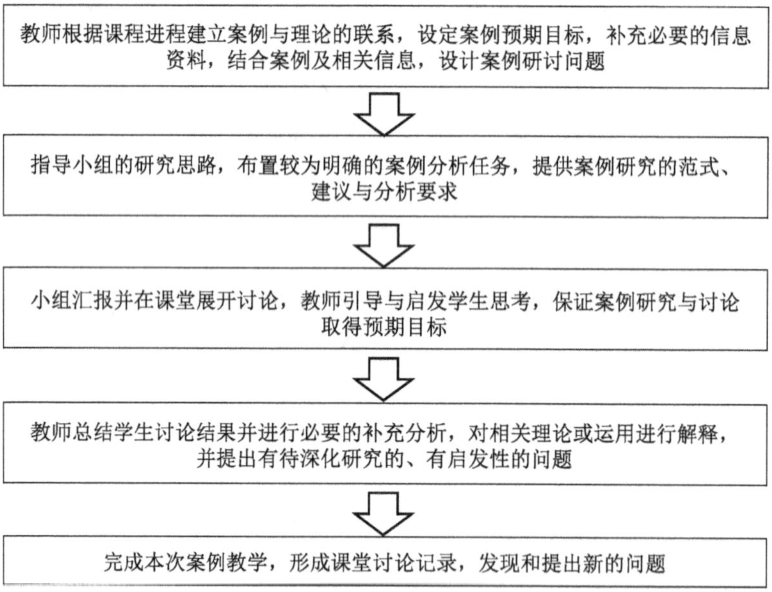

教师根据课程进程建立案例与理论的联系，设定案例预期目标，补充必要的信息资料，结合案例及相关信息，设计案例研讨问题

指导小组的研究思路，布置较为明确的案例分析任务，提供案例研究的范式、建议与分析要求

小组汇报并在课堂展开讨论，教师引导与启发学生思考，保证案例研究与讨论取得预期目标

教师总结学生讨论结果并进行必要的补充分析，对相关理论或运用进行解释，并提出有待深化研究的、有启发性的问题

完成本次案例教学，形成课堂讨论记录，发现和提出新的问题

图 4-1　案例分析思路图

四、理论依据与分析

（一）全域旅游与乡村旅游

全域旅游是指各行业积极融入其中，各部门齐抓共管，全城居民共同

参与，充分利用目的地全部的吸引物要素，为前来旅游的游客提供全过程、全时空的体验产品，从而全面地满足游客的全方位体验需求。它的核心内涵是在旅游资源富集地区，以旅游产业为主导或引导，在空间和产业层面合理高效优化配置生产要素，以旅游产业来统筹引领区域经济发展，持续增强区域竞争能力的创新模式。乡村旅游目的地是全域旅游的最佳试验区，通过全局性合理规划实现乡村旅游的全域化发展，使乡村不再是一个或某几个旅游吸引物的集合，而成为一个完整的、特色的综合吸引物。全域旅游与乡村旅游的融合就是将乡村旅游的概念范畴从单纯对乡村景观及娱乐项目的关注拓展至乡村全域，运用全域旅游的发展理念和模式来发展乡村旅游。把一个旅游资源富集的乡村区域整体作为功能完整的乡村旅游目的地来建设，以旅游业为带动，加强区域内外和城乡之间的资源协调和流通，促进乡村旅游业与农业、农产品加工业和相关服务业的高度融合，更加注重公共服务建设、乡村居民参与和生态环境保护，最终实现区域内经济效益、社会效益、生态效益的全面协调提升。

（二）乡村文旅融合

基于多种文化的融合，在不同载体的构建下经再造和创新所形成的文化现象被称为"文化创意"，文化创意产业是创意产业与文化产业的有机融合，是一项依托于创意理念，促进文化发展的新兴产业。农耕社会是人类文明的开端，乡村文化结合传统文化与地方特色形成了区别于城市文化，且特色鲜明的文化风格，包含许多文化基础和创意元素。农业文化创意产业融合发展是指将文化创意产业与农业有效融合，通过创新意识与文化艺术对农业生产、加工、包装、经营等一系列过程进行创意设计，从而促进农业经济增长，为现代农村产业建设开辟全新的发展路径。乡村旅游业与文化创意产业的融合发展是指文化创意产业融入乡村旅游。在旅游观光的基础上，注重地方文化和人文风俗的开发与推广，通过在旅游过程中提供休闲、体验和文化类活动，使游客获得更加充实、富含文化魅力的旅游体验。在乡村农副产品加工上，融入地方文化元素和创新元素，制造出蕴含地方特色的乡村工艺品，开发成旅游商品。

五、关键要点

（1）理解文旅融合发展对乡村旅游质量提升的意义。

（2）总结目前盐城"文化创意+乡村旅游"融合发展下的成功案例，探讨乡村旅游地实现品牌化的具体举措。

六、建议课堂计划

本案例可以作为专门案例进行课堂讨论，建议时间控制在两节课（90分钟）内。

课前计划：将教学主题分成四大话题，即乡村旅游创意开发理论、盐城乡村旅游发展现状、盐城乡村旅游文化创意开发模式、文化创意乡村旅游优化发展的路径。这四部分由学生分组调查相关资料，教师于讨论前一周将启发问题发给相关话题学生，学生分组讨论，并撰写一份1000~2000字的案例分析报告，回答相关问题，在课堂讨论前提交给老师。最后一部分盐城乡村旅游创意发展的路径在课堂上大家共同讨论分析提出。

课中计划：教师首先介绍盐城乡村发展概况，带领学生回顾案例主旨内容；然后小组代表发言，针对课前准备的话题提出见解，其他小组可提问并参与讨论；最后全班一起讨论文旅融合视域下盐城乡村旅游发展的路径，教师在此过程中应引导学生从不同角度进行思考，课堂结束前应对学生讨论的结果进行归纳总结并进行必要的补充。

课后计划：请学生以报告的形式为盐城乡村旅游发展提出更具体的解决对策，可以选取盐城具体的乡村进行深入分析。

案例 12　乡村旅游如何实现转型升级

——以成都三圣花乡为例①

[内容摘要]　经过十多年的发展，成都三圣花乡景区已成为集休闲度假、观光旅游、餐饮娱乐等于一体的城市近郊生态休闲 AAAA 景区。但是随着人们旅游消费需求的升级和日趋激烈的市场竞争，"三圣花乡"发展模式出现了瓶颈，逐步暴露出发展与管控矛盾突出、产业结构层次不高、文化特色彰显不足、业态类型单一、基础设施不完善、生态景观品质不佳等问题。目前，成都市锦江区正着力对三圣花乡进行转型升级改造，力图再次将其打造为成都乡村旅游的典范。本案例在阐述三圣花乡乡村旅游开发特色及旅游产品类型的基础上，剖析了目前花乡乡村旅游发展面临的瓶颈，提出了促进其转型升级发展的建议。

[关键词]　乡村旅游；转型发展；成都三圣花乡

一、引言

我国乡村旅游从 20 世纪 80 年代的"农家乐"萌芽，到如今已形成包罗万象、拥有数万亿市场的规模，并发挥显著经济和社会成效。但乡村旅游快速发展的同时，也存在一系列不容忽视的问题，如产品体系单一、品质及结构不合理、特色不明显、供给质量与供给效率低下等。乡村旅游只有健康有序的发展才能有利于实现乡村振兴，这就迫切需要乡村旅游转型升级，同时也意味着我国乡村旅游发展面临全面转型升级的时代已经来临。成都三圣花乡景区是开发较早的乡村旅游地且曾是成都乡村旅游的典范。本案例以三圣化乡景区为代表，探讨乡村旅游转型升级的对策。

---

①　本案例非原创案例，主要材料来源：（1）黄子璇：《基于社区参与视角的乡村旅游转型升级研究——以成都三圣花乡"五朵金花"为例》，《广西经济管理干部学院学报》2017 年第 4 期；（2）农业先驱者：中国乡村景区典型案例·成都三圣花乡："五朵金花"的别样魅力，https://www.sohu.com/a/228952635_125906.

二、三圣花乡景区背景介绍

三圣花乡景区位于成都市锦江区东南郊，是成都乡村旅游的典范，是国家 AAAA 级风景区，素有"中国花木之乡"之誉，占地约 1 000 公顷。该景区被誉为"永不落幕的花博会""永不谢客的花之居"。自 1992 年经过产业化调整，三圣乡被市政府批准为"西南第一个鲜花生产基地"；1995 年，乡政府投资 70 万元建成了西南地区较大规模的高店子鲜花批发市场；2000 年，三圣乡被国家命名为"中国花木之乡"和"全国十大重点花卉批发市场"，建立品牌知名度；2003 年，该景区借成都市政府在三圣乡举办"中国成都首届花博会"之际，集中财力，借势造势，花博会周边的五个村庄在原来经营花卉的基础上，由政府统一规划，因地制宜，错位发展，在 12 平方公里的土地上打造的"花"主题旅游村，现已成为国内外享誉盛名的休闲旅游娱乐度假区。自此，集娱乐、观赏、商业为一体的"五朵金花"在两年多时间里竞相开放，形成完整的产业规模。

成都"五朵金花"，其实是三圣乡的五个村。这五个村在发展过程中形成"一村一品一业"特色。

花乡农居——红砂村：主要发展小盆、鲜切花和旅游产业；

幸福梅林——幸福村：围绕梅花文化和梅花产业链，发展旅游观光农业；

江家菜地——江家堰村：以认种的方式，将土地租给城市市民，把传统种植业变为体验式休闲农业，实现城乡互动；

东篱菊园——驸马村：突出菊花的多种类和菊园的大规模，形成"环境、人文、菊韵、花海"的交融；

荷塘月色——万福村：优美的田园风光，成为艺术创作、音乐开发的艺术村。

"五朵金花"相距较近，但各具特色，错位发展。以"花乡农居""幸福梅林""江家菜地""东篱菊园""荷塘月色"命名的"五朵金花"为品牌的休闲观光农业区依托各自独特的旅游产品进行开发，形成了错位发展、竞相绽放的繁荣局面。"五朵金花"休闲观光农业区不仅整合了成都市城郊区域之间的农村旅游资源，而且将农村旅游与农业休闲观光、古镇旅游、节庆活动有机地结合起来，形成了以农家乐、乡村酒店、国家农业旅游示范区、旅游古镇等为主体的农村旅游发展业态，在不断提升成都市旅游总体实力的同时，还丰富了农村旅游的内涵，促进了农村休闲观光农业的可持续协调发展。2004 年三圣花乡景区先后被评为国家 AA 级旅游景区和全国首批农业旅游示范点，2006 年被评为国家 AAAA 级旅游景区。2013 年至 2017 年，三圣花乡年均游客基本稳定在 1000 万人次，产值接近 2 亿元，年均收入高达 3600 多万元。

2019 年锦江区以"都市田园乡愁"为总体定位，以"来成都到锦江，推门就是美好生活"的工作愿景，以"花乡农居"转型升级为起点，将三圣花乡打造成为雅俗共赏、近悦远来、老少皆宜的旅游目的地，富民强区的高品质公共空间。城市交通变化日新月异，地铁 13 号线路经三圣花乡，该地将"逆袭"为轨道交通重要节点。规划建设中的娇子立交、幸福梅林、三圣乡 3 个站点将贯通南北，串联三圣花乡的发展动脉，重塑区域经济地理格局。与此同时，周边商业群开始兴旺，永辉、卓锦曼购、华熙 528、伊藤洋华堂等相继开业，三圣花乡成为美好生活的诗意栖息地。建设中的花乡农居开始吸引投资者、游客。

三、三圣花乡景区开发的成功经验

（一）理念领先、创新务实，重视发展休闲观光农业

2000 年，在规划"五朵金花"建设规模时，成都市政府提出了"农房改造景观化、基础设施城市化、配套设施现代化、景观打造生态化、土地开发集约化"高起点的科学规划思路，用景区模式打造国家级品牌休闲观光农业的大平台。

"五朵金花"的发展理念最核心的就是创新务实。"在花园之中建农居，农居内外建花园"，这些在实践中探索总结出来的新思路无疑给我们许多新的启迪。锦江人非常注重项目规划和环境的营造，体现以人为本的理念和人文品位，合理开发利用地势地貌、自然山水和道路交通布局，着力发展休闲观光农业，他们还把旅游项目的开发建设与新农村建设有机结合起来，促进了城乡一体化的协调发展。对市政府的规划建设方案，景区多次举行由社会各界和规划区农民参加的听证会，广泛听取各方面的意见和建议。对确定的规划方案，政府、企业和农户一张蓝图干到底，从而打造出"五朵金花"这一知名品牌。

（二）突出连片开发经营

"五朵金花"的快速发展，主要得益于规模化经营，用连片联户开发，共同扩大发展的市场空间，降低农民单家独户闯市场的风险，走出了一条专业化、产业化、规模化的发展之路。在产业布局上，围绕共同做大做强休闲观光农业这一主导产业，五个景区形成"一区一景一业"错位发展的格局。

花乡农居：以建设中国花卉基地为重点，全方位深度开发符合观光产业的现代农业，主办各种花卉艺术节，促进人流集聚。

幸福梅林：用3000亩坡地培育20万株梅花，建设以梅花博物馆为主要景点的梅林风景。

江家菜地：把500余亩土地平整成0.1亩为一小块的菜地，以每块每年800元租给城市市民种植，丰富市民和儿童对发展绿色产业的兴趣。

东篱菊园：依托丘陵地貌，构建菊文化村，引导游客养菊、赏菊、品菊，陶冶情操。

荷塘月色：以现有1074亩水面为基础，大力发展水岸经济，建设融人、水、莲、蛙为一体的自然景观。

由于连片联户经营和"一区一景一业"创意新颖，打造出了各具特色、相互关联的休闲观光农业品牌。

（三）强化政府管理职能

"五朵金花"从建设到管理，始终体现了政府的强势推动。在任何情况下，政府抓规划蓝图不动摇、抓国家级名牌的标准不降低。开发初期的旧村庄改造中，涉及拆迁等各种农民实际利益的问题，各级政府不回避矛盾，按照"宜拆即拆、宜建则建、宜改则改"等办法改造了3000多户旧农居，把原来的6个行政村合并成5个景区，农民在新景区就地转市民，统一缴纳"三金"，按照城市社区进行管理。区政府和街道办先后投资9745万元用于水、电、路、气和污水排放等公共设施建设，给企业和农户创造出了投资搞农村休闲娱乐场所有利可图的市场空间。在政府的推动引导下，企业和农户投资8000多万元用于整修农居、新建花卉市场和游泳馆等经营性项目。

（四）着力提升文化品位

将文化品位融入发展休闲观光农业之中，增加其文化和人文价值，这是"五朵金花"创新发展的不竭动力。诸如花乡农居的休闲餐饮文化，幸福梅林的传统花卉文化，江家菜地的农耕文化，东篱菊园的环境人文文化，荷塘月色的音乐、绘画艺术文化，无一不是锦江人精心挖掘打造的符合当地民俗风情的杰作珍品。同时，锦江人注重变单一的农业生产为吸引市民体验、休闲的文化活动，使文化产业与农业产业相得益彰，以文化支撑产业，以品牌塑造形象，按照"一村一品"的文化格局不断推出和延伸新的品牌项目，使其接连不断地萌发出新的生命力和凝聚力。

"五朵金花"具有浓郁的文化品位，既具有兼收并蓄、博采众长的品格，又具有吸纳外来文化的风格，同化的能力非常强，打造了国家AAAA

旅游景区的知名品牌，吸引了大量人流、物流、资金流，其产生的长远规模效益是显而易见的。旅游是载体，文化是灵魂。三圣花乡景区利用当地独特的历史文化、民族人文和自然风光优势，发展休闲观光农业，其市场前景广阔。

四、三圣花乡景区当前发展面临的瓶颈

三圣花乡虽然以花卉观光为依托，但仍然没有有效的方式促进其发展，没有形成良好的发展趋势。如何扩大三圣花乡品牌知名度，将核心吸引力与品牌绑定，辐射更大范围，是目前亟待解决的难题。

其一，三圣花乡由于处于城乡接合部，导致了在交通、市政上逐渐凸显出了规划、管理滞后的问题。尤其在交通上，片区内停车场不足，内部道路体系偏少且不完善。同时，发展与管控矛盾突出。近几年来，三圣花乡旅游开发受到用地指标的严格管控和政策限制，导致目前片区内房屋"拆旧不能建新"，难以进行提档升级。而且由于受到多个部门管辖，各部门之间沟通协调不畅、各行其是、条块分割不清。

其二，随着多年的发展，三圣花乡旅游产品多表现为农家乐、观光农业、观光体验等传统模式，产业层次不高，经营项目比较单一，缺乏特色产品和体验产品，未形成完整的产业生态链，整个景区的文化内涵没有发掘和建构。三圣花乡旅游产品季节性强、片区同质化严重、趣味性不够、体验性差。景区从空间分布上来看，休闲乡村景点、花卉园区和农家乐密密麻麻，遍布各地。从形式上来看，旅游活动几乎都是一样的赏花、钓鱼、棋牌、喝茶、品摘水果、自助烧烤、乒乓球运动等，活动形式单一重复。农耕文化的特色不突出，没有产品的创新和差异，游客在乡间能享受到的也仅仅是蔬菜种植、瓜果采摘、观光赏花、农事活动、农家休闲等，各个休闲农园和农家乐的服务内容几乎相同，乡村旅游的参与项目"同质化"严重。同质化的旅游形式不利于游客进行识别和突出自身的差异化和吸引力。"食、住、行、游、购、娱"等配套功能和设施不完备，加之缺乏对外宣传，经营发展始终面临"人来了留不住"的困境。

其三，生态景观品质不佳、空间分布散乱，导致生态用地破碎化严重。现花卉产业种植引导与维护缺失，比如幸福梅林的梅花树砍伐严重，新增的绿化特色不足、占用公共绿地严重等。原规划的很多旅游建设用地被调整为居住和商业服务业用地，导致三圣花乡面积逐渐缩小。

五、三圣花乡景区旅游发展实现转型升级的思考

随着时代的发展，三圣花乡面临着"成长的困惑"：如何从无序的快速增长转向有序的高质量发展？伴随着成都城市"东进"的步伐，城市格局从"两山夹一城"演变为"一山连两翼"，三圣花乡的产业经济地理得以重塑。处于中心城区东南部的三圣花乡作为锦城公园的重要组成部分，从传统的城市近郊区转向城市腹地，是成都建设践行新发展理念公园城市示范区的重要一环。为此，我们建议：

（一）坚持花乡旅游产品走向品质化

1. 打造文化创意产品

三圣街道相关负责人表示："在转型升级中，我们一直在思考，如何在转化生态价值、营造新场景的同时打造文化创意产业高地，引领新的生活方式。"将曾经只是人们喝茶赏花游玩的三圣花乡，打造为成都的文艺聚集地，通过各种方式吸引艺术家进驻三圣花乡。随着许燎源、周春芽、何多苓等当代艺术家的进驻，三圣花乡已吸引了300多名艺术家纷至沓来。从线下延伸到线上，举办艺术沙龙、书画展、书画拍卖等，提振文化产业能级，提升文化艺术氛围，一大批文创产业拔地而起，让三圣花乡不仅仅有"颜值"，更有"内涵"。

2. 生态为本，打造精品旅游项目

三圣花乡旅游开发转型需守住生态本底，持续做强"花"的独特性。第一，花乡农居应处处体现"花"元素。三圣花乡最大的辨识度和显示度就是"花"，因此，不论是景区入口处的玻璃花卉大棚，还是商家店铺房前屋后的微花园，花卉主题园等皆应将"花"贯穿为其中的主题。花香簇拥的"三圣花乡"是独特的城市名片。随着城镇化进程的加快，三圣花乡的"花香"不再是传统的鲜花种植基地，而是渗透肌理，成为三圣花乡的独特调性。守护良好生态本底，是三圣花乡"万变"中的"不变"。第二，打造精品花卉综合体项目。以精品花卉为主题，打造串联"食、住、行、游、购、娱"的综合体项目。第三，让三圣花乡的"花香"线上、线下都"飘香"。可以由相关公司设计三圣花乡 App，让市民游客既可欣赏三圣花乡的花艺展示，也可享受订购送花上门服务。第四，开展各种类型的节庆活动。通过节庆活动带动整个三圣花乡开展节会活动、艺术巡展等，打造一年四季、永不落幕的花乡节庆活动。

（二）挖掘地域文化，保持"原乡"意境

乡村旅游活动具有强烈的文化属性，一个旅游目的地想要得到人们的喜爱且长久发展，必须有文化底蕴作为支撑。因此，在三圣花乡"五朵金花"乡村旅游发展过程中，应该更多地注重传承乡村原生态花卉种植景观、农民生产生活方式、原真性的民俗文化，尽可能地保持"原乡"意境。三圣花乡最早是因建有三圣庙而得名，从清初以来就保持着种植花卉的传统，以客家民居为主，保持着客家文化和习俗。三圣花乡在乡村旅游开发的过程中，应该更加注重对当地传统文化的挖掘、传承和保护，使当地居民产生文化认同感和文化自觉，从而保证以当地人本来的生活面貌为核心，充分体现在对地域文化和当地社区文化尊重的基础上进行的旅游开发，摆脱盲目的民居翻新、改造和新建。同时，对三圣花乡乡村旅游资源进行整合，深入挖掘三圣花乡田园景观、花卉种植景观和场地、乡村民俗风情等，旅游产品的设计和策划不仅应该考虑三圣花乡的独有自然、人文特色、市场需求等因素，还需要不断地深入挖掘其旅游资源的价值，应该以社区居民和游客为根本策划和设计花卉旅游产品，打造独具特色和亮点的旅游产品，提升其旅游吸引力，以实现三圣花乡乡村旅游的可持续发展。

（三）构建参与式旅游发展模式

首先，解决三圣花乡乡村旅游产品缺乏特色、雷同的关键在于实现社区参与模式的转变。农户自主经营受到能力、资金和战略意识等因素限制，容易陷入盲目模仿和恶性竞争中，应该实现"单方治理"向"共同治理"的转变，倡导自主经营向合作社模式转型，社区居民占主导地位，协商制定经营策略，形成利益共同体，农户产生参与的自发性，从根本上杜绝盲目模仿和恶性竞争。其次，制定科学的乡村旅游发展规划。目前，三圣花乡存在大量的盲目重复性建设、开发层次低等问题，应该切实结合自身实际，对旅游资源进行翔实的调查和评价，参与式旅游发展模式强调"参与"和"赋权"，相比传统的乡村旅游开发模式更关注社区居民在旅游发展过程中的平等参与和获得发展权，依托乡村社区为发展场所，以社区居民在旅游发展中的参与和获利作为核心的可持续发展模式。在三圣花乡旅游开发过程中拥有雄厚经济实力的外来投资者、旅游企业和当地政府占据着主导地位，社区居民只能是被动地接受，很少积极自发地参与旅游发展决策的制定。鉴于此，对于参与的主体——社区居民，应该保障其能够在整个治理过程中都有所参与，并且有一定的话语权及否决权，需要提高社区居民的主人翁地位，使其充分参与到旅游发展的全过程。此外，当地政府掌握

着公共资源，既是旅游发展过程中的管理者也是服务者，应该注重发展过程中的公平性，关注弱势群体的利益，建立各利益相关者能合理公平参与发展的机制，实现社区农户与外来投资者的共赢发展。

（四）改变利益分配方式，保障各利益相关者收益

利益分配问题是乡村旅游发展中的焦点之一。随着三圣花乡乡村旅游规模不断扩大，所涉及的利益相关者间的关系也逐渐复杂化，解决长期处于弱势地位的社区居民的利益保障及各利益主体间关系协调问题尤为重要。同时，在乡村旅游开发和规划过程中，社区力量是不容忽视的，社区也是乡村旅游地利益相关者中最重要的角色。因此，应该通过社区主导开发机制，为三圣花乡乡村旅游提供制度保障。首先，在社区参与主导开发的前提和基础下，针对社区"赋权"，也就是各利益主体间权利的再分配，社区居民作为三圣花乡旅游发展中传统的弱势群体，通过对参与乡村旅游发展赋权，让社区居民拥有知情权、监督权、决策权和利益分配权等，使之逐渐树立起主人翁意识。其次，当地政府应该对社区主导的开发给予合理引导和支持，建立和完善社区参与乡村旅游发展的保障机制，才能实现对社区的持续赋权。政府在制定相应法规时，应该以保障社区居民利益需求为出发点，明确社区参与旅游发展的目标和利益相关者间的权、责、利。最后，优化旅游利益分配和完善利益补偿机制，保障社区居民的生存权和发展权。对于三圣花乡景区来说，应坚持"政府主导、企业主体、商业化逻辑"理念，发挥出源源不断的聚合效应。推行股份制合作的"社区+公司+农户"的发展模式，能够较好地实现利益分配的公平性，避免旅游漏损，既能保护社区居民利益，又能实现社区居民的有效参与。此外，还可以以基金补偿等将旅游利益进行二次分配的形式保障社区居民获得旅游收益。

（五）规范农家管理，加强基础设施建设

为了提高旅游者的旅游体验，更好地保护当地旅游市场，当地政府应支持和引导当地居民和旅游经营者建立统一的经营管理规范，形成统一的农家乐标准、管理和服务，做到农家乐体制的标准化和服务的人性化，保障"食、住、行、游、购、娱"各个环节的基础设施配套齐全，可以充分满足游客对乡村旅游的多层次和多样化需求。还需要成立乡村旅游监管协会，制定行业服务标准，定期组织检查和监督活动；培训相关管理和服务人员，提高服务意识和文化素质，增强服务技能和管理知识，为游客提供更加专业的服务以满足多元的旅游需求。与此同时，还需在管理力度、诚信经营、消除恶性竞争等方面制定相关规范，用于规范经营环境和增强旅游地竞争力，为持续发展三圣花乡乡村旅游和不断吸引游客前来提供有力制度保障。此外，加强基础公共服务设施建设，要完善农家乐的卫生、停车位、消防等基础配套设施，解决三圣花乡旅游旺季停车难问题，进行"厕所革命"、消除消防隐患。

（六）多方合作，创新营销模式

第一，最大化发挥 OTA 和在线旅游平台特性。例如，在乡村酒店方面：加入阿里旅行"信用住"计划；在景点门票销售和娱乐项目体验方面：可借由携程、同程旅游、阿里旅行、去哪儿网提供的线上旅游平台品牌营销，同时与大众点评、美团等网站进行深度战略合作，以期实现用户的指数级增长；在度假方面：借由去哪儿网、阿里旅行及携程网等在线平台，可以推出别具一格的当地特色旅游产品及精心规划的旅游线路。

第二，开展 O2O 产品线，推广体验高效安全的电子支付。例如，在旅游公众号内开设售票选项栏目，可令用户直接选择微信支付购票；开通支付宝服务窗口菜单设置、会员卡绑定、消息推送、三圣花乡移动网页浏览和预订服务，使用支付宝在线付款；景区售票窗口贴好或放置支付宝和微信收款码；二维码放置在入口区，游客可以通过电子支付平台支付码完成付款。

第三，完善互联网设施，建设智慧三圣花乡。例如，使景区全面覆盖WiFi 网络，后台设置为：用户连接此 WiFi 信号，即推送商品信息进行引导消费；同时利用阿里旅行店铺、微博等提供 O2O 服务，更高效地为消费者提供服务。

六、结语

成都三圣花乡景区经过二十多年的旅游开发，有过辉煌，也曾是成都乡村旅游的典范。面对人们日益增长的旅游消费需求升级和日趋激烈的市场竞争，三圣花乡景区亟待转型升级发展，这需要锦江区政府、企业和社区居民的共同努力，把三圣花乡景区再次打造成市民和游客的乐游地。

参考文献

［1］周大鸣. 树立文化多元理念，避免民族旅游中的同质化倾向［J］. 旅游学刊，2012，27（11）：16-17.

［2］于相贤. 社区参与理论下乡村旅游精准扶贫路径研究：以巴彦淖尔为例［J］. 中国经贸导刊（中），2020（8）：89-91.

［3］焦敏，陈亚颦. 社区参与理论下传统古村落生态旅游可持续发展

路径探究：以西藏林芝错高村为例 [J]. 南阳师范学院学报，2020，19（3）：10-18.

[4] 韦银艳，邓爱民，喻春艳. 试论乡村旅游可持续发展的动力机制：基于利益相关者理论视角 [J]. 湖北理工学院学报（人文社会科学版），2020，37（5）：39-45.

[5] 徐绍玲. 基于利益相关者理论的中国乡村旅游发展模式研究：成都"农家乐"与三亚中廖村的比较分析 [J]. 商业经济，2020（8）：93-96.

[6] 姜雨竺. 乡村旅游目的地开发与对策探讨：以成都三圣花乡为例 [J]. 旅游纵览（下半月），2020（6）：119-120.

[7] 黄子璇. 基于社区参与视角的乡村旅游转型升级研究：以成都三圣花乡"五朵金花"为例 [J]. 广西经济管理干部学院学报，2017，29（4）：75-79，97.

[8] 彭惠涓，杨勉. 浅析川西林盘中声音景观对成都市三圣花乡农家乐建设的借鉴意义 [J]. 现代园艺，2018（5）：103-104.

[9] 刘斯乔，张欣然. 搭建"创客"平台，破解乡村旅游季节性困境：以成都三圣花乡为例 [J]. 时代农机，2017，44（8）：163，166.

[10] 燕玉霞. 环城游憩带乡村旅游地游客感知价值实证研究：以成都三圣花乡为例 [J]. 市场论坛，2017（1）：75-76，84.

[11] 汤云云，陆林. 黄山市养生旅游发展研究 [J]. 安徽师范大学学报（自然科学版），2013，36（3）：283-287.

[12] 刘婷婷. 乡村旅游利益相关者矛盾冲突及协调路径 [J]. 农业经济，2017（12）：64-66.

[13] 杜尚泽，李秉新，李晓宏. 习近平出席联合国发展峰会并发表重要讲话 [N]. 人民日报，2015-09-27（1）.

【教学指导说明】

一、教学目的与用途

（1）适用课程："旅游规划与开发""旅游景区经营管理""旅游项目策划""旅游目的地开发与管理"等课程。

（2）教学目的：通过案例分析和讨论，引导学生思考在乡村旅游发展中如何实现核心利益相关者共赢，提升社区参与度，以及乡村旅游产品的设计如何与当地特色文化紧密结合，同时为案例地发展提供新的思路和建议。

二、启发思考题

（1）从利益相关者视角，结合本案例实际，分析三圣花乡景区核心利益相关者如何协调发展？

（2）以案例资料为基础，开展新的调查研究，进一步阐述如何以"花"为媒，打造出富有地方特色的旅游产品？

（3）探讨三圣花乡景区如何进一步打造为国家 AAAAA 级景区？

（4）三圣花乡的"五朵金花"在乡村旅游开发中如何避免产品同质化，实现共赢发展？

三、分析思路

首先，分析成都三圣花乡景区二十多年的发展历程，该乡村的旅游开发特色和产品类型，使学生对三圣花乡景区有一个具体的认知，对三圣花乡景区的发展现状有一定了解。其次，阐述目前三圣花乡景区发展面临的瓶颈，不能满足市民和游客日益增长的旅游需求，处于市场竞争的劣势。最后，针对社区参与旅游的不足、花乡旅游产品陈旧等问题，提出三圣花乡景区重现昔日光彩，实现转型升级发展的对策。

四、理论依据与分析

（一）利益相关者理论

"利益相关者理论"（Stakeholder theory）起源于 20 世纪 60 年代的西方管理学界，其理论中的"利益相关者"指的是任何能影响一个组织目标的实现或实现过程的所有个体和群体。它提倡重视参与和投入的所有利益相关者的整体利益。随后"利益相关者理论"得到社会公众与学术界的广泛关注，基于社会学、伦理学、法学、旅游学等学科的相关研究纷纷涌现。直至 20 世纪 90 年代，利益相关者的范畴已从最初的企业主体延伸到政府、城市、社会团体、社区及其相关政治经济环境领域。随着"利益相关者理论"的不断发展演变，20 世纪 90 年代旅游领域开始引入这一理论并应用于乡村旅游场景。在乡村旅游发展过程中涉及的利益相关者主体界定包含政府、旅游企业、游客与社区居民、行业协会五类，此外，资源环境也被部分学者视为利益相关者。总的来说，政府的利益诉求主要表现为对社会公共利益的追求，具体表现为：首先是通过发展旅游业带动当地经济增长，增加财政收入，这是最迫切的诉求；其次是改善就业环境，增加就业机会，提升当地的旅游知名度，保护生态环境，等等。旅游企业的利益诉求是在最大限度内获得丰厚的经济利润，具体表现为渴望有益于自身旅游经营的环境与条件，如获得政府政策支持、树立良好的企业形象。外来游客的主要利益诉求是追求高质量的旅游体验，具体表现为保障人身与财产安全，享受便利的交通、自然风景、历史文化教育等。当地社区居民的主要利益诉求是改善生活质量，具体表现为增加收入、完善当地的基础设施、渴望交流互动等。利益相关者的平等合作是乡村旅游可持续发展的关键，鼓励利益相关者进行多方合作，搭建合作互助的平台网络，各自定位共同管理，共享乡村旅游发展的经济红利。

（二）社区参与理论

社区参与是社区民众平等地参与社区发展和社区决策的过程，社区参与是公民参与的重要内容，也是构建公民社会的基础。社区参与旅游是指在旅游决策、开发、规划、管理、监督等旅游发展过程中充分关注社区的意见和需要，并将其作为开发主体和参与主体，以保证旅游可持续发展和社区发展。

1997 年，世界旅游组织与其他国际组织联合制定了《关于旅游业的 21 世纪议程》，其中积极倡导将社区居民作为旅游业发展过程中不可缺少的一项重要环节和内容，并把其作为旅游业可持续发展中的重点关怀对象。社区参与是社区居民获得民主权利，同时也要承担相应的责任，并由此获得相关利益。社区居民参与到旅游服务中，可增强地方特有的文化气氛，提高资源的吸引力，让社区居民真正从旅游中受益，以实现旅游扶贫的功能和使自觉保护具有强有力的动力。要实现旅游的经济、社会、文化和环境等四大功能，就必须考虑到目的地居民的切身利益，实现社区居民参与旅游发展决策、参与旅游发展而带来的利益的分配、参与有关旅游知识的教育培训等。

（三）可持续发展理论

"可持续发展"一词最早出现在 1980 年的国际文件《世界自然保护大纲》中。1987 年，联合国世界与环境发展委员会发表的报告《我们共同的未来》中正式提出了"可持续发展"的概念和模式，将"可持续发展"定义为"既满足当代人的需求，又不损害子孙后代满足其需求的能力的发展"，并围绕可持续发展的主题详细解答了人类关心的环境发展问题。"可持续发展"也因此受到了世界各国政府组织和舆论的极大关注，在 1992 年联合国环境与发展大会上可持续发展的理念正式得到了参会者的认可。《可持续旅游发展宪章》指出，旅游可持续的实质是要求旅游在发展过程中要与自然环境、文化环境及人类生存的环境构成一个整体，良性协调发展。Butler 认为可持续旅游应致力于减少旅游者、生态环境、社区居民及旅游相关产业之间的矛盾和冲突。

可持续发展理论以公平性、持续性、共同性为三大基本原则，是指在满足当代人需求的前提下，又不影响后代人对其的需要。旅游实现可持续发展能增进人们对旅游所产生的环境影响与经济影响的理解，增强人们的生态意识，促进旅游的公平发展，改善旅游接待地区的生活质量，并向旅游者提供高质量的旅游经历，保护未来旅游开发赖以存在的环境质量。无论是可持续发展还是旅游可持续发展，都强调以公平性、持续性、共同性为基础，合理利用自然资源，平衡保护和利用的关系，体现了人类对环境的尊重及发展的理念。近年来，国家高度重视可持续发展理念的贯彻和实施。2015 年，习近平主席出席了"联合国可持续发展峰会"，并与其他国家领导人一起通过了《2030 年可持续发展议程》，该议程呼吁各国为今后 15 年实现 17 项可持续发展目标而努力。在乡村旅游开发中，可持续发展理念是促进乡村旅游长久发展、保持生命活力的核心动力，不能一味追求经济效益，不考虑乡村发展的可持续性，只会让乡村旅游走向衰落，可持续发展理论自始至终地贯穿了乡村旅游区的开发、发展、运营全过程。

五、关键要点

成都三圣花乡乡村旅游区是乡村旅游开发较早、较为成功的旅游目的地，但随着时代的发展、人们对美好生活的向往和追求日益提升，该乡村旅游区的发展面临了一系列的瓶颈。在可持续旅游发展的背景下，结合社区参与理论及利益相关者理论，探讨如何实现该乡村旅游目的地重现昔日风采，再次成为成都市民心之向往的后花园是本案例探讨的关键要点。

六、建议课堂计划

本案例可以作为专门案例进行课堂讨论，建议时间控制在两节课（90 分钟）以内。

课前计划：学生做好课前准备，提前进行分组，将案例内容和启发思考题发放给各个小组成员，要求认识三圣花乡，熟悉案例背景，理解学习相关理论基础部分"社区参与理论及利益相关者理论基础",了解案例的主题内容。

课中计划:教师首先带领学生回顾成都三圣花乡旅游开发的背景,由此导入案例,简介案例的主题内容,确定案例讨论主题,明确具体讨论的问题及发言要求;然后让学生分组开展讨论;讨论结束后每个小组推选代表发言;全部小组发言后教师可进行简单的点评;然后要求在全班范围继续开展讨论,教师应重点引导学生思考乡村旅游发展对乡村经济发展的意义、"五朵金花——三圣花乡"的开发经验和教训、新时代下乡村旅游景区产品设计等话题。课堂结束前应对学生讨论的结果进行归纳总结,并进行必要的补充讲解。

课后计划:请学生以案例分析报告形式,总结概括"三圣花乡模式"值得借鉴的经验,并提出符合时代需求的乡村旅游景区开发建议。

案例 13　"互联网+"背景下宜兴渎西村乡村旅游开发研究①

[**内容摘要**]　随着互联网与各个传统产业的深度融合，"互联网+"背景下的新型乡村旅游发展模式为乡村旅游的经营发展提供了新思路。将互联网技术与乡村旅游结合，不仅可以实现乡村特色旅游产品的推广和转型升级，还可以实现乡村在个性化服务、市场营销及游客动态管理方面的智慧化，推动乡村旅游智慧发展。通过对宜兴渎西村乡村旅游的调查研究，发现当前宜兴渎西村存在智慧化建设薄弱、信息化投入欠缺、旅游营销手段单一等问题。要帮助宜兴渎西村摆脱转型升级的困境，应从乡村旅游开发研究入手，在名——品牌提升、物——产品开发、活——因地制宜及新——人才引进上实施开发策略。

[**关键词**]　"互联网+"；宜兴渎西村；乡村旅游

一、引言

自 2015 年"互联网+"行动计划在国内提出以来，互联网与传统行业的融合创造了新的发展生态，也为旅游的发展提供了新的契机。以"互联网+旅游"为核心的发展模式，不仅能带动乡村旅游产品优化升级、提供新的发展思路和转变乡村旅游发展模式，还能促进乡村在游客动态化管理、网络品牌营销及互联网技术基础设施建设方面的智慧化发展，促进乡村旅游产业的可持续发展。宜兴渎西村乡村旅游虽近年来依托得天独厚的自然风光、浓厚的文化底蕴及淳朴的乡村民风发展成为特色民宿村，但仍存在品牌知名度不高、宣传不到位、发展缓慢、旅游产品组合单一等问题。因此，依托"互联网+"技术，探究渎西村乡村旅游开发策略，以期能够转变渎西村乡村旅游现有的发展格局，为促进其产业结构优化升级，打造独具

---

①　本案例为原创案例，论文发表在《艺术科技》2021 年第 10 期。

特色的旅游品牌提供参考和帮助。

二、相关概念界定与理论分析

（一）相关概念界定

1. "互联网+"

"互联网+"旨在将我国互联网信息技术最新成果与其他传统产业相互融合，以推动传统产业品质的提升、产业转型和创新驱动发展。通过移动互联网科技加速传统行业的生产制造效率，提高营销信息质量和媒体的传播程度，推动产业朝着高质量、高水平方向发展。特别是随着互联网技术在人们工作生活中的广泛应用，互联网的形态也不断演变发展，物联网、大数据监测等技术也在互联网的加持下得到延伸。在我国，最早提出"互联网+"理念的是于扬（2012），他认为"互联网+"是不同行业的产品和服务与互联网平台的结合，但由于当时缺乏技术和时机，"互联网+"并没有引起重视。直到 2015 年，李克强总理提出"互联网+"行动计划，"互联网+"才在社会上引起讨论，逐步发展成为推动我国经济和社会发展的重要形式。北京大学管理学院副教授黄璜（2015）认为，"互联网+"是我国现代工业化与电子商务等综合性服务业相互融合的重要升级版，以互联网为其核心特征，与综合性服务业进行融合，并通过自主创新的方式来充分体现其融合的意义和价值。

2. 乡村旅游

乡村旅游是以乡村地区为活动地点，以体验农事活动、观赏乡村风景、感受乡村民俗等为活动内容，集休闲、娱乐、观光等于一体的旅游活动。乡村旅游依托乡村风情和乡村资源，满足城市游客亲近自然和休闲度假需求。国外对乡村旅游概念的界定比较复杂，西班牙学者 Rosa（2002）最早将乡村旅游划分为传统和现代两种，随后乡村旅游在西方国家迅速发展起来。国内乡村旅游起步较晚，大多国内学者认为我国乡村旅游起步于 20 世纪 60 年代，最初对乡村旅游的概念认识差别还很大，只对乡村旅游发生的地区在乡村这一点持有普遍共识。例如，范春（2002）指出乡村旅游是以具有典型性的乡村景观为卖点，满足游客求异求新寻根需求的旅游活动。

（二）理论分析

本文调查问卷设计选用李克特量表，并通过李克特等级评分法对问卷进行评分，用数字 1 表示"不满意"、2 表示"存在不足"、3 表示"一般"、

4 表示"比较满意"、5 表示"非常满意"。通过分析均值低于 3.5 分来表示宜兴洑西村乡村旅游与"互联网+"融合得较一般的方面，而高于 3.5 分则表示被调查者认为融合得比较好的方面。

三、宜兴洑西村乡村旅游资源

近几年来，洑西村依托优美灵动的生态环境资源和区位优势，在充分保护生态环境的基础上，以满足乡村旅游发展需求为契机，对乡村基础设施、村庄环境、旅游配套设施等进行改造，打造以"深氧"为主题的旅游产品，形成了以"篱笆园"为龙头的特色民宿村和网红"龙山涧"打卡地，并先后获得"中国最美休闲乡村""江苏省文明村"等荣誉。旅游资源和项目的开发，需要建立在一定的可行性条件基础上。宜兴洑西村现有旅游资源发展有以下四个方面：行政区域、面积、人口；地理位置及交通条件；自然和人文旅游资源；保护与开发现状。

行政区域、面积、人口：洑西村地域面积 22.13 平方公里，由庙干、城泽等 5 个村组成，全村人口 4045 人；耕地面积 4199 亩；湖㳇镇辖竹海、洑西等 7 个村和 1 个茶场。

地理位置及交通条件：洑西村位于江苏省宜兴市湖㳇镇，这里全年植被茂盛，温暖湿润，年平均气温 15.7℃。区位条件优越，沪宜高速、宁杭高速、锡宜高速将湖㳇与其他地区相连；宁杭高铁途经宜兴，使宜兴与其他地区的交通通达度有了一定的提高。最美乡村公路张灵慕线、最美鲜花路汤省公路纵贯全镇景点，将竹海风景区、张公洞、玉女潭、陶祖圣境等景点汇聚一线，显现出洑西村的区位优势。洑西村距宜兴高铁站 17 公里，汽车站 24 公里，高铁站内有免费旅游专线和直通车。

自然和人文旅游资源：洑西村地处丘陵山区，绿化覆盖率达到 80% 以上，有天然氧吧之称。拥有 5000 多亩毛竹，1000 多亩杨梅地、2300 亩板栗树及许多茶树，"阳羡贡茶"就曾发源于此。洑西村还有着深厚的历史文化底蕴，表 4-3 按《旅游资源分类、调查与评价》（GB/T 18972—2017）对湖㳇镇旅游资源进行统计分类，湖㳇镇旅游资源含 6 个主类，17 个基本类型。另外，按旅游资源评价赋分标准对洑西村旅游资源进行评分，得出洑西村旅游资源可评为三级旅游资源，说明洑西村旅游资源优良，适合进行旅游的开发研究（见表 4-4）。

表 4-3　湖汶镇旅游资源分类

主类	亚类	基本类型
A 地文景观	AC 地质地貌过程形迹	ACL 岩石洞与岩穴：张公洞、灵谷洞、西施洞、慕蠡洞、玉阳洞天
B 水域风光	BB 天然湖泊与池沼	BBA 观光游憩湖区：玉女潭
	BD 泉	BDB 地热与温泉：金沙泉
C 生物景观	CA 树木	CCA 林地：竹海公园的竹林 CAC 独树：竹海公园的银杏、婆婆树
F 建筑与设施	FA 综合人文旅游地	FAB 康体游乐休闲度假地：竹海风景区、陶祖圣境风景区、省庄竹海公园、玉女潭、玉女山庄景区、深氧健身公园、宜兴梅园滑雪场、龙山度假村、城泽度假村 FAH 动物与植物展示地：宜兴紫海薰衣草庄园、杨梅园、板栗园
	FB 单体活动场馆	FBB 祭拜场馆：磐山崇恩寺、洞灵观
	FC 景观建筑与附属型建筑	FCC 楼阁：玉光阁、望妻楼
	FD 居住地与社区	FDD 名人故居与历史纪念建筑：西施洞、范蠡古窑
	FG 水工建筑	FGA 水库观光游憩区段：油车水库
G 旅游商品	GA 地方旅游商品	GAA 菜品饮食：宜帮菜、咸肉煨笋、乌米饭、山芋粉、野蒜炒蛋、雁来蕈、韭菜地衣 GAB 农林畜产品与制品：宜兴红、阳羡茶、山百合、吊瓜子、青梅、竹笋、银杏、板栗、杨梅 GAE 传统手工产品与工艺品：五色品茗杯、青瓷笔筒、陶铃、陶都马克碗
H 人文活动	HC 民间习俗	HCD 民间健身活动与赛事
	HD 现代节庆	HDC 商贸农事节：新茶开采节、生态杨梅节 HDD 体育节：环太湖自行车赛、国际乐跑

表 4-4　旅游资源评价表

评价因子	档次	规定得分	实际得分
观赏游憩使用价值	全部或其中一项具有很高的观赏价值、游憩价值、使用价值	21~13	18
历史文化科学艺术价值	同时或其中一项具有省级意义的历史价值、文化价值、科学价值、艺术价值	12~6	10
珍稀奇特程度	有较多珍稀物种，或景观奇特，或此类现象在其他地区很少见	12~9	9

续表

评价因子	档次	规定得分	实际得分
规模、丰度与概率	独立型单体规模、体量较大；组合型旅游资源单体结构很和谐、疏密度良好；自然景象和人文活动周期性发生或频率很高。	7～5	6
完整性	保持原来形态与结构	5～4	5
知名度和影响力	在本省范围内知名或构成省内的名牌	4～3	4
适游期或使用范围	适宜游览的日期每年超过 300 天或适宜所有游客使用和参与	5～4	5
环境保护与环境安全	已有工程保护措施，环境安全得到保证	3	3
本单体得分	60	本单体可能的等级 三级 调查日期 2021 年 3 月 20 日	

保护与开发现状：2009 年，洑西村在新农村建设的契机和美丽乡村建设的驱动下，开发了龙山和城泽两个村，将其发展为特色民宿村，将民宿作为洑西村的支撑资源。2012 年，洑西村对村庄道路、休闲健身、道路景观等基础设施进行整治改造，并对当地房屋进行特色化改造和美化翻新，完善了洑西村的旅游配套资源；同年洑西村推出"篱笆驿站"带动当地村民加盟经营民宿，到现在已经形成了如溪隐、三合居、花筑·上院、原色之家等 60 余家精品民宿。2020 年，洑西村的特色乡村建设成效显著，龙山特色民宿区内建有诚敬茶馆、诚敬文化墙和诚敬文化广场，以此传承洑西村"诚以修身、敬以兴业"的诚敬文化，向游客展现悠然自得文化氛围浓厚的农村生活图景。洑西村以当地特色农家菜、宜人乡村风景和淳朴农家民俗为其核心资源，依托丰富的乡村旅游资源，开展四季不同的农事体验项目。为了当地农民增收，洑西村通过农业与旅游组合发展的模式，将农作物产业与民宿产业紧密结合，用特色民宿旅游带动农产品产业链，达到"1+1>2"的效果。

四、宜兴洑西村乡村旅游开发分析

宜兴洑西村周边旅游景点云集，当地以经营民宿为主要产业，旅游资源开发不充分，相对于竹海风景区的发展和知名度，洑西村乡村旅游发展还有许多需要完善和解决的问题。为了更好地反映问题和保证数据来源的真实性，2021 年 3 月 20 日及 5 月 1 日笔者在洑西村实地考察，通过调查问卷的方式了解当地民宿经营者和游客对洑西村"互联网+"与乡村旅游融合的满意度。共发放问卷130份，有效回收107份，有效率为82.3%。

表4-5为被调查者的性别、年龄和职业情况，从表中可以看出，被调查者男女比例为男性43.9%，女性56.1%，女性多于男性，说明当地旅游者和经营者女性偏多。从年龄特征来看，年龄在31~40岁和41~50岁的偏多，共占56.1%，说明游客和经营者多为中青年人。被调查者的职业以私营、个体、公司职员和农民为主，其中私营和个体占50.5%（见表4-5）。

表4-5　样本基本情况

变量	变项	人数	比例（%）
性别	男	47	43.9
	女	60	56.1
年龄	18岁以下	7	6.5
	19~30岁	23	21.5
	31~40岁	31	29.0
	41~50岁	29	27.1
	51岁以上	17	15.9
职业	学生	14	13.1
	公司职员	16	15.0
	公务员及事业单位员工	3	2.8
	待业或下岗	3	2.8
	私营、个体	54	50.5
	农民	13	12.1
	其他	4	3.7

通过可靠性分析测量调查数据的有效性，用克隆巴赫系数作为信度指标，量表中14个问题变量的克隆巴赫系数为0.794，说明量表信度较好（见表4-6）。

表4-6　可靠性统计

克隆巴赫 Alpha	基于标准化项的克隆巴赫 Alpha	项数
0.794	0.814	14

　　KMO 检验通过能够表示问卷数据的真实性和有效性，根据表 4-7 可以看出调查数据的 KMO = 0.815，说明数据的效度较高。Bartlett 球形检验通过，说明变量之间存在相互关系，问卷数据具有真实性和有效性。

表 4-7　KMO 和 Bartlett 球形检验

KMO 取样适切性量数		0.815
Bartlett 球形检验	近似卡方	483.714
	自由度	91
	显著性	0.000

　　由表 4-8 可以发现，从平均值看，平均值低于 3.5 分的变量是游客和当地民宿经营者认为洑西村开发存在不足的方面，分别是 e13 忽视了对综合型智慧旅游人才的引进和培育；e7 没有有效借助互联网来为洑西村农家乐树立旅游形象和口碑；e5 在建立官方网站、微信、微博等平台上存在不足；e11 旅游产品不够丰富，体验性乡村旅游项目较少；e2 智慧化基础设施建设一般，旅游地经营者忽视了信息化的投入。平均值较高的变量表示洑西村乡村旅游开发得较好的方面，如 e1 洑西村开发建设中因地制宜、布局合理、特色突出，充分地将乡村旅游集食、住、行、游、购、娱于一体；e6 旅游者能通过相关平台发表旅游评价；e10 借助互联网技术使得乡村旅游资源得以整合，促进了农民的增收。从标准差来看，标准差数值都较小，表明被调查者对这些方面的评价普遍一致。

表 4-8　描述性统计分析

编号	变量	平均值	标准差
e13	洑西村重视对综合型旅游人才的引进和培育，引导大学生返乡创业	2.67	0.955
e7	借助互联网为洑西村农家乐树立了良好的旅游形象和口碑	2.71	1.132
e5	洑西村建立了官方网站、微信（朋友圈、微信群、公众号）、微博等平台。旅游者能够通过这些平台及时了解洑西村最新旅游咨询	2.75	1.048
e11	旅游产品丰富，利用当地旅游特色和乡土资源开发新的参与性、体验性乡村旅游项目，如登山步道、水果采摘等	2.76	1.141
e2	洑西村智慧化基础设施完善，实现了免费 WiFi、在线预订等功能全覆盖	2.95	0.962
e4	旅游接待设施完善，旅游地经营者注重信息化投入和网络销售，旅游者能够通过美团、携程等 App 预订民宿	3.22	1.289

编号	变量	平均值	标准差
e3	交通信息化配套设施完善，村内道路指示标志能有效指路，解决堵车等突发状况	3.73	0.916
e8	浟西村通过新媒体手段宣传推广了乡村旅游特色产品，如茶叶、板栗等，并将产品通过合作社和公司进行销售	4.14	0.865
e12	旅游地经营者通过互联网技术，将民宿、乡村饮食和生态旅游观光有机结合，提供综合性的旅游服务	4.21	0.733
e9	浟西村运用网络营销和品牌营销提高了旅游景区"深氧福地欢乐浟西"的品牌知名度和影响力，帮助当地开拓了市场空间	4.22	0.884
e1	在开发建设中，浟西村充分地将乡村旅游集食、住、行、游、购、娱等元素融于一体，不断整合周边旅游资源	4.23	0.831
e6	浟西村通过智慧旅游建设提升了游客乡村旅游的旅游体验和旅游品质，旅游者能通过相关平台发表旅游评价，为旅游地经营者改善服务提供方向	4.25	0.909
e10	借助互联网技术使得乡村旅游资源得以整合，充分发挥"三农"资源优势，依托旅游带动特色产业促进农民增收	4.29	0.859
e14	浟西村乡村旅游的自然风光和人文风光满意度	4.53	0.589

（一）浟西村乡村旅游开发优势

表 4-8 中 e3 平均值为 3.73，说明浟西村内交通信息化配套设施和道路指示标识较为完善，能够有效地为游客指路。e8 和 e10 平均值为 4.14 和 4.29，说明浟西村民宿经营者在积极帮助村民致富，统一收购农产品在民宿和合作社进行销售，在一定程度上宣传了当地农产品品牌。同时鼓励当地村民做农家乐，为他们提供经验和资金支持，尝试乡村民宿连锁品牌和网络营销模式。e9 平均值为 4.22，说明浟西村还是有少数民宿经营者通过互联网宣传当地山水、民宿环境和特色旅游产品，在抖音微博等平台增加了粉丝流量，积累了一定的潜在客户。e12 和 e1 的平均值为 4.21 和 4.23，大多数被调查者认为浟西村的一些经营者懂得整合资源，对民宿的硬件设施进行改造，将食住行游购娱结合起来，开发了相应的娱乐活动和体验项目，丰富了旅游产品组合。e6 的平均值为 4.25，说明虽然浟西村对外的信息平台较少，但在大众点评上游客可以预定民宿，查看其他游客的评价，为游客交流提供了渠道。当地的自然风光和人文风光得到了较高的得分，说明当地旅游资源发展较好，先天条件优越，得到了合理的开发和重视。浟西村龙山民宿村实施了道路改造、厕所升级，污水管网施工等措施优化村中

环境，主动升级向美丽乡村靠拢。

（二）洑西村乡村旅游开发劣势

1. 景区知名度不高，营销手段单一

乡村将逐渐以网络营销取代传统媒体营销，如果乡村缺乏对品牌和营销的重视，则一定程度上会影响乡村的品牌知名度和网络影响力。表4-8中e4和e7的平均值为3.22和2.71，表4-9中有65.5%的人认为洑西村网络营销不足，有68.2%的人认为洑西村乡村旅游与"互联网+"结合应用的不足。以上数据表明，洑西村网站终端设备建设不全面，缺乏系统全面的旅游网站，没有有效利用互联网平台进行网络营销，一定程度上限制了洑西村的数字化发展及品牌建设。以知名网络平台微博、大众点评、微信公众号为例，除大众点评可以预定民宿、发表评价、了解洑西村基本概况外，其他网站只包含对洑西村简单的介绍，没有引起太多的关注度和点击量，对洑西村的宣传作用不明显，没有形成统一的品牌效应。当地也只有少数民宿经营者懂得运用互联网技术营销，如通过直播方式助农，短视频方式展现洑西村风貌等形式增加洑西村的曝光度，但对于洑西村以民宿为主要产业的乡村旅游来说远远不够，没有将品牌、乡村旅游、互联网紧密结合，形成三方整合营销策略，让互联网助力乡村旅游创收及品牌形象的树立。同时，洑西村周边旅游景区众多，但洑西村没有与其他景点合作开展联合营销进行优势互补和客源共享，一定程度上降低了洑西村的旅游竞争力。

表4-9 宜兴洑西村乡村旅游与"互联网+"结合度及网络营销情况调查表

	评价	人数	人数占比（%）
网络营销	非常满意	16	14.9
	满意	21	19.6
	一般	24	22.5
	不满意	35	32.7
	非常不满意	11	10.3
与"互联网+"结合应用	非常满意	13	12.2
	满意	21	19.6
	一般	31	29.0
	不满意	38	35.5
	非常不满意	4	3.7

2. 旅游产品缺乏特色，可替代性强

途家网 CEO 罗军曾在一次采访中说道，卓越的民宿项目需要具备三个条件：不一样、规模化和平台。e11 关于旅游产品这项平均值为 2.76，说明洑西村在旅游产品开发上存在不足。图 4-2 可以看出，洑西村乡村旅游最吸引人的地方在于其天然氧吧的自然环境及乡村休闲的旅游定位，但这几个方面都极易被其他景区替代。洑西村龙山是江苏省首批民宿集聚村，但相比周边的旅游景区，知名度却不高，是因为洑西村没有利用当地旅游特色和乡土资源开发新的具有休闲体验型乡村旅游项目，如登山步道、野炊等。游客在洑西村能够体验的乡村民俗活动有限，而洑西村现有的茶园、杨梅林、茶文化等资源都未得到充分开发，所以洑西村现有的旅游项目还比较老套，停留在住得好和吃得好两个方面，能为游客提供的服务也相对单一，乡村特色不明显，难以吸引游客的二次光顾，有 62.6% 的人认为洑西村的旅游项目特色不足（见表 4-10）。

表 4-10　洑西村乡村旅游项目特色调查

	评价	人数	人数占比（%）
项目特色	非常满意	13	12.1
	满意	27	25.3
	一般	38	35.5
	不满意	21	19.6
	非常不满意	8	7.5

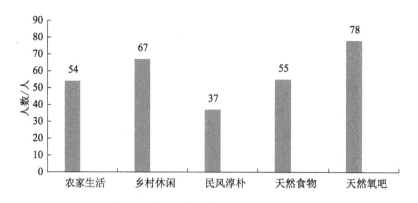

图 4-2　洑西村乡村旅游吸引物调查统计

3. 智慧化建设薄弱，信息化投入欠缺

网络化时代，游客大都通过互联网平台搜索好玩的景点并愿意将自己的旅游感悟在互联网平台上进行分享，需求也逐渐多元化和个性化。e5 和 e2 的平均值仅有 2.75 和 2.95，表明大多数被调查者认为洑西村在网络平台和数字化基础设施建设上存在不足。景区内未完全实现免费 WiFi、语音导览等功能。民宿经营者多数是当地村民及少数外来青年创业者，缺乏互联网思维，不重视信息化网络平台的投入。在互联网窗口游客能找到的洑西村的信息有限，也缺乏与游客交流咨询的平台，导致洑西村不能吸引更多的网友和驴友前来，损失了一部分潜在客源和提升知名度的机会。

4. 复合型智慧旅游人才缺乏

e13 的平均值为 2.67，说明洑西村未重视对综合型智慧旅游人才的培养。乡村要向智慧乡村转变，就要求当地经营者具备较高的计算机使用能力和电子商务知识，同时还要有旅游管理、市场营销等方面知识，但洑西村民宿大多是当地农户对自住房进行改建后做起的农家乐，有些经营者学历不高，也不会使用电脑和手机，认为只要将民宿装修好，就会有游客前来，他们只需要收房租即可。这就使洑西村经营者忽视了复合型智慧旅游人才的教育和培训，导致洑西村即使创建了相应的旅游官网、微博账号，也将缺乏相应的运营人员对网站的信息进行更新及对公众号的内容编辑进行维护和管理，使得游客想要了解洑西村时没有相关旅游咨询信息和及时的信息反馈，无法与当地经营者形成良好的互动，严重限制了洑西村乡村旅游的游客积累和快速发展。

五、基于"互联网+"的宜兴洑西村乡村旅游开发策略

宜兴洑西村作为一个发展乡村旅游的村落，在各行业与"互联网+"融合发展的趋势下，理应顺势而为，主动学习互联网技术，把握市场动向。洑西村在"互联网+"的背景下可从品牌提升、产品开发、因地制宜规划和人才引进四个方面开发乡村旅游，打造智慧化乡村，实现转型升级，为洑西村乡村旅游发展带来新的驱动力。

（一）名——营销：品牌提升

第一，洑西村应开发建设自身的旅游网站和平台，便于游客了解洑西村概况、相关活动和特色农产品等情况，打造洑西村的品牌名片。参考宜兴旅游网站建设，设立旅游资源、旅游咨询、周边景点、民宿预定、特产购物和投诉建议六大板块（如图4-3），并在网站首页定期更新洑西村最新

旅游资讯、举办的相关活动和不同时期的风景照片。

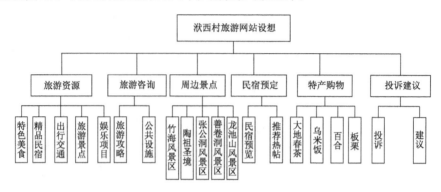

图 4-3 浟西村旅游网站设想

第二，在互联网平台、移动客户端上应加强宣传力度，整合景区游客服务中心、民宿、景区三方平台，提供最新的旅游资讯。如在微博平台通过注册微博官方账号，定期发布浟西村旅游咨询，并与微博知名旅游博主和营销号合作，进行品牌营销和网络营销。也可借鉴四川省理塘县通过丁真的爆红来宣传乡村旅游的手法，签订当地有粉丝基础的人为浟西村旅游宣传大使，为当地拍摄旅游宣传片，在微博和其他各大平台进行推广，将"深氧福地 欢乐浟西"的口号打响。在微信开通公众号，由当地民宿经营者管理，有偿邀请去过的游客写游记，其他游客也能通过游记发表自己的评价，从而起到宣传作用。浟西村还可在公众号开展转发抽奖活动，为浟西村的旅游项目进行宣传。

第三，在浟西村旅游平台建设的基础上，注重线上服务态度和线下实物体验感。通过网页播放当地特色农产品的种植采摘过程和建立电子商务平台，开设购买链接，将产品直销给游客，既可以方便游客购买特产，又可以宣传当地绿色有机的种植环境，给当地带来收入的同时也宣传了浟西村的自然环境和农业旅游资源。

第四，互联网技术和平台为游客和浟西村旅游资源搭建了桥梁，浟西村可借鉴当下流行的认领模式和众筹农业，开展网络认领茶树、杨梅树和竹子的活动，在树木上挂上认领牌，设计二维码，游客通过扫码查看植物的生长过程，到了茶叶采摘、杨梅结果、竹笋冒芽的时候，游客可以选择驱车前来体验采摘或通过快递收到新鲜的茶叶、杨梅和竹笋。这样既保证了农产品的销路，又让城市居民能够吃到自己"云养"的农产品，满足了居民对绿色产品需求的同时，又使其体验了收获的快乐。

(二) 物——创新：产品开发

洑西村的一位民宿经营者曾在采访中说道："农家乐必须升级，否则在雷同的服务和产品中，很快就会变成红海。"洑西村的乡村旅游如果没有特色，也极易被周边旅游景点如离得较近、知名度也更高的竹海风景区所替代，因此当地旅游产品开发应突出乡村主题定位，依托民宿发展，盘活当地民俗，提升产品深度和附加值，使游客在旅途中获得多重享受和满足。

乡村民俗产品开发可从洑西村当地特产入手，注重文化创意产品开发，延长产业链，提高游客的"回游率"。如当地茶文化底蕴深厚，可以开展茶文化交流大会、参观茶叶制作、品茶等活动，大力宣传"大地春牌"茶叶品牌，将茶叶送去参加知名的茶叶评比大赛，提高知名度，吸引茶叶批发商和品茶大师前来。当地特产乌米饭，可开发"乌米饭手工制作之旅"，游客可以参与乌米的制作，之后还会收到自己亲手制作的乌米，感受劳动的快乐。除了茶和乌米外，其他农产品都应该以洑西村为单位创立品牌，村民和外来创业者都应该参与产品的创意开发过程，开发如笋黄豆、乌米粽等产品。具体的旅游项目开发设想如表 4-11。

表 4-11　旅游项目开发设想

产品	衍生活动
茶叶	茶文化交流大会
	参观茶叶制作
	赏茶品茶
	认养茶树
	茶艺表演
	参加茶叶评比大赛
	制作推出茶食茶膳
竹子	笋干特产
	认领竹子
	挖笋体验活动
	竹制品制作
乌米饭	乌米饭手工制作之旅
	品尝乌米制品

　　洑西村以乡村旅游为导向，依靠乡村环境，可以乡村田园生活和乡村农事活动为吸引物，开辟供游客体验种植、采摘农产品的农田，农村特色灶台烧饭，让游客住农家屋、干农家活、吃农家菜，体验地地道道的农村生活。洑西村应整修茶园、竹林、杨梅林，开辟林中步道，并将吃住游结合，开发林间游，让游客感受自然绿色之景，回归自然。在不同的季节推出相应的旅游项目，春季踏青采茶挖笋扣马兰、夏季游园采梅、秋季打板栗采百合，冬季则在民宿内品茶制陶，充分开发自然资源的利用率，延伸农产品的产业链。

　　洑西村龙山民宿村中一条龙山洞穿村而过，现已在抖音有了一定知名度，不少人都为此前往洑西村游玩。在此基础上，洑西村应借势开发相应的旅游产品，如河中捕鱼，提供水枪套鞋等嬉戏工具，民宿经营者在民宿门口摆摊售卖特色小吃和农产品，如乌米饼、笋干、茶叶、土鸡蛋等，将农产品、民宿经营、民俗体验和旅游观光打包，靠走心的文化创意和暖心的民宿体验留住顾客的心。

　　（三）活——规划：因地制宜

　　洑西村中龙山是民宿聚集村，民宿分布集中，是民宿与村民居住融合在一起的地带，民宿经营者都应服从统一的管理，服从村的规划安排，避免出现恶意竞争、经营项目同质化和损害当地居民利益的事。洑西村想要将乡村旅游做大做强，民宿的经营理念和风格就必须各有特色，除了要有完善的软硬件设施外，还要有文化创意和相应的主题，如竹林小筑、木屋民宿、康养民宿。民宿经营者应充分利用互联网技术，收集游客和专家的意见，分析游客心理、市场动向和流行趋势，定期推出新的旅游产品和项目，迎合游客的需求。

　　民宿也应与周边旅游景点合作，开发旅游线路，将民宿与观光旅游相结合。通过与其他景区合作，借助已有旅游景点的吸引力，借助已有旅游景点的吸引力和知名度，争取潜在客源，从而形成旅游资源共享和区域整体融合发展的格局。洑西村旅游线路以洑西村为起点和终点，向邻近旅游景区扩散，将休闲度假游与观光体验游相结合，设计出四条旅游线路。

　　一是天然氧吧之旅：洑西村—陶祖圣境（千龟池、浣沙清池）—竹海风景区—宜兴国家森林公园—油车水库—洑西村；二是茶禅养生之旅：洑西村—龙池山风景区（澄光寺、禹门祖塔、龙隐·江南度假酒店）—阳羡茶文化生态园—洑西村；三是溶洞探险之旅：洑西村—善卷洞风景区（国山碑）—张公洞—洑西村；四是观赏阅水赏花之旅：洑西村—陶祖圣境—

龙池山风景区—紫海薰衣草庄园—油车水库—洑西村。游客也可根据规划
出的大循环线，从洑西村—陶祖圣境—竹海风景区—龙池山风景区—善卷
洞风景区—张公洞—宜兴国家森林公园—阳羡茶文化生态园—紫海薰衣草
庄园—油车水库—洑西村。以洑西村为起始，在其他9处景点中自由搭配选
择游览路线，如图4-4。

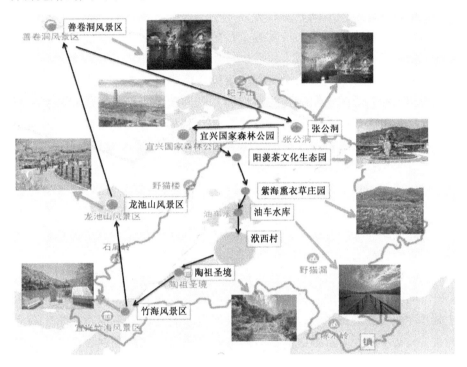

图4-4 洑西村旅游循环路线

通过调查问卷分析洑西村游客来源，我们发现洑西村国内客源市场以
宜兴周边区域为主，符合客源距离衰减规律。同时，宜兴高铁站的建成完
工，带来了来自南京、杭州、上海地区的潜在游客，洑西村为这些游客提
供了景区直达客车，使交通更加便利，因此将洑西村的一级旅游目标市场
定为宜兴、南京、上海和杭州。而镇江、扬州、苏州等地与宜兴城市间交
通便利，这些地区客源稳定、消费能力强，是洑西村进行市场营销和网络
营销的重点区域，因此二级市场为无锡、常州、苏州、镇江、扬州、泰州、
南通、湖州、嘉兴和宣城。河南、湖北、山西等华北和华中地区与洑西村
距离相对较远且经济发展迅速，具有一定的市场潜力，因此将这些地区定
为三级市场。最终，洑西村国内旅游的三个等级客源市场，即一级市场：

宜兴、南京、上海和杭州；二级市场：无锡、常州、苏州、镇江、扬州、泰州、南通、湖州、嘉兴和宣城；三级市场：河南、湖北、山西等华北和华中地区。

（四）新——培育：人才引进

人才是乡村旅游发展的推动力，在"互联网+"背景下，云计算、物联网等信息技术已经应用到旅游服务体系中，如游客偏好数据分析、实时信息监控等。这对旅游相关人员发起了新的挑战，要求旅游从业者学习掌握这些信息技术，成为复合型人才。以往农村多为留守的儿童和老年人，而如今美丽乡村建设和大力发展旅游的政策，需要更多的年轻人和大学生回到洑西村创业，运用他们学到的知识和互联网技术，不断完善和升级乡村旅游产品，深度开发乡村旅游资源。与老一辈的人不同，年轻人更大胆也更了解年轻人的需求，能对老一辈民宿经营者提供技术支持和技术指导，适应"互联网+乡村旅游"的经营模式。比如当下正火热的直播带货，许多民宿经营者并不知道怎样直播更有效，这时便可以让年轻的群体带着这些经营者一起直播，学习直播技巧。同时，当地政府也可以通过互联网和线下平台，寻找和发现有实力的乡村主播和乡村代表，助力农产品销售、旅游景点宣传，从而带动农民增收。

洑西村应定期组织民宿经营者前往其他旅游小镇进行考察学习，总结经验。同时，对民宿的服务人员，可邀请旅游管理专业和酒店管理专业人才对其专业技能进行培训，并通过互联网发布公告，吸引优秀大学生返乡创业。只有不断吸引新鲜血液，增强服务本领，才能激发乡村活力，提升当地旅游服务水平，为洑西村乡村旅游优化升级奠定基础。

六、结语

随着互联网技术的发展及互联网应用的普及，如何使乡村旅游在保持乡村本色的同时也能适应"互联网+"的发展，"互联网+"与其他传统行业的融合发展为旅游的转型发展提供了方向，也为乡村的智慧化建设提供了技术支持，乡村也应主动学习怎样运用互联网思维提升竞争力。本文通过 SPSS 23 对样本数据进行处理分析出洑西村乡村旅游开发存在的问题，其中平均值较低、评价一般的方面有营销手段单一、产品缺乏特色、智慧化建设薄弱和缺乏智慧旅游人才。针对这些问题，从加强品牌建设和营销，注重产品开发和创新，优化当地旅游规划，以及引进和培养人才四个方面提出了相应的开发策略，以期这些策略能整合洑西村优势资源，实现洑西村乡村旅游的转型升级。

参考文献

［1］王晓易．易观国际董事长 CEO 于扬："互联网＋"［EB/OL］．ht-tps：//www. 163. com/tech/article/8G8VCEVN00094N6H. html，2012-11-14.

［2］赵竹青，马丽．学者热议：李克强提的"互联网＋"是个啥概念［EB/OL］．（2015-03-05）［2020-12-21］．http：//scitech. people. com. cn/n/2015/0305/c1007-26644489. html.

［3］Rosa María Yagüe Perales. Rural tourism in Spain［J］. Annals of Tourism Research，2002（4）：1101-1110.

［4］范春．论乡村旅游的开发［J］．渝州大学学报（社会科学版），2002（5）：20-23.

［5］Newman C，Henchion M，Matthews A. A double-hurdle model of Irish household expenditure on prepared meals［J］. Applied Economics，2003，35（9）：1053-1061.

［6］马思伟．关于公示第一批拟入选全国乡村旅游重点村名录乡村名单的公告［EB/OL］．（2019-07-12）［2020-12-21］．https：//www. mct. gov. cn/whzx/ggtz/201907/t20190712_845037. htm.

［7］王三北，王吟其．旅游目的地导向的资源分类、评价体系研究［J］．甘肃社会科学，2009（3）：236-239.

［8］蔡长征．"互联网＋"背景下云浮市休闲农业与乡村旅游发展存在的问题及对策［J］．乡村科技，2020（19）：10-11.

［9］毛峰．"互联网＋"时代乡村旅游可持续发展的路径及对策［J］．改革与战略，2016，32（3）：74-77.

［10］徐琰．"互联网＋"背景下的安义乡村旅游发展策略研究［D］．南昌：南昌大学，2018.

［11］丁少男．基于"互联网＋"的美丽乡村旅游资源开发研究：以商洛市江山村为例［J］．安徽农学通报，2019，25（23）：8-11，21.

［12］邵菲菲，林杰．"互联网＋"乡村旅游发展现状探析［J］．农村经济与科技，2019，30（21）：111-112.

［13］张雅，孙晓辉．农业众筹的起源、特点与未来［J］．中国农业大学学报（社会科学版），2016，33（6）：96-105.

［14］王安琪．"互联网＋"背景下农业众筹面临的机遇与挑战：以

"大家种"网为例［J］. 电子商务，2015（9）：42-43，79.

［15］苏秀芝. "互联网+"视角下湖南乡村旅游发展现状与对策研究［J］. 电脑与信息技术，2020，28（4）：55-56，69.

［16］周大庆. 发展资源短缺型省会城市旅游业的思考［J］. 经济地理，2006（1）：173-176.

［17］李桂熙. "互联网+"背景下贵州乡村旅游转型升级研究［D］. 贵阳：贵州大学，2018.

［18］杜燕飞. 互联网+乡村旅游：打造创业新业态新模式 助力美丽乡村建设［EB/OL］.（2020-04-12）［2020-12-21］. http://jx. people. com. cn/n2/2020/0412/c186330-33942890. html.

【案例使用说明】

一、教学目的与用途

（1）适用课程：本案例适用于旅游管理类专业的本科、硕士、MTA 等"旅游规划与开发""旅游资源分类与评价""旅游规划与开发可行性分析"等课程。

（2）教学目的：通过本案例的讨论和思考，掌握国家标准中的旅游资源分类方法；了解旅游资源评价的方法体系；掌握旅游资源评价的内容。

二、启发思考题

（1）乡村旅游是什么？
（2）"互联网+"对乡村旅游的开发有哪些影响？
（3）基于"互联网+"的宜兴洑西村乡村旅游开发策略有哪些？
（4）针对旅游资源和项目进行开发时，有哪些调研方法？

三、分析思路

"互联网+"背景下的新型乡村旅游发展模式为乡村旅游的经营发展提供了新思路。将互联网技术与乡村旅游结合，不仅可以实现乡村特色旅游产品的推广和转型升级，还可以实现乡村在个性化服务、市场营销及游客动态管理方面的智慧化，推动乡村旅游智慧发展。通过对宜兴洑西村乡村旅游的调查研究，发现当前宜兴洑西村存在智慧化建设薄弱、信息化投入欠缺、旅游营销手段单一等问题。要帮助宜兴洑西村摆脱转型升级的困境，应从乡村旅游开发研究入手，在名——品牌提升、物——产品开发、活——因地制宜及新——人才引进上实施开发策略。

四、理论依据与分析

李克特量表（Likert scale）是属评分加总式量表最常用的一种，属同一构念的这些项目是用加总方式来计分，单独或个别项目是无意义的。它是由美国社会心理学家李克特于1932年在原有的总加量表基础上改进而成的。该量表由一组陈述组成，每一陈述有"非常同意""同意""不一定""不同意""非常不同意"五种回答，分别记为5、4、3、2、1，每个被调查者的态度总分就是他对各道题的回答所得分数的加总，这一总分可说明他的态度强弱或他在这一量表上的不同状态。

本案例调查问卷设计为李克特量表，并通过李克特等级评分法对问卷进行评分，用数字1表示"不满意"、2表示"存在不足"、3表示"一般"、4表示"比较满意"、5表示"非常满意"。例如，通过分析均值低于3.5分来表示宜兴洑西村乡村旅游与"互联网+"融合得较一般的方面，而高于3.5分则表示被调查者认为融合得比较好的方面。

五、关键要点

1. 旅游项目是以旅游资源为基础进行开发的，以旅游者和旅游地居民为吸引对象，为其提供休闲服务、具有持续旅游吸引力，以实现经济、社会、生态环境效益为目标的旅游吸引物。在实际中，经常按照主体分类法和环境分类法对其进行分类。

2. "互联网+"背景下的乡村旅游开发措施

将互联网技术与乡村旅游结合，不仅可以实现乡村特色旅游产品的推广和转型升级，还可以实现乡村在旅游管理、营销及服务方面的智慧化，推动乡村旅游可持续发展。当前乡村旅游较多地存在智慧化建设薄弱、信息化投入欠缺、旅游营销手段单一等问题。为摆脱转型升级的困境，乡村旅游应结合"互联网+"背景，在营销、产品开发、规划等方面提出新的开发研究策略。

（1）名：提升品牌

构建具有代表性的平台如官方网站、官方App、官方销售平台等品牌网络平台可以进一步降低网络宣传、销售的成本。通过独立平台的建立，可以大幅度地降低网络使用成本，还可以相对自由的发布项目及产品信息。平台知名度的推广难度要小于旅游项目，因此通过网络平台的推广，继而带动实体项目知名度提升，是目前"互联网+"背景下主流的推广思维。提升网络平台的品牌也有利于推广旅游宣传模式、销售模式、运营模式网络化的运行。

（2）物：创新项目

乡村旅游业发展趋缓的原因之一是项目创新不足，提升其发展水平的根本在于优化项目方案，在网络化环境下，项目方案总体方向与主题的确定较为容易，项目管理者可以结合当前的网络环境，跟随网络文化的走向，制定出针对不同节日、背景环境的新式创意文化旅游项目，并对现有传统项目进行网络化优化，提升其科技含量，使项目本身"年轻化"，以适应目前网络文化的形式；将地区传统文化资源与互联网传播模式进行结合，打造类似网络旅游，网站推广等新的项目运行方式。

（3）活：因地制宜

充分利用现有网络条件和旅游资源条件，利用闲置的网络资源，通过投放网页广告、设置旅游导航入口的方式，提升网络利用率，使之为乡村旅游业的推广与发展服务。利用当今新创的各种网络素材和网络利用模式，对乡村旅游中的核心和后备旅游资源进行网络化改善，通过网络化时代产物丰富乡村旅游业，起到古今结合的作用，同时利用新兴网络，促进乡村旅游业的推广和创新。

（4）新：培育人才

旅游从业人员是旅游活动的重要组织者和引导者。在"互联网+"背景下，云计算、物联网等信息技术已渗透到旅游业的各个领域，大数据分析、智能终端应用等成为旅游从业者必须具备的知识。除掌握新知识以外，从业人员还需要拥有丰富的传统文化知识，并对乡村旅游实际情况有较为深入的理解。可邀请旅游管理专业和酒店管理专业人才对当地的旅游从业人员专业技能进行培训，并通过互联网发布公告，吸引优秀大学生返乡创业。

六、建议课堂计划

本案例可以作为专门案例进行课堂讨论，建议时间控制在 2 节课（90分钟）内。

课前计划：课前要求学生自由组成学习小组，3~5 人为一组，组长组织成员一起预习，熟悉案例背景，理解乡村旅游、"互联网+"等概念的基本内涵，阅读案例主体内容；教师提前向学生布置思考题，思考题可以根据需要从本案例使用说明的"启发思考题"中有针对性地选择，也可以自由提出有意义的思考题；每个学习小组撰写一份 1000~2000 字的案例分析报告，回答这些思考题，在课堂讨论前提交给老师。

课中计划：教师首先导入案例，回顾案例主旨内容，明确讨论主题；然后小组开展讨论，讨论结束后各小组推选代表发言；各小组发言后教师可进行简单的点评，并引导全班继续重点围绕"李克特量表（Likert scale）分析法"和"'互联网+'对乡村旅游的影响"两个话题开展深入讨论。课堂结束前应对学生讨论的结果进行归纳总结，并进行必要的补充。

课后计划：建议以小组为单位，结合宜兴洑西村乡村旅游开发策略对其他地区的乡村旅游开发策略进行分析，并以研究报告的形式完成并提交。